国家社会科学基金"十二五"规划
2015 年度教育学青年课题资助成果

治理视角下研究生教育省级统筹权研究

王顶明　杨力芳　著

中国科学技术出版社
·北　京·

图书在版编目（CIP）数据

治理视角下研究生教育省级统筹权研究/王顶明，杨力苈著．—北京：中国科学技术出版社，2019.12

ISBN 978－7－5046－8566－7

I.①治… Ⅱ.①王…②杨… Ⅲ.省－地方教育－研究生教育－研究－中国 Ⅳ.①G643

中国版本图书馆 CIP 数据核字（2019）第 295301 号

策划编辑	王晓义	
责任编辑	王 琳	
封面设计	孙雪骊	
责任校对	张晓莉	
责任印制	徐 飞	

出　　版	中国科学技术出版社	
发　　行	中国科学技术出版社有限公司发行部	
地　　址	北京市海淀区中关村南大街 16 号	
邮　　编	100081	
发行电话	010－62173865	
传　　真	010－62179148	
网　　址	http://www.cspbooks.com.cn	

开　　本	720mm×1000mm　1/16	
字　　数	300 千字	
印　　张	15.5	
版　　次	2019 年 12 月第 1 版	
印　　次	2019 年 12 月第 1 次印刷	
印　　刷	北京虎彩文化传播有限公司	
书　　号	ISBN 978－7－5046－8566－7/G・847	
定　　价	48.00 元	

内容简介

　　随着研究生教育体制改革的深入，学位与研究生教育管理的重心逐步转变。如何发展研究生教育治理中的省级统筹，成为当前和今后一个时期亟须解决的重点问题。本书利用政策文本与官方资料，对我国研究生教育省级统筹进行研究。

　　本书认为，国务院学位委员会及各省级学位委员会应进一步明确省级统筹的内涵，以立法形式建立研究生教育省级统筹长效机制；各省级学位委员会应调整治理方式，促进研究生教育内涵发展；应因地制宜，推进各地区研究生教育省级统筹协调发展；各省级学位委员会需要结合本地特色，配合和支持本省社会经济的发展；在重视发挥省级统筹面向国家的上位功能的同时，也应兼顾面向培养单位的下位功能。

序

2019 年是中华人民共和国成立 70 周年，也是我国研究生教育事业探索与发展的 70 周年。70 年来，我国研究生教育事业从小到大、由弱至强，取得了举世瞩目的成就，建成了研究生教育大国，为国家建设、民族振兴、经济社会发展、科学技术进步做出了突出贡献。在研究生教育治理体系建设方面，我们建成了具有中国特色的现代学位制度，完善了不同层次与类型的研究生培养与管理体制，形成了具有中国特色的研究生教育质量保障体系。

中共十九届四中全会提出，要"坚持和完善中国特色社会主义制度，推进国家治理体系和治理能力现代化"，力争"到我们党成立一百年时，在各方面制度更加成熟更加定型上取得明显成效；到二〇三五年，各方面制度更加完善，基本实现国家治理体系和治理能力现代化；到新中国成立一百年时，全面实现国家治理体系和治理能力现代化，使中国特色社会主义制度更加巩固、优越性充分展现"。这一总体目标既为我国研究生教育治理体系和治理能力现代化建设指明了发展目标与方向，也提出了更高的要求。

20 年前，笔者曾针对中国研究生教育提出了 18 个问题，其中包括："国家、地方研究生教育主管部门的职能和作用如何，与研究生培养单位应当建立起一种什么样的关系？"2015 年，笔者经过回顾、思考，进一步提出了关于我国研究生教育的 20 个问题，其中包括："我国应当构建什么样的研究生教育现代治理体系？"这些问题既有老题新问，也有发展阶段中的新问题，事关新时代我国研究生教育的发展之道。我在担任中国学位与研究生教育学会会长期间，推动成立了二级机构地方研究生教育管理工作委员会，旨在加强各省、自治区、直辖市之间以及省级研究生教育管理机构与上级主管部门之间的工作研讨、经验交流和实务合作，引导有关方面加强对研究生教育管理的个性与共性问题的研究与实践，促进地方研究生教育事业的改革发展。

王顶明和杨力苈的专著《治理视角下研究生教育省级统筹权研究》围绕"省级学位委员会在我国研究生教育治理中如何发挥统筹作用，存在什么问题"和"省级学位委员会的研究生教育治理省级统筹效果如何，存在什么问题"两类主要研究问题，以治理为视角，对我国研究生教育省级统筹制度的历史发展、现状及效果进行了全面、系统的梳理与分析。该书着眼于参与研究生教育治理的多方主体，系统呈现我国研究生教育省级统筹的宏观、中观与微观等图景。宏观而言，作者将研究生教育省级统筹权置于我国宏观政治与行政管理体系中，关注纵向权力分配，明确研究生教育省级统筹权在国家宏观管理与治理体系中的定位；中观而言，该书主要关注研究生教育省级统筹主管单位，结合省级政府内部横向权力分配和机构设置，分析研究生教育省级统筹权的内涵、外延与发挥的实然状态；微观而言，作者针对全国各省研究生培养单位管理人员展开调查，实证分析了研究生培养单位对研究生教育省级统筹情况的评价与期许。最后，在充分结合宏观、中观、微观的研究发现的基础上，为我国研究生教育省级统筹治理的现代化提出了有价值的建议。

王顶明和杨力苈的新书即将出版之际，请我作序，我欣然为之。一是对两位青年学者多年专注研究生教育研究的精神和努力表示钦佩。该书不仅汇集了翔实的一手调研资料，也为我国研究生教育治理体系建设与省级统筹权的发挥提供了学理上的分析与建议，具有十分重要的现实意义与理论价值，可以为研究生教育主管部门、研究生培养单位的管理人员、研究生教育的研究者和关注研究生教育事业的同人提供参考和帮助。二是希望有更多学界同人关注并投身研究生教育治理体系与治理能力现代化的研究和实践之中，比较分析主要发达国家与我国的研究生教育治理体系，进一步探讨研究生教育现代治理体系中的主体应有的职能和相互关系是什么，如何发挥各类主体在研究生教育治理中的积极性和作用，通过系统性的理论研究与探索实践，切实推进我国研究生教育高质量发展，共同为我国实现国家治理体系和治理能力现代化贡献力量。

中国工程院院士
中国科学技术协会原副主席
中国学位与研究生教育学会原会长
中华人民共和国教育部原副部长

前　言

各国研究生教育治理体系各有特色，但多元主体共同发挥作用是多数研究生教育较发达国家的共性，且省级政府（或州政府）在其中发挥着重要作用。如在美国、德国等国家，较之联邦政府，州政府在公立大学研究生教育治理体系中发挥着更重要的作用。

伴随着国际理论与实践界新公共管理运动的推进，以及教育分权和松绑理念的形成，我国管理体制改革呈现将研究生教育管理权限从中央政府逐渐向省级政府下放的趋势。国务院学位委员会从 20 世纪 90 年代开始陆续下发各类文件，提出加强研究生教育省级统筹权的发展方向。在《中共中央关于全面深化改革若干重大问题的决定》《国家中长期教育改革和发展规划纲要（2010—2020 年）》等宏观政策文件中，也明确提出"扩大省级政府的教育统筹责任"。但是，如何支持省级学位委员会根据本地实际和经济社会发展需要，发挥其在研究生教育治理中的统筹作用，尚未达成共识。

在地方政府内部，如何横向分配省级政府的资源成为重要的现实问题。研究生教育的省级统筹所涉及的权力和资源多样，除了教育部门，还需要财政等多部门的通力合作。然而，目前仍未能形成一套推进区域内研究生教育发展的有效互动机制。

在此背景下，本书提出两类研究问题：

（1）省级学位委员会在我国研究生教育治理中如何发挥统筹作用？存在什么问题？

（2）省级学位委员会的研究生教育治理省级统筹效果如何？存在什么问题？

其中，研究生教育省级统筹是指：省级学位委员会作为省级人民政府设立的研究生教育主管部门，通过多种职能的发挥，以整合资源，推进区域内研究生教育发展的过程。

本书首先对研究生教育省级统筹的历史演进进行回顾，梳理省级学位组织和省级统筹权的建立与发展过程。接下来，回到现实，研究省级政府参与研究生教育治理的现状和治理的效果。具体而言，首先，透过省级学位委员会的机构设置看治理的主体，透过省级学位委员会的经费状况看资源条件，通过省级学位委员会的工作职能和治理方式来体现治理过程。其次，以满意度为指标，来看省级政府参与研究生教育治理的效果。对满意度的分析，除了描述分析，还采用了两个分析手段，即差异性分析和重要性及表现分析（IPA 分析）。最后，基于省级统筹情况，分析研究生教育治理中省级统筹存在的问题，并且提出针对性发展建议。

研究采用质性研究和定量研究相结合的研究方法。其中，质性研究方法主要包括内容分析法和访谈法。内容分析对象包括国家相关政策文本、各省教育厅官方网站上对省级学位委员会机构设置与主要职责的描述。访谈法分为个别访谈和集体访谈。个别访谈主要针对国务院学位委员会办公室前负责人，集体访谈则面向各省教育部门以及省级学位委员会负责人。定量研究方法主要采用问卷调查法，分别针对省级学位委员会办公室负责人和各个培养单位研究生教育管理者（一般为研究生院的老师）设计两套问卷。问卷Ⅰ现场发放 31 份，回收 23 份有效问卷，有效回收率为 74.19%，涵盖了全国 23 个省、自治区、直辖市；问卷Ⅱ通过网络形式发放，共发放 849 份，回收 326 份有效问卷，有效回收率为 38.40%。

一、省级统筹现状及历史进程

整体而言，省级学位委员会的发展经历了三个阶段。

第一是试点建立阶段，1991—1993 年，经国务院学位委员会的批准，分别在江苏省、四川省、上海市、陕西省、湖北省和广东省成立了省级学位委员会。

第二是扩大阶段，1995—1996 年，因为试点效果不错，国务院学位委员会决定扩大范围，在另外 9 个省、直辖市成立学位委员会，包括湖南省、福建省、浙江省、北京市、天津市、辽宁省、吉林省、黑龙江省和安徽省，至此，有 15 个省、直辖市成立了学位委员会。

第三是允许自行建立阶段，这一阶段，各地区自行建立省级学位委员会，无须再在成立之前得到国务院学位委员会的同意。之后，所有省份陆续成立了学位委员会。

省级统筹权的发展伴随着省级学位委员会的发展。在试点建立阶段，所有省级学位委员会均有四项主要工作职责：统筹规划学位工作、学位授权评估、管理学位授予工作和质量保障。在允许自行建立阶段，各省间统筹权开始分化。曾经由国务院学位委员会批准成立的省级学位委员会仍然具有原有的工作权限，而自行建立的省级学位委员会仅具有三类权限，没有学位授权评估权。

二、省级统筹的治理主体：省级学位委员会机构设置

2016 年，各省、自治区、直辖市共有五种形式的省级学位委员会办公室，分别为独立设置、与学位与研究生教育处共设、与科技处共设、与高等教育处共设、与高校科研师资处共设。其中，与学位与研究生教育处共设、与科技处共设、与高等教育处共设三种占主流。在 2007 年，超过一半的省份拥有独立设置的省级学位委员会办公室。然而，经过近十年的发展，截至 2016 年，大部分独立设置的省级学位委员会办公室调整为与学位与研究生教育处共设。

从省级学位委员会的机构设置可以看出各省级学位委员会工作的侧重。与科技处共设的省份，更加重视研究生教育与科技创新等方面的配合，重视"产学研"结合；与高等教育处共设的省份，则将研究生教育与本科生教育结合起来进行学位管理等工作；唯一与高校科研师资处共设的浙江省学位委员会，将工作重点放在科研平台建设、高校师资管理方面。

三、治理的资源条件：省级学位委员会的经费状况

整体而言，省级学位委员会的主要经费来源有三类：办公室工作经费、省级研究生教育财政拨款和省级重点学科建设经费。

办公经费和重点学科经费有一半以上的省份不充足或严重不充足，而财政拨款则相对充足一些。对比 2007 年的结果，办公经费不足的情况更加严重，但重点学科建设经费略有好转。这说明地方对研究生教育财政投入的加大主要侧重于重点学科建设，这与近年来国家对研究生教育质量的重视，以及国家宏观的学科评估及相关配套政策有关。

四、省级学位组织的职能与治理方式

相较于国家教委、国务院学位委员会《关于加强省级人民政府对学位与研究生教育工作统筹权的意见》中规定的省级学位组织的四项职责，省级学位委员会的工作权限和领域在实践中均有所扩大。各个省级学位委员会根据需要加入了新的工作职责，而这些新的职责在一定程度上受到其机构设置的影响，如与科技处共设的省级学位委员会均强调"指导、推进'产学研'合

作"等职能。

省级学位组织主要采用政策、评估、经费、立法等治理方式。具体而言，通过制定本区域学位与研究生教育政策、制定地方性法律法规、经费下拨、开展质量评估等方式，参与区域内研究生教育治理。与 2007 年相比，截至 2016 年，各省级学位委员会的治理方式经过近十年的发展，仍保持稳定，且省级学位委员会更多地运用经费来调整和发展本地区研究生教育，这与省内研究生教育经费投入的增长密切相关。

相对于省级学位委员会对研究生教育内涵发展的重视，如研究生教育国际化、课程建设、科研平台建设、创新实践活动等，培养单位研究生教育管理者则更重视研究生教育的外延发展，即数量、规模和布局的发展，如经费投入、制度建设、学科专业布局等。

五、省级统筹效果：满意度

反映省级统筹效果的满意度有两类：一是对省级学位委员会 18 种治理手段的执行满意度；二是对省级学位委员会机构本身的满意度，此类满意度从 13 个侧面来体现。

培养单位的管理者对省级学位委员会不同治理方式的满意度评价有所差异。其中，对于被国家教委、国务院学位委员会《关于加强省级人民政府对学位与研究生教育工作统筹权的意见》纳入省级学位委员会工作职责的治理方式，管理者的满意度普遍较高；而对未被纳入其中的治理方式，尤其是尚未被写入省级学位委员会官方工作职责的，满意度则较低。并且，相对内涵方面，对外延方面的满意度较高。

培养单位的研究生教育管理者对于省级学位组织的日常工作，包括工作态度、对国务院学位委员会的政策与规定的传达、工作程序、对本地区研究生工作的指导和管理，评价较高，但有近一半的管理者认为现有的省级学位委员会人员数量难以满足实际工作的需要，且省级学位委员会在经费支持以及向上级争取资金与优惠政策等方面，仍然有值得改进的空间。

重要性认知对满意度的影响有限。就培养单位的研究生教育管理者对本省省级统筹的满意度而言，不同省份之间呈现出显著差异。与北京市所属培养单位研究生教育管理者满意度评价有显著差异的省份主要有江苏省、重庆市、上海市、广东省、河北省、西藏自治区等。参与调查的研究生教育管理者从事研究生教育管理相关工作的时间，不影响其对省级学位组织大部分方面的评价。重庆市、湖南省、上海市和河南省的省级学位组织得到的满意度最高。这与重庆市、湖南省与上海市等省级学位委员会积极创新本省研究生教育统筹工作有关,如课程建设创新、学位授权点布局的调整和创新等。

根据针对满意度的重要性及其表现分析,培养单位的研究生教育管理者对省级统筹方式的评价可以分为四类,即"继续努力"(keep up the good work,Ⅰ区)、"未来无须刻意追求"(possible overkill,Ⅱ区)、"低优先事项"(low priority,Ⅲ区)和"重点改进"(concentrate here,Ⅳ区)。实践中,研究生教育省级统筹应在"重点改进"和"继续努力"方面持续改进的同时,着力提升培养单位研究生教育管理者对内涵发展的重视程度,以观念先行助推相应的治理功能的发挥。

六、省级统筹存在的问题

研究发现,我国研究生教育省级统筹主要呈现出四方面的问题。

第一,研究生教育省级统筹的定位模糊。我国目前还没有一套关于研究生教育省级统筹的实体法律。各省级学位委员会在中央出台的政策文件基础上,依据本地区实际情况对其具体的工作职责进行了规定,但是规定较为模糊,且并没有完全得到培养单位研究生教育管理者的认同和理解。

第二,研究生教育省级治理方式亟待调整。目前的省级治理方式着眼于研究生教育的外延发展,未能根据国家研究生教育发展战略的调整而改变,难以适应国家宏观战略提出的研究生教育新时期对研究生教育内涵发展的要求。

第三,各地区研究生省级统筹发展不均衡。我国研究生教育现阶段存在的一大特点即各地区间发展不均衡,该不均衡同样影响了省级学位委员会的发展。具体而言,不同省份省级学位委员会的成立时间、拥有的权限各不相同,间接导致了不同省份省级统筹的不均衡发展。

第四,研究生教育省级统筹与当地社会经济发展脱节。省级学位委员会还未意识到研究生教育省级统筹在配合区域发展战略规划方面的重要性,因而各省级学位委员会的主要工作职能具有较高程度的一致性,多集中于政策文件所规定的四方面的职能,但规定较为宏观、笼统,故不能因地制宜。此外,各个培养单位对研究生教育省级统筹的期待也更多停留在传统的工作重点,如研究生教育规划、学位授权审批、学位授予管理、质量监管等方面。

七、省级统筹发展建议

针对以上问题,本书对应地提出四项发展建议。

第一,明确内涵,建立研究生教育省级统筹长效机制。制定和出台学位法，让省级政府在参与研究生教育治理时有法可依、有章可循，是保障省级统筹顺利开展的前提。需要在有关法律中，如正在组织编订的学位法中，对学位与研究生教育省级统筹做出明确的内涵和外延的规定，尤其是其法律地位、工作职能范围等。在拥有了法律依据的基础上，各省级政府需要明确本省学位委员会在研究生教育治理工作中的定位，包括工作目标、主要工作职责、治理方式等，建立省级统筹的工作机制，并予以长期配套资源的支持。

第二，调整治理方式，实现研究生教育内涵式发展。为了更好地发展研究生教育，省级学位委员会需要根据新时期的形势和要求，调整参与治理的方式。应从只关注学位点和学科建设、学位论文的抽查与评优、学位授予工作等，转变为更多关注诸如课程建设、教师管理与培训、研究生实践基地建设等推进研究生教育内涵发展的工作。

第三，因地制宜，推进省际研究生教育省级统筹协调发展。不同地区的研究生教育发展程度、水平各异，因而省级统筹的发展也不能一概而论，需要结合本地区的实际情况，因地制宜，发展研究生教育省级统筹。同时，中央政府也需要配合省级学位委员会发展各省的研究生教育省级统筹，在省级人民政府的配合下，保障省级统筹顺利开展的各项资源，调整省级统筹治理方式，找到适合各省研究生教育发展之道。

第四，突出特色，配合、支持本省社会经济发展。各地区应该结合本地区社会经济发展的特色，重点发展与之相对应学科和领域的研究生教育。如近年来上海市积极推行的适合当地经济发展的研究生教育改革举措。虽然上海市的研究生规模已经在一定程度上能满足当地人才市场和经济发展的需求，但是仍然缺乏部分学科和领域的高水平人才，如海洋科技学科等，这就需要上海市学位委员会在学科布局的调整上发挥省级统筹的作用，以支撑上海经济社会的发展。

目　　录

第1章 绪 论

1.1 研究背景

党的十八届三中全会报告强调指出：全面深化改革的总目标是完善和发展中国特色社会主义制度，推进国家治理体系和治理能力现代化。中央与地方关系历来是国家治理体系中的重要内容。换言之，国家治理，很大程度上要看如何处理中央与地方的关系。

1956 年 4 月，毛泽东在中共中央政治局扩大会议上发表了《论十大关系》，中央与地方的关系是其中强调的第五大关系：

中央和地方的关系也是一个矛盾。解决这个矛盾，目前要注意的是，应当在巩固中央统一领导的前提下，扩大一点地方的权力，给地方更多的独立性，让地方办更多的事情。这对我们建设强大的社会主义国家比较有利。我们的国家这样大，人口这样多，情况这样复杂，有中央和地方两个积极性，比只有一个积极性好得多。①

在教育管理领域，中央与地方的关系也备受关注。2010 年《国家中长期教育改革和发展规划纲要（2010—2020 年）》明确提出，"加强省级政府教育统筹"，"强化对政府落实教育法律法规和政策情况的督导检查"。2011 年，国家教育体制改革领导小组办公室和教育部将制定《对省级人民政府履行教育职责的评价办法》确立为教育体制改革重大项目，深入推进管、办、评分离，扩大省级政府教育统筹权。2013 年党的十八届三中全会通过的《中共中央关于全面深化改革若干重大问题的决定》，进一步强调要深入推进管、办、评分离，扩大省级政府教育统筹权。

经过北京市、上海市、安徽省、广东省、云南省、新疆维吾尔自治区等地自 2010 年以来的省级政府教育统筹综合改革试点探索，2014 年国家教育体

---

① 毛泽东．毛泽东文集：第七卷 ［M］．北京：人民出版社，1999：31.

制改革领导小组办公室出台《关于进一步扩大省级政府教育统筹权的意见》（以下简称《意见》），坚持把由省级政府管理更方便有效的教育事项一律下放省级政府管理的原则，明确了扩大省级政府教育统筹权的主要内容，包括设置专科层次学校、优化学科专业设置、学位点布局、高职高专招生计划总量等方面的职能，明确了省级政府七个方面的教育统筹职责。《意见》首次以文件形式对扩大省级政府教育统筹权做出全面部署，进一步理顺中央与地方教育管理权限和职责范围，充分发挥地方的积极性、主动性、创造性，加快推进教育治理体系和治理能力现代化。但是，《意见》中涉及的省级政府在研究生教育领域的统筹权非常有限，仅仅提到"探索省级学位委员会开展学位授权点动态调整工作"等内容，远不足以支持省级政府根据本地实际和经济社会发展需要，发挥其在研究生教育领域的统筹规划、资源配置、监督管理、协调服务等职能。

　　事实上，在我国研究生教育事业的发展与改革进程中，中央政府一直充当着研究生教育发展强有力的推进者、主要的办学投资者、关键的质量监管者等多重角色。可以说，我国研究生教育的管理重心很长一段时间主要集中在中央政府。从建立学位制度、学位授予单位和授权学科的审核制度、研究生招生与学位授予办法，到制订研究生培养方案，都在中央政府及教育行政主管部门的倾力推进和宏观管理之下进行。伴随着新公共管理、公共政策和教育分权与松绑等理念的逐步形成，以及我国管理体制改革的稳步推进，我国研究生教育管理权限开始呈现出由中央政府渐进式地向地方政府和高校下移的趋势。[①] 以学位授权审核为例，硕士、博士授权学科和专业点的审批权从第三批次（1986 年）开始，伴随着研究生院和省级学位管理机构的相继设立，逐步分层次、分院校和地区、分批次地下放给已建立研究生院的高校、中国科学院有关研究所、中国社会科学院研究生院，以及省级学位委员会和军队学位委员会；逐步扩大了省级政府的统筹权和高校等培养单位的办学自主权，允许在博士学位授权一级学科之下自主设置和调整二级学科或交叉学科学位点（表 1-1）。

　　前三批学位授权审核布点速度较快，目的是加快构建高层次人才培养体系，支撑研究生教育的快速发展。从第四批开始，布点速度得到适度控制，增幅渐趋平稳，突出了改革创新。例如，第四批启动工商管理硕士专业学位试点，第五批开展省级学位委员会审核硕士点试点，1995 年下放博士生指导教师审核，第六批试点按一级学科进行博士学位授权审核，第七批明确学位

　　① 茶世俊，陈学飞. 中国研究生教育制度渐进变迁（1978—2003）［J］. 高等教育研究，2008 (7)：103. 茶世俊. 研究生教育制度渐进变迁［M］. 北京：北京大学出版社，2010.

授权以高等学校为主，第八批探索博士点分类授权，第十批开展自行审核增列一级学科博士点试点，2010 年推动专业学位设置与授权审核改革，第十一批探索新增学位授予单位分类立项规划建设，等等。

表 1-1　我国学位授权审核办法的演变过程

项目	1981—1986 年	1990—1998 年	2000—2005 年	2008 年至今
审核批次	第 1—3 批	第 4—7 批	第 8—10 批	第 11 批
管理权限	下放少量硕士点审批权	试点下放部分博士点、硕士点审批权	扩大自主审核权，自主设置二级点	扩大自主权，调整学科结构
依据原则	面向现代化建设，按条件建设	国家急需学科，条件＋需求	对社会经济发展需要有更强的适应性	缩小地域差异，不断适应经济发展需要
评价标准	中央集权，保证质量，稳步发展	总量控制，限额评审，按需授权	优化学科机构，满足人才需求	质量为导向，分类管理，强调规划与建设
评审方式	国家统一评审	部分自审	审核程序更严谨	自行审核，社会监督，动态调整

资料来源：教育部学位与研究生教育中心. 学位点发展与建设研究 [R]. 内部资料，经整理修改。

从历史进程来看，1991 年，为了更好地发挥省级政府在本地区学位与研究生教育管理中的作用，使各地区能结合本地社会、经济发展实际，因地制宜地开展学位与研究生教育管理工作，国务院学位委员会批准江苏省成立了第一个省级学位委员会。此后，国务院学位委员会在 20 世纪 90 年代初期陆续批准成立四川省、上海市、陕西省、湖北省、广东省等地的省级学位委员会，中央政府、省级政府和学位授予单位组成的"2＋1"三级研究生教育管理体系[①]逐步形成。国务院学位委员会、省级学位委员会、学位授予单位学位评定委员会作为学位与研究生教育三级管理的主管部门（或机构），承担着相应的学位与研究生教育管理职责。[②] 三级管理组织职能和权限的分配与调整，是研究生教育管理体制改革和完善的重要内容，其中，省级学位委员会作为

---

① 张明礼，问青松. 以评估促建设 以建设求发展——关于学位授予单位整体条件省级评估的探讨 [J]. 学位与研究生教育，2002（11）：25-26.
② 问清松. 省级地方学位委员会功能作用研究 [M]. 武汉：湖北人民出版社，2009.

领导，是主管省域内学位与研究生教育工作的协调与议事机构，发挥着不可忽视的作用。

根据国务院学位委员会《关于加强省级学位委员会建设的几点意见》（1995 年）、国家教委、国务院学位委员会《关于加强省级人民政府对学位与研究生教育工作统筹权的意见》（1997 年）等文件，省级学位委员会在"2 + 1"三级学位管理模式中发挥着承上启下的作用，但其立法依据、组织结构和运行机制尚待完善。具体而言，省级学位委员会的功能主要有四项：一是根据国家和地方社会经济发展要求，研究确定并组织实施地方学位与研究生教育发展的战略规划；二是指导并组织开展区域内学位授予单位和授权学科的建设与管理；三是负责博士、硕士和学士三级学位标准的实施与学位质量的管理；四是依法维护学位申请者和学位获得者的正当权益。

从近些年的实践情况来看，省级学位委员会在搭建平台、提供支持、提供服务、规划引导、质量监控等方面发挥着重要作用，特别是在省域研究生教育质量保障中的作用尤为关键，其具体职能包括一级学科博士点初审、组织审核所属院校新增硕士专业学位授权点、组织硕士点和学位授予单位整体条件评估等。然而，各省级学位委员会在进行学位与研究生教育省级统筹的过程中陆续出现了一系列问题。比如说，研究生教育的省级统筹所涉及的权力和资源多样，除了教育部门，还需要财政部门、发展与改革部门等多部门的通力合作，因此在现实中很多统筹工作需要区域内最高行政权力的主导和推动，仅靠教育部门的力量远不足以承担研究生省级统筹工作的重任。在中央向地方放权的背景下，地方政府如何合理统筹区域内的资源，依托省级学位委员会发挥在研究生教育治理中的省级统筹作用，推进区域内学位与研究生教育事业的有序发展，成为当前和今后一个时期学位与研究生教育系统亟须研究与回应的重点问题；如何深化研究生教育领域的机构和行政体制改革，创新研究生教育治理体系和治理方式，加强研究生教育省级统筹，成为我国在决胜全面建成小康社会、中国特色社会主义进入新时代的阶段，必须予以思考和回答的深刻命题。

1.2 研究目的及意义

本书试图通过勾勒我国研究生教育治理的现实图景，从治理的视角，深入探讨省级政府在研究生教育领域的统筹权，客观分析我国研究生教育新的发展阶段中各利益相关主体的权责关系，实证回应"省级学位委员会在我国研究生教育治理中发挥怎样的统筹作用""省级学位委员会的研究生教育治理省级统筹效果如何"等问题，深化对研究生教育治理体系与治理能力现代化建设的认识，以期充分发挥省级政府在研究生教育管理中的地位与作用，从而为完善和发展我国研究生教育事业提供一定的启示与参考。

具体来说，学理层面上，通过分析我国有关研究生教育的政策文本内容，进一步深化对相关政策的理解；通过考察研究生教育治理过程与省级统筹权发挥过程，厘清省级政府在研究生教育治理中的责任和地位，进一步深化对研究生教育治理体系与治理能力现代化建设和研究生教育省级统筹权的理论认识。从而在一定程度上为研究生教育政策制定提供理论依据。

现实层面上，在治理视角下，基于现有研究生教育结构，探讨研究生教育宏观、中观管理体系的构建；通过深入探讨省级政府在研究生教育领域的统筹权，客观分析在我国研究生教育新的发展阶段中省级政府参与研究生教育治理的现状、问题及其原因，为充分发挥省级政府在研究生教育治理中的地位与作用提供参考资料，并为解决研究生教育治理中可能出现的问题提出可行建议，从而为完善我国研究生教育治理体系建设提供一定的启示与参考。

1.3 核心概念界定

1.3.1 治理

虽然不同学者对治理理论的理解有所不同，但学界针对治理理论的核心概念与内涵认识取得了一定共识。在对治理理论的诸多定义中，全球治理委员会的定义具有一定的代表性和权威性：治理是各种公共的或私人的机构管理其共同事务的诸多方式的总和，是使相互冲突的或不同的利益得以调和并且采取联合行动的持续的过程，这既包括有权迫使人们服从的正式制度和规则，也包括各种人们同意或以为符合其利益的非正式的制度安排。[①] 它有四个特征：①治理不是一整套规则，也不是一种活动，而是一个过程；②治理过程的基础不是控制，而是协调；③治理既涉及公共部门，也包括私人部门；④治理不是一种正式的制度，而是持续的互动。[②]

和统治相比，治理意味着格局的调整与主体的多元，其核心是治理自主权的分配。治理自主权可以分为"程序性自主"（procedural autonomy）和

---

① 俞可平. 治理与善治 [M]. 北京：社会科学文献出版社，2009.
② 全球治理委员会. 我们的全球伙伴关系 [M]. 香港：牛津大学出版社，1995.

"实质性自主"（substantive autonomy）两种形式，前者回应了"如何做"的问题，即下位组织有权决定以何种途径和方法实现上位组织既定的总体目标；后者则解决"做什么"的问题，即下位组织有权自行确定自身的发展目标。①

随着强调绩效、问责、竞争的新公共管理运动的兴起，政府的治理手段也开始由"国家控制模式"（state-control model）转向"国家监督模式"（state-supervision model）②，具体表现为从全面干预、直接控制转变为远端操控、结果问责，并至少带来权力下放、强化绩效评估以及奖惩与绩效表现挂钩等三大影响。③

教育领域的治理包含内部治理与外部治理两类，内部治理主要指教育组织（如学校）内部的治理过程，如政策制定、财政分配及人事管理等；外部治理则主要关注宏观或中观层面，主要涉及政府、非政府组织等机构间相互作用的过程。④ 就外部治理而言，由管理向治理的转变主要有三个趋势，一是超国家（国际）组织影响力的增强，这类趋势在欧盟国家中表现得尤为突出；二是国家内部由中央政府向地方或省政府逐渐下放权限的过程；三是由政府部门主导到更多社会第三方力量参与的转变。⑤ 本研究主要关注研究生教育领域外部治理的第二类趋势，即中央政府向地方政府放权的过程。

在我国研究生教育治理由中央政府向地方政府逐渐下放权限的趋势中，也体现出治理"是过程、是协调、是互动"的特点。研究生教育治理的"过程"特点不仅要求关注各主体参与治理的过程，还要求在重视结果质量的基础上，更加重视研究生教育的过程质量，即注重研究生教育的内涵发展；"协调"特点在省级学位委员会所发挥的"统筹"作用中得到了体现，统筹即协调并整合各主体、各类资源，以实现治理目标；"互动"特点在各主体之间的配合与博弈中也得到了体现，我国研究生教育治理体系中的主体包括国务院学位委员会、省级学位委员会、培养单位学位委员会等。

---

① Berdahl R. Academic freedom, autonomy and accountability in British universities [J]. Studies in Higher Education, 1990, 15 (2): 169-180.

② Van Vught F A. Autonomy and accountability in government/university relationship [M]. Oxford: IAU Press, 1994.

③ 朱贺玲，袁本涛. 新公共管理及其对大学治理的影响——德、英、美三国的经验 [J]. 中国高教研究，2018 (3): 24-30.

④ Boer H, File J. Higher education governance reforms across Europe [R]. Brussel: ESMU, 2009.

⑤ Pierre J, Peters G B. Governance, politics and the state [M]. Basingstoke: Red Globe Press, 2000.

1.3.2　统筹权

"统筹"在《现代汉语词典》中的解释是"统一筹划"①，进而"统筹权"可解释为"统一筹划、通盘筹划的权力"。葛锁网将统筹权定义为"管理过程中，协调管理要素的关系，以达到管理目的的权力"，而统筹的对象往往在管理主体的行政管辖之外。② 陈彬等将省级政府对高等教育的统筹定义为"对本辖区的高等教育事业的改革与发展、结构与规模、速度与效益、教育教学与科学研究及社会服务、政策法规与管理规划等高等教育发展的重大问题进行通盘筹划、综合考虑"。③

束金龙等认为研究生教育省级统筹主要指，在研究生教育发展新时期，中央政府转变工作职能，将一部分教育管理权力下放到省市级教育主管部门，以支持其统筹、协调、服务和管理等职能，并扩大高校办学自主权，以法律法规为依据，引领高校开展各类教育（包括研究生教育）改革试验；探索体现区域特色特点的顶层制度设计和制定各种教育发展与改革方案，并组织实施；强化监督责任，建立和健全内外部质量保障及评估体系，促进和推动省市级区域研究生教育的发展，提高研究生教育质量。④ 盛明科则对统筹的主体、目的、权力、对象、要素、方式、效果等进行了研究与说明。⑤

教育权是法律赋予一定的主体承担教育任务的资格，包括国家教育权、学校教育权、社会教育权和家庭教育权。国家教育权横向上分为立法权、行政权、司法权和监督权，纵向上一般分为中央教育权和地方教育权。⑥ 从我国研究生教育权来看，共涉及招生计划权、考试和录取权、财政权、学位权、培养权、科研权及其他管理权等七个方面。⑦ 因而，研究生教育省级统筹即指省级政府利用上述七种权力在研究生教育治理中发挥统筹作用的过程。

根据《关于进一步扩大省级政府教育统筹权的意见》，省级政府拥有的教育统筹职权包括以下几方面。

---

① 中国社会科学院语言研究所词典编辑室. 现代汉语词典：[M]. 7 版. 北京：商务印书馆，2016：1316.

② 葛锁网. 改革高等教育管理体制 加强省级政府的决策权、统筹权 [J]. 江苏高教，1993（5）：3-8.

③ 陈彬，袁祖望. 试论"加强省政府高等教育统筹权"的基本内涵 [J]. 高教探索，2000（3）：28-32.

④ 束金龙，廖文武. 省级统筹下的上海研究生教育发展与质量保障体系建设思考 [J]. 学位与研究生教育，2015（1）：38-43.

⑤ 盛明科. 公共服务均等化视角下省级政府教育统筹发展效果评价研究 [M]. 北京：中国社会科学出版社，2016.

⑥ 夏征农，陈至立. 大辞海：教育卷 [M]. 上海：上海辞书出版社，2014.

⑦ 茶世俊. 研究生教育制度渐进变迁 [M]. 北京：北京大学出版社，2010.

——省级政府依法审批设立实施专科学历教育的高等学校，探索实施本科及以上教育的民办高校章程修改备案下放省级政府教育行政部门。

——发挥省级政府对区域内学科专业布局、质量监督的统筹规划和管理作用，探索省级学位委员会开展学位授权点动态调整工作。高等教育自学考试专科专业审批下放省级教育行政部门，探索由省级自学考试机构根据本地经济社会发展需要自主决定开考《高等教育自学考试专业目录》内本科专业。

——探索省级政府自主确定成人高等教育招生计划总量，探索省级政府自主确定高职（专科）招生计划总量和地方高校高职（专科）招生计划。

——省级教育行政部门统一组织中小学教师资格考试、资格认定。

——完善教育转移支付制度和增长机制，清理、整合、规范教育专项转移支付，扩大一般性教育转移支付的规模和比例。省级政府可按照国家有关规定，根据实际情况调整学校收费标准。

——探索地方高校赴境外设立教育机构及采取其他形式实施本科以上学历教育审批权下放省级政府。试点委托条件成熟的省级政府审批域内高校举办国际性会议。①

结合以上观点，本书中研究生教育省级统筹权主要指：省级学位委员会作为省级人民政府设立的研究生教育主管部门，通过多种职能的发挥，整合资源，推进区域内研究生教育发展的过程。根据前人的研究、专家座谈及省级学位委员会的实际工作职能，笔者认为省级学位委员会开展研究生教育省级统筹的职能包括：制定区域内学位与研究生教育发展规划、制定研究生教育相关政策与制度、统筹规划区域内学科专业布局、审核和评估区域内学位授权、组织协调区域内"双一流"建设、合理确定区域内研究生招生计划、协调指导区域内重点学科建设、统筹建设区域内各类科研平台、统筹保障研究生教育经费投入、协调区域内部属高校与省属高校关系、组织开展学位论文抽检和评优等、组织开展研究生课程建设、组织开展研究生创新实践活动、组织开展研究生实践基地建设、支持开展研究生导师培训与交流、统筹推进研究生教育国际化、推进研究生教育管理信息化、组织研究生管理干部交流与培训共18个方面。

---

① 国家教育体制改革领导小组办公室. 关于进一步扩大省级政府教育统筹权的意见［EB/OL］. (2014 – 12 – 22)［2019 – 10 – 12］. http：//old. moe. gov. cn/publicfiles/business/htmlfiles/moe/s6529/201412/182221. html.

1.4　相关研究综述

1.4.1　治理理论相关研究

20 世纪八九十年代以来，在全球范围内兴起了一股用治理理论分析公共管理各个领域的实践与学术潮流，治理理论为各个领域提供了新的分析思路与方法。作为一个重要的理论范式，治理理论的出现源于对政府全能主义和市场调节失灵的双重审视，并在各种社会中介组织和利益相关者的参与下发展成型。

1989 年世界银行在概括当时非洲的情形时，首次使用了"治理危机"（crisis in governance）一词①，此后"治理"与"治理危机"被广泛应用于公共管理领域。自此之后的 20 多年里，"治理"的内涵得到了诸多学者的不同诠释，不断丰富与发展。

初期的研究者关注治理带来的变化，强调从统治向治理的转变，转变涉及各个方面，包括主体、过程、方式等，也指出与统治相比，治理主体的合法性来源、目标、治理手段均不相同。治理理论的主要创始人之一罗西瑙（James N. Rosenau）将治理定义为"一系列活动领域里的管理机制，它们虽未得到正式授权，却能有效发挥作用，与统治不同，治理指的是一种由共同的目标支持的活动，这些管理活动的主体未必是政府，也无须依靠国家的强制力量来实现"②。罗茨（R. A. W. Rhodes）也从此角度切入，认为"治理意味着统治的含义有了变化，意味着一种新的统治过程，意味着有序统治的条件已经不同于以前，或是以新的方式来统治社会"③。

随着研究的深入，学者开始从治理的主体及其权责、过程、方式等各个角度切入，分别探讨治理的含义与特点。治理理论研究专家格里·斯托克（Gerry Stoker）通过整合各国学者的研究成果，整理出学界对治理理论已有的五种主要观点：第一，治理意味着一系列来自政府但又不限于政府的社会公共机构和行为者；第二，治理意味着在为社会和经济问题寻求解决方案的过程中存在着界限和责任方面的模糊性；第三，治理明确肯定了在涉及集体行为的各个社会公共机构之间存在着权力依赖；第四，治理意味着参与者最终将形成一个自主的网络；第五，治理意味着办好事情的能力并不仅限于政府的权力。④

① 俞可平. 治理与善治 [M]. 北京：社会科学文献出版社，2000.

② 罗西瑙. 没有政府的治理 [M]. 张胜军，刘小林，等译. 南昌：江西人民出版社，2001.

③ Rhodes. The New Governance：Governing without Government [J]. Political Studies，1996，44（4）：652 – 667.

④ 斯托克. 作为理论的治理：五个论点 [J]. 华夏风，译. 国际社会科学杂志（中文版），1999（3）：23 – 32.

由此可以看出，不同于传统的公共行政，治理提出了一套全新的公共管理理论，将多元主体引入公共管理过程，以共同的目标为导向，强调不同主体间协同的过程。虽然各个学者的论述存在着差异，但是基本主张都是一致的，即要求人们重新理解政府，科学合理地界定政府、市场、社会组织与利益相关者之间的关系，通过合作、协商或伙伴关系等方式，依靠合作网络的权威对公共事务进行有效管理。也就是说，通过建立"治理体系"，处理好政府、市场、社会的关系。治理主体趋向多元化，政府不再是唯一的主体，对社会公共事务的管理应由多元主体参与，同时在参与中强调合作、协商、伙伴关系，积极进行权力关系重构下的制度调整，要把"治理体系"的体制和机制转化为"治理能力"并发挥其功能。

然而，在治理过程中，同样有出现"治理失效"的可能。首先，治理具体执行过程中不能依靠政府的强制力，同时也不可能拥有市场自由配置资源的机制与能力；其次，主体的多元化特征给相互之间的协作带来了难度，各主体不得不在协同过程中投入精力与资源，降低效率；最后，治理主体间的协同完全基于实现共同目标的追求，协同关系是一种松散的合作关系，目标争议或有效性的改变有可能导致协同关系的破裂。

针对"治理失效"，学者提出不同的应对方案，较有代表性的如"元治理"（meta governance）、"健全的治理"、"有效的治理"、"善治"以及"整体性治理"等。其中，"善治"与"整体性治理"理论的影响力最为广泛。

如何结合理论提出对我国治理发展有针对性的对策与建议将是未来一段时间的研究重点。例如，整体性治理理论是治理理论中后发的理论分支，部分学者从该理论出发，为治理失效等提供了解决思路，但其可操作性仍未在学界达成共识，尤其是整体性治理理论在实践中的应用仍需进一步探讨。进而，如何将治理理论运用于实际，尤其是利用整体性治理理论解决"治理失效"问题，仍需要进一步研究与探讨。

1.4.2　研究生教育治理相关研究

随着治理理论逐渐被广泛运用于各个领域，治理理论也开始被运用于研究生教育管理中。研究生教育一方面作为一种准公共产品，具有准公共产品的固有特性；另一方面作为高等教育领域中的主要组成部分，不能违背"认识论"与"政治论"的哲学基础①，既要保持"学术自主"，又要承担起"服务社会"的职责。这与治理理论要解决的问题及其内涵不谋而合，越来越多

---

① 布鲁贝克. 高等教育哲学［M］. 王承绪，郑继伟，张维平，等译. 杭州：浙江教育出版社，2001.

的学者与实践者尝试将治理理论引入包括研究生教育在内的高等教育管理之中。

接下来，笔者分别对英文文献与中文文献中有关研究生教育治理的研究进行梳理和分析。

通过在 Web of Science 数据库（WoS）中检索"higher education governance"主题词（国际中较少有直接对 postgraduate education governance 的研究；以"postgraduate education governance"为主题词在 WoS 中搜索，得出 39 篇文献，根据检索出的标题与摘要进行判断，文献不符合检索要求），出版时间限定为 1990—2015 年，获得 1119 篇文献题录，题录包括作者（author）、标题（title）、来源出版物（source）、摘要（abstract）、出版年份（publish year）等关键信息。

利用 Carrot 2 Workbench 3.10.1 软件①对所得文献题录进行分析，得到图 1-1，可以看出国外学者对"higher education governance"的研究多集中于教育治理实践（education governance practice）、教育改革（education reform）、教育治理模型（education governance model）、角色转变（changing role）等方面。

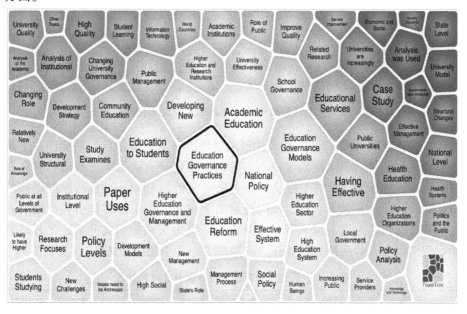

图 1-1 "高等教育治理"英文文献"气泡树"

① Carrot 软件是基于创新布局算法与动画来实现可视化的软件，能够帮助我们在众多数据中收集到关键词，了解数据分层结构。利用 Carrot 软件做出的有关研究生教育治理研究的"气泡树"（Foamtree）图能够帮助研究者了解目前研究生教育治理研究关注的领域、热点领域与分层结构。

笔者利用文献计量软件 CiteSpace Ⅲ 对所获得的 119 篇文献题录进行分析，筛选出 5 篇高引文献与 13 篇引用突现文献（图 1－2）。高引文献代表着该研究领域的研究热点，而引用突现文献则往往代表研究前沿。13 篇引用突现文献中除第一篇突现起始于 1999 年，结束于 2006 年以外，其他文献突现时间均集中于 2010 年之后，可见这几篇有关"高等教育治理"的研究在 2010 年之后开始重新成为学术界关注的领域，在短时间内被大量引用，其中有两篇文献既是高引文献又是引用突现文献。

Top 20 Keywords with Strongest Citation Bursts

Keywords	Year	Strength	Begin	End	1990 - 2016
clinical governance	1990	7.2757	1999	2006	
education institutions	1990	6.7629	2013	2016	
cy nov	1990	4.7849	2010	2012	
cy mar	1990	4.52	2011	2012	
cl madrid	1990	4.3912	2010	2012	
4th international conference	1990	4.2994	2011	2012	
cy oct	1990	4.0388	2011	2013	
education policy	1990	3.9647	2010	2011	
quality assurance	1990	3.8681	2012	2014	
international conference	1990	3.7883	2012	2013	
5th international conference	1990	3.6437	2012	2013	
cl valencia	1990	3.3892	2010	2012	
society associates	1990	3.3849	2014	2016	

图 1－2　文献计量软件 CiteSpace Ⅲ 呈现的引用突现历史

科学计量工具 CiteSpace 在质性研究领域的一大突出特点与功能即在于帮助学者从海量文献中识别研究热点，发现和锁定研究前沿，筛选出具有高共被引频次、显著突现率的关键文献。本次研究借助 CiteSpace Ⅲ 所匹配链接的 Google Scholar 文献检索功能，反向检索出上述文献中 5 篇共被引频次最高的文章并追踪到这 5 篇关键文章，对其进行了更为聚焦的引文分析，尤其是其中出现引用突现的两篇文献（标"＊"的文献为引用突现文献），见表 1－2。

表 1－2　研究生教育治理英文高引文献统计表

文献名称	作者	发表时间	被检索的主题	共被引频次
French academics：Between the professions and the civil service ＊	Chevaillier, T.	2001. 03	Education institutions	119

文献名称	作者	发表时间	被检索的主题	共被引频次
Higher education and academic staff in a period of policy and system change	Askling, B.	2001.03	Education system	82
Higher education governance and management: an Australian study	Thomas, H.	1998.01	Education governance	50
Audit culture and illiberal governance and the politics of accountability	Shore, C.	2008.09	University governance	50
Policy of decentralization and changing governance of higher education in post-Mao China *	Mok, K. H.	2002.08	Education policy	47

文章 French academics: Between the professions and the civil service[①] 的关注点是在法国高等教育治理发展、高等教育机构自主权扩大的情况下，高等教育制度及教育机构的教师情况。文章立足于法国高等教育体系的独特性（即大多数高等教育机构均为公办性质，其中，公办学校具有终身教职席位的教师拥有较高的自主权，而短期教师的自主权十分有限），分析法国近几十年来高等教育治理的发展，认为教育机构与教师拥有越来越多的自主权，尤其是学术自主权。作者十分关注法国由来已久的中央集权的特征，以历史的视角对法国高等教育制度进行梳理，研究不同教育机构的地位和特点、教师结构、教师拥有的学术研究环境、终身教职与非终身教师的选聘、教师升迁、教师评价、教师工资福利等方面。

同时作为一篇高引文献与引用突现文献，该篇文章的研究主题既是研究热点也是研究前沿。从文章的引用发展情况看，自文章发表（2001 年）至2009 年期间，关注度较低，每年被引量保持在 5 以下，而自 2009 年开始，文章开始受到关注，被引用量从每年 3 次上升至每年 26 次（2013 年达到顶点），说明文章主题在此之后成为研究热点与前沿，重新得到学术界的关注。本篇文章被 CiteSpaceⅢ检索出的关键词为"education institutions"，可见在高等教育治理领域中，教育制度近年来逐渐受到关注（图 1-3）。

---

① Chevaillier T. French academics: between the professions and the civil service [J] . Higher Education, 2001, 41 (1-2): 49-75.

图 1 − 3   CiteSpaceⅢ显示 Chevaillier，T.（2001）引用情况

与前一篇文章相似，阿斯科林（B. Askling）[1] 也集中探讨在治理发展、政策变迁背景下，瑞士高等教育体系中教师所处的情况，尤其是其工作环境。在阿斯科林看来，二元体制向多元体制的转变、高等教育扩张浪潮、高校机构与政府关系的改变、课程的革新、经济限制及高校对社会资金支持的依赖度的增加等宏观背景的改变，给高校教师带来了巨大影响，使他们在收获机遇的同时也面临各类挑战。在此背景下，各类机构开始采取新的治理模式，如从单一决策转变成多元决策、构建评估文化等。作者进一步预测，随着政府逐渐改变原有角色，转变成一种守卫者、立法者，未来高等教育体系中的多元特点将更突出，更多具有不同特点的大学与学院将出现，在学术共同体中也将体现出权力与威望的区分以及经济条件的差别。

托马斯（H. Thomas）[2] 的文章是同名著作的序言，该著作是针对澳大利亚高等教育治理的个案研究。研究在澳大利亚 1988 年高等教育改革背景的基础上展开，这一背景就是 19 所大学与 44 所学院被撤并为 35 所高等教育机构，这类机构不仅在体量上有所增大，组织形式也为应对更复杂的环境进行了改革。为了了解在由精英管理转变为治理的大环境下，高等教育效率与效果的

① Askling B. Higher education and academic staff in a period of policy and system change［J］. Higher Education，2009，41（1−2），157−181.

② Thomas H. Higher education governance and management：An australian study［J］. Comparative Education，1998，34（3），355−356.

改变，作者针对澳大利亚多所大学校长、院长、教务长进行了访谈，并结合国际发展趋势，做出了关于澳大利亚高等教育领域管理环境的分析与解读。研究弥补了以往较少关注学术管理者对于高等教育治理改革和发展态度的不足，从国家的角度对决策结构、管理策略、治理的外部宏观环境、职员监管、研究与教学管理以及高等教育政策进行了深入分析。

相对于其他几篇著作，Audit culture and illiberal governance and the politics of accountability① 发表时间较晚（2008 年），因而研究主题也从宏观的治理环境、治理结构等转为治理中的质量保障，即大学治理中通过对教师"审计"进而实现评估。文章以英国为研究对象，对英国社会与大学"审计文化"产生的背景和历史进行了梳理，进而分析审计影响组织与个人的途径，着重于探讨在推行审计过程中遇到的来自组织和教师的障碍。

发表于 2002 年的 Policy of decentralization and changing governance of higher education in post-Mao China② 既具有较高共被引频次，是一篇引用突现文献，同时也是一个以中国作为对象的研究。作者莫家豪（K. H. Mok）基于中国在改革开放后以"权力下放"与"多样化"作为政策发展趋势的背景，分析中国教育治理中的财政、条例规定、供给等方面，尤其是中央政府、地方政府与社会机构之间关系的动态调整与发展。在莫家豪看来，中央政府作为"主导者"的角色逐渐弱化，而作为"合作者"与"规则保障者"的地位受到强调。该文章以主题词"education policy"被 CiteSpace Ⅲ 辨识出，自 2002 年发表起，受到了一定关注，直到 2010 年开始受到大量关注，出现了引用突现（图 1 - 4），较高的引用量持续至 2014 年。可见随着中国的发展，对于中国的教育政策，尤其是教育治理的政策发展，关注度越来越高。

国内学者则立足于中国实情，从研究生教育治理主体间关系、研究生教育治理存在的问题、研究生教育治理具体方面等角度切入，对研究生教育治理展开研究。一类学者从治理理论出发探寻研究生教育结构的调整，尤其是政府与大学之间的关系。具体而言，试图通过治理理论强调的"治理主体多元化""治理过程网络化"与"治理方式协调化"特征解决研究生教育管理中的矛盾及政府控制与大学自治之间的矛盾。在袁本涛③等看来，政府与大学二者之间貌似不可调和的矛盾实际是可以被解决的，可以通过确立共同目标

① Shore C. Audit culture and illiberal governance universities and the politics of accountability [J]. Anthropological Theory, 2008, 8 (3), 278 - 298.

② Mok K H. Policy of decentralization and changing governance of higher education in post-Mao China [J]. Public Administration and Development, 2002, 22 (3), 261 - 273.

③ 袁本涛, 孙健. 治理视域下我国研究生教育结构调整问题研究 [J]. 高等教育研究, 2011 (11): 38 - 42.

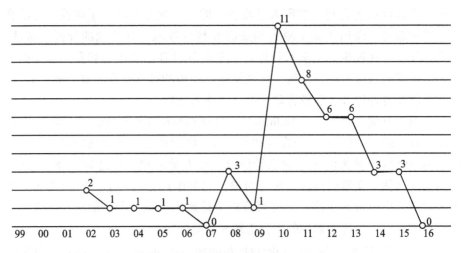

图 1 - 4　CiteSpaceⅢ显示 Mok，K. H. （2002）引用情况

与责任——建设高水平大学并使大学很好地承担起四项职责，构建"三元治理模式"，发展中介机构，加强法律法规保障等方式来实现。通过审视中华人民共和国成立以来政府与大学之间关系的发展历程，刘莹莹①强调改革开放后，我国政府通过逐步放权来调整与高校间的关系，而治理理论能够为实现二者间平衡提供理论基础，并提出几项有针对性的建议，包括实现"目标及责任的一致性""行政合同签订与中介机构的设立"等。

　　另一类学者从治理理论角度切入，试图解决研究生教育中存在的问题，如"招考过程中的'潜规则'、研究生培养目标模糊、研究生教育本科化、研究生管理存在漏洞、学术近亲繁殖严重、研究生的创新能力不足、导师与研究生的关系异化、师生比过低、区域经济发展与研究生教育布局欠合理"②等问题。通过对"教育管理""教育治理"和"教育自治"等的概念辨析，韦帮得等③提出教育治理重在"治"，进而提出研究生教育治理中的招生制度缺陷、研究生培养目标清晰性与实际操作弱化之间的矛盾、研究生教学模式可行性与实际操作的单调化、研究生科研管理的不足等问题。

　　此外，学者对研究生教育治理中的不同侧面进行了深入研究，包括研究生教育治理体系内招考方式、质量保障、高校内院系治理等方面。余桂华④剖析了我国研究生招考中存在的问题，认为招考方式是政府与高校、导师、考

　　①　刘莹莹. 治理理论视角下政府与大学关系研究［D］. 上海：华东师范大学，2007.

　　②　王中华. 研究生教育之乱象与治理［J］. 研究生教育研究，2012（1）：14 - 20.

　　③　韦帮得，李杨. 教育管理与教育治理——研究生教育管理与治理的隐性缺陷及解决策略［J］. 法制与经济（中旬刊），2010（6）：138 - 139.

　　④　余桂红. 我国研究生招考方式改革研究［D］. 武汉：华中科技大学，2009.

生等群体的利益偏向的反映，主张渐进性改革路径。治理理论对我国现有的
"单一性"质量保障的现状提出了挑战，彭国甫等①将质量保障的不同主体划
分为不同层次，包括核心层、关键层、基础层和推动层，不同层次主体发挥
着不同的作用。在质量保障的基础上，潘武玲②基于治理理论，从理论和操作
层面对研究生教育质量评价体系进行分析，主张对政府、社会和高校三者的
权责进行划分，形成多元共治型评价体系。刘恩允③借助场域理论分析工具，
从静态和动态两方面分别对不同院系的治理结构和机制进行分析，并提出
"学术主导、分类驱动和综合推进"等不同类型的院系治理改革思路。

　　对于研究生教育治理的研究，在研究方法、研究对象、研究侧重点等方
面，国内与国外研究存在很大的不同。首先，相较于中文文献对我国研究生
教育治理的多方面研究，WoS 数据库中有关高等教育治理的英文文献虽涉及
治理的多方面，但这些研究更多的是个案研究，且研究对象大多为欧美国家
的高等教育，仅有极少部分研究落脚点在中国大陆，因而这类研究对中国高
等教育治理的直接作用十分有限。其次，关于高等教育治理的研究虽然近几
年得到了关注，但研究者仍然未能对本科教育与研究生教育做出明确区分，
因而对于研究生教育本身具有的独特性关注不够，专门针对研究生教育治理
的研究很少。最后，国外研究多为基于国际、国内的背景与发展趋势，聚焦
于中观、微观层面的研究主题，聚焦于高校内部的治理体系，而较少有宏观
研究。

　　国内研究虽关注中国研究生教育治理的实际情况，但学者多从思辨的方
式理解、研究我国研究生教育治理，以实证研究方法展开的研究较少；研究
的切入点较宏观，未能密切结合我国研究生教育治理存在的制度问题与现实
矛盾，也没有形成具有实操性的建议，应用性不够。

1.4.3　有关教育权力的研究

　　国内外学者主要围绕教育权力的合法性来源、种类、行使中存在的问题
等展开研究。对于教育权力的合法性来源，西方学者提出了多种主张。柏拉
图通过洞穴与囚徒的例子展示出教育的权力来自对善的理念的追寻，而正是
这种追寻赋予了教育权力。罗素与杜威从权力与自由的内在关系出发阐释教
育的合法性来源，"在教育上，权力是不可避免的，实施教育活动的人必须找

　　① 彭国甫，梁丽芝. 治理视野中的研究生教育质量保障机制的完善［J］. 学位与研究生教育，
2007（1）：39－44.
　　② 潘武玲. 我国研究生教育质量评价体系研究［D］. 上海：华东师范大学，2004.
　　③ 刘恩允. 治理理论视阈下的我国大学院系治理研究［D］. 苏州：苏州大学，2014.

到一条道路按照自由精神来行使权力"①,杜威②也认为权力与自由是相互制约的,自由的条件包含了对自由的限制。

在国内学术界,对教育权力的讨论多始于中华人民共和国成立以后。学者多基于教育权力已存在的现实,对教育权力的正当性展开分析。例如,金生鈜③认为教育权力的合法性不是由国家和社会赋予的,而是来自受教育者及其共同生活。蔡春④提出权力性格与权利性格是教育最重要的两种性格,教育必然也必须具有某种权力的倾向,否则教育本身就是不可能的。

针对教育权力的类型,国外学者根据主体的不同,将教育权力划分为国家教育权力、地方教育权力、学校教育权力、教师教育权力、家长教育权力等不同类型。国内学者更多地从宏观层面来进行划分。胡锐军⑤将教育权力划分为国家教育权力、学校教育权力和家庭教育权力,在此基础上,他又从微观上具体划分了学校教育权力和家庭教育权力,学校教育权力主要表现为政治权力、行政权力、民主权力、学术权力;家庭教育权力主要包括择校权、监督权、质询权和监护权。

针对教育权力存在的问题,胡锐军⑥提出了我国教育权力失范的表现形式:一是权力错位和失衡,表现为行政管理部门与学校关系失衡、家庭教育被忽视、学校内部的教育权力关系之间缺乏清晰的界定;二是权力寻租和异化等。刘世清⑦总结了教育权力滥用的几种情况:权力行使越位、权力行使缺位、权力行使不到位、权力行使手段不当、权力行使目的不当等,并进一步从伦理学的角度切入,总结公共教育权力滥用、腐败的主要原因,即公共利益与私人利益之间的矛盾。

关于我国教育权力体系的研究绝大多数为国内学者的研究,国外研究不多。我国研究生教育权力体系与政治制度、国家权力体系密不可分。国内学者多将社会管理中存在的问题作为研究的切入点,部分学者对我国权力体系的关注集中于"集权"与"分权"两个概念之间的关系。董娟⑧以政府的垂直管理作为考察对象,指出垂直管理中存在的问题,如"垂直管理部门与地方政府间矛盾重重,垂直管理混乱"等,主张我国行政体制改革应合理界定中央与地方

① 罗素. 社会改造原理 [M]. 张师竹, 译. 上海: 上海人民出版社, 2001.
② 杜威. 人的问题 [M]. 傅统先, 邱椿, 译. 上海: 上海人民出版社, 1987.
③ 金生鈜. 论教育权力 [J]. 北京大学教育评论, 2005 (2): 46-51.
④ 蔡春. 在权力与权利之间——秩序自由主义教育研究 [D]. 广州: 华南师范大学, 2004.
⑤ 胡锐军. 教育权力失范的伦理矫治 [J]. 国家教育行政学院学报, 2006 (11): 51-57.
⑥ 胡锐军. 教育权力失范的伦理矫治 [J]. 国家教育行政学院学报, 2006 (11): 51-57.
⑦ 刘世清. 论公共教育权力腐败的伦理分析及其治理 [J]. 教育学报, 2010 (3): 93-97.
⑧ 董娟. 困境与选择: 集权与分权间的垂直管理——以当代中国政府的垂直管理为考察对象 [J]. 理论与现代化, 2009 (4): 25-30.

事权范围，规范垂直管理部门与地方政府之间的关系，在集权与分权间寻求解决"条块"矛盾的平衡点。段宇波①分析我国在社会转型时期行政权力体系的调整与变革，提出我国行政权力体系秩序的变革逻辑：构建秩序规范、行政权力体系内部秩序重建、行政权力体系与社会权力体系的秩序重塑等。

在国家权力体系研究基础上，众多学者展开了对研究生教育权力体系的研究。一类学者关注研究生教育各环节涉及的权力及其存在的问题等。石琳②将博弈论引入研究生教育评价权力体系中，分析各权力主体之间的互动过程。她认为在我国研究生教育评价体系中，政府、社会中介、高校三方评价的权力主体在博弈中逐渐呈现失衡状态，实现权力博弈再均衡十分迫切，并据此提出政府放权、加强高校自我评价、加强社会中介的专业建设及立法工作等建议。吴怡英③关注研究生学位授权审核制度中的权力关系，分别从政府权力、高校权力、学科权力进行分析，主张从权力体系入手对研究生学位授权审核制度进行改革，尤其是从政府权力向高校权力与学科权力的转移等。

其中部分学者关注研究生教育权力体系内的政府权力体系。李素芹④在中国学位工作三级管理体制的框架下，对政府的权力进行解读，提出在管理体制实践运作过程中，存在中央和省级政府间权力划分不清、国务院学位委员会缺位与越位并存、省级学位委员会统筹权虚置等问题，进一步要求中央政府彻底放权，通过立法明确两级政府的权力和职责边界，省级政府尽快完善省级学位委员会的机构设置并积极筹措资金，切实履行资源配置职责等。从研究生教育体制改革切入，万明⑤认为理顺权力关系是研究生教育体制改革的必经之路，集权与分权、计划与市场、公平与效率之间关系存在的问题是体制弊端的根源。

另一类学者从学术权力与行政权力入手开展研究。国外学者十分关注学术权力，并做了大量的研究。伯顿·克拉克（Burton Clark）⑥对高等教育权力体系进行了系统的描述，并将学术权力归结为四类：学科权力、院校权力、系统权力、感召力等。约翰·范德格拉夫（John H. Van de Graaff）⑦明确提出

① 段宇波. 我国社会转型时期行政权力体系的秩序重建 [D]. 太原：山西大学，2007.
② 石琳. 我国研究生教育评价主体的权力博弈研究 [D]. 兰州：兰州大学，2011.
③ 吴怡英. 博士、硕士学位点授权审核制度的沿革分析 [D]. 苏州：苏州大学，2010.
④ 李素芹. 我国学位工作三级管理体制中的政府权力解读 [J]. 中国高教研究，2010 (12)：44 – 47.
⑤ 万明. 我国研究生教育体制改革研究 [D]. 合肥：中国科学技术大学，2013.
⑥ 克拉克. 高等教育系统——学术组织的跨国研究 [M]. 王承绪，徐辉，殷企平，等译. 杭州：杭州大学出版社，1994.
⑦ 范德格拉夫，等. 学术权力——七国高等教育管理体制比较 [M]. 王承绪，张维平，徐辉，等译. 杭州：浙江教育出版社，2001.

学术权力这一概念，基于组织社会学理论，比较研究高等学校教育系统内部的学术权力结构。德沃夏克（Jack Dvorak）和迪尔茨（John Paul Dilts）[1] 分析了大学学术自由与政府意志之间的矛盾，并以新闻学专业为例，从学生培养角度讨论了此类矛盾在教学人员与行政人员之间的体现。鲍尔曼（Lee G. Bolman）[2] 等关注学术组织内部可能存在的人际关系矛盾冲突、建立弹性权力机制体系等问题，并指出建立系统性研究组织等对策。

部分国内学者关注高等学校内部权力适配，并常常与行政权力相结合来区分和研究学术权力[3]，研究方法多为理论探讨。别敦荣[4]从学理、比较的角度提出，学术权力和行政权力不是一对对称概念，学术的民主管理权力和学术的行政管理权力才是一对对称概念。从二者的矛盾出发，黄帅[5]通过梳理我国高校内部学术权力和行政权力的历史演变，提出权力下移、制度规范建设、建立有效的监督机制等建议。周光礼[6]从逻辑、法力、制度、实务四方面否定学术权力与行政权力二分假设，认为从大学自治角度看，大学并无所谓的学术权力与行政权力之分，只有由政府赋予的自治行政权力。

国内外学者针对研究生教育权力体系展开了一定的研究。国外学者主要关注对教育权力本身以及学术权力的研究，尤其是基于学术自由、学术自治的目标展开的对学术权力与行政权力之间调和方式的研究，这为教育权力的正当性、应然状态提供了理论基础。但针对宏观研究生教育权力体系的研究很少，这与国外政治体制、经济体制及国家权力体系有关。

国内学者则主要展开有关研究生教育权力体系的研究，研究的落脚点多在于优化我国研究生教育权力体系结构，且多为理论研究，鲜有实证研究。总体而言，学者主要关注研究生教育权力体系的部分环节，如研究生教育质量保障体系中涉及的权力、学术权力与行政权力间关系、高校内部的权力配置等，而针对我国研究生教育整体权力架构的研究很有限，尤其是关于我国研究生教育中涉及的权力类型、权力所属主体、权力主体间关系的研究很少。这从侧面印证了研究生教育体系的方方面面均涉及权力，包括权力配置、权力主体等，这

---

① Dvorak J, Dilts J P. Academic freedom vs. administrative authority [J]. Journalism Educator, 1992, 47 (3): 2–12.

② Bolman L G, Deal T E. Reframing Organizations [M]. San Francisco: Jossey-Bass Publishers, 1991.

③ 于胜刚. 守卫底线——关于高校学术事务评价制度的冷思考 [J]. 学术论坛, 2010 (1): 189–192.

④ 别敦荣. 学术管理、学术权力等概念释义 [J]. 清华大学教育研究, 2000 (2): 44–47.

⑤ 黄帅. 我国研究生教育中学术权力与行政权力的定位及相互关系的初步研究——以复旦大学为例 [D]. 上海: 复旦大学, 2012.

⑥ 周光礼. 问题重估与理论重构——大学"学术权力"与"行政权力"二元对立质疑 [J]. 现代大学教育, 2004 (4): 31–35.

些方面在研究生教育中具有举足轻重的地位。然而，这类研究仍需要进一步结合我国实际情况，尤其是基于实证数据，运用整体性思维，从更上位的层面分析我国研究生教育的权力体系。

1.4.4 研究生教育省级统筹权相关研究

较之西方国家，我国具有一整套独特的政治制度与行政体制，因而有关我国研究生教育省级统筹权的研究主要集中在国内。

省级政府在我国研究生教育治理体系中占有举足轻重的地位。省级政府在研究生教育治理中拥有的统筹权也得到了学者的广泛研究。国内早期的研究主要集中在加强省级统筹权的理论依据、策略等。葛锁网[①]于20世纪90年代即提出需要改革高等教育管理体制，加强省级政府的决策权、统筹权，统筹权的扩大主要指加大对所在省的中央部委属高校的统筹权。陶增骈[②]从理论上论述了加强省级政府统筹权的依据，进而分析了辽宁省加强省级统筹权的实践。

有关扩大省级统筹权的研究持续至21世纪。陈彬等[③]分析了高等教育中省级政府统筹权的内涵，对统筹权与决策权进行概念辨析，提出二者是难以分割的，认为统筹权的扩大必须伴随着决策权的扩张。程样国等[④]提出扩大省级政府管理权限是高等教育管理体制改革、完善市场经济体制、促进高等教育多样化与地方化的必然要求，建议从建立健全法律法规、省级政府转变管理职能、建立完善高等教育管理决策体系等方面入手实现省级统筹权的扩大。通过分析、梳理省级政府在学位与研究生教育管理中的职能的历史演进，翟亚军与王战军[⑤]将省级政府1978—2008年的职能状况分为制度困境期、组织完善期和职能扩张期三阶段，并提出需要进一步改革，以使省级政府成为学位与研究生教育管理中的主要主体，实现其职能的有效发挥。

在前人研究的基础上，问清松带领的团队[⑥]系统地分析、研究了省级地方学位委员会的功能作用，包括理论研究、实证研究两部分。作者首先从理论与法律法规出发探讨省级地方学位委员会功能作用的理论依据及其基本定位，

---

① 葛锁网. 改革高等教育管理体制 加强省级政府的决策权、统筹权 [J]. 江苏高教，1993 (5)：3-8.

② 陶增骈. 关于加强省级政府对高等教育统筹管理的问题 [J]. 现代教育管理，1993 (4)：10-15.

③ 陈彬，袁祖望. 试论"加强省政府高等教育统筹权"的基本内涵 [J]. 高教探索，2000 (3)：28-32.

④ 程样国，黄长才. 论扩大省级政府高等教育管理权限的几个问题 [J]. 南昌大学学报（人文社会科学版），2001 (4)：156-160.

⑤ 翟亚军，王战军. 省级政府学位与研究生教育管理职能的历史演进及未来走向 [J]. 学位与研究生教育，2012 (4)：64—67.

⑥ 问清松. 省级地方学位委员会功能作用研究 [M]. 武汉：湖北人民出版社，2009.

再通过政策梳理、问卷调查、访谈研究等方法展开了有关省级地方学位委员会功能作用实际情况的实证研究，深入探讨存在的问题，进而在借鉴吸收西方国家经验的基础上，提出了充分发挥省级地方学位委员会功能作用的对策，包括正确认识省级地方学位委员会的基本性质和主要功能作用、科学构建法律法规体系、构建科学合理的省级地方学位委员会组织结构、创新省级地方学位委员会运行机制等。

近年来，随着研究生教育治理的不断发展，不少学者开始从治理理论出发，探讨研究生教育省级统筹权。马廷奇①指出省级统筹是新形势下高等教育治理体系建设的重要环节，省级统筹权的落实受到中央与省级政府权责模糊、缺乏监督机制、管理条块分割与统筹机制不健全等方面的阻碍。以上海研究生教育质量保障体系建设作为研究对象，上海市学位委员会办公室主任束金龙等②结合自身工作经验，通过政策梳理、宏观环境分析等方法，分析了省级统筹下区域研究生教育的发展现状、面临的问题及内在动力，并对上海研究生教育治理保障体系建设做了较为系统的战略思考，包括科学制定学科发展规划、建立上海高校质量年度报告发布制度、构建实际研究生教育信息化平台、制订学位授权点定期合格评估方案等。

总体来说，学者多从高等教育体系出发探讨省级统筹权，较少有针对研究生教育的研究，且相关研究大多是在学理上的探讨，研究视角较为宏观。学者在"扩大省级统筹权"等必要性方面基本达成共识，然而在"扩大省级统筹权的策略"等方面极少有可行性较强的建议，在实践中很难实行，且以往研究并未形成具有开创意义的成果。这表明在进一步研究中亟须探索新的研究切入点与研究视角。

此外，有关省级统筹权的研究多将省级政府从整体行政体系中割裂出来，单独研究省级统筹权。问清松等人的研究是我国学者第一次系统地研究省级地方学位委员会的功能与作用，基于理论、大范围调查对省级地方学位委员会的功能与作用进行了应然与实然状态的探讨。然而，一方面，该研究仅限于现状描述，对表现出的问题提出针对性措施，但未能从学理的角度探讨改革之策，也没有将中央政府与地方政府同时纳入研究范围，忽视了我国行政管理体系作为统一、密不可分系统的事实，且忽视了政府之外的高校与社会，没能从多元主体、治理的视角来分析问题，提出对策；另一方面，该研究距今已十年，随着我国治理体系的发展、研究生教育体系的改革，其中的部分论断已不再适合当下情况，需要进一步结合如今的现实与发展

---

① 马廷奇. 省级统筹与高等教育治理体系建设 [J]. 国家教育行政学院学报, 2015 (8)：3-8.
② 束金龙, 廖文武. 省级统筹下的上海研究生教育发展与质量保障体系建设思考 [J]. 学位与研究生教育, 2015 (1)：38-43.

趋势开展新的研究。

近年来，越来越多的学者将治理理论引入研究生教育研究中，探讨如何通过完善省级政府管理环节构建研究生教育治理体系，然而学者对研究生教育治理中存在的治理失效等缺陷的研究仍不足，需要展开进一步的研究，以探讨治理失效的解决路径。

1.5　研究思路、方法与问卷样本描述

1.5.1　研究思路

研究我国研究生教育治理中的省级统筹，要求对省级统筹产生的背景和发展历程有深入的了解。因此，本书遵循理论导向的经验研究路径，首先从文献出发，对现有有关研究进行梳理。其次在文献的基础上，通过对政策文件的实证分析以及访谈，了解省级政府参与研究生教育治理的机构、职责、经费、治理机制与方式，勾勒出我国研究生教育治理中省级统筹的图景。最后，为了分析研究生教育治理中省级统筹取得的进展和存在的问题，本书分别针对各省级学位委员会办公室负责人以及全国各类学位授予单位研究生教育管理者进行问卷调查，了解其对研究生教育省级统筹的主观评价，分析在不同省、自治区、直辖市，不同类型学位授予单位，不同重要性认知程度与执行方式满意度和省级学位组织满意度之间的关系，并结合各省级学位委员会办公室负责人的自我评价，提出发展研究生教育治理中省级统筹的意见与建议。

基于此，本书设计了具体的研究思路与结构。

第 1 章为绪论，简要介绍省级统筹在研究生教育治理中的重要性与意义，在文献梳理的基础上，提出本研究的主要研究问题；围绕研究问题，对核心概念进行界定；根据研究问题和范围，设计研究方法，并对问卷基本情况进行介绍。

第 2 章是我国研究生教育结构布局，从研究生教育规模、学科类型、学位授权点、导师资源、财务资源，以及与经济发展的关系等维度分析了我国研究生教育的层次结构、人才培养结构、学科结构、类型结构和区域结构。

第 3 章是我国研究生教育省级统筹的背景与历史演进。本章通过对历史的回顾，结合重要的法律法规与政策文件，总结我国研究生教育统筹产生的历史背景与必然性，并结合研究生教育的发展，梳理省级学位组织和省级统筹权自建立至今的发展过程。

第 4 章分析了研究生教育治理中的省级统筹现状。本章主要根据问卷调

查结果，结合文本分析与相关访谈资料，了解省级学位组织的机构设置、经费状况、工作职能、治理过程，以及学位授予单位对省级学位委员会的评价。

第5章对影响研究生教育治理中省级统筹效果的因素进行探索。本章通过差异性分析和回归分析等相关分析，探索影响学位授予单位对省级学位委员会满意度和治理方式执行满意度的因素，进而总结出影响省级统筹效果的因素。

第6章是研究生教育省级统筹的案例分析。本章首先从总体上呈现各省学位与研究生教育发展"十三五"规划的制定情况，然后选取若干省份作为案例，具体呈现案例省份学位委员会在实践中发挥研究生教育统筹作用的过程。

第7章对研究生教育省级统筹提出对策建议。本章针对前述章节中对省级统筹发展历程、省级统筹的现状、影响省级统筹效果因素的分析，探讨发展、完善省级统筹的策略，以及推进省级学位组织与区域内学位授予单位协同发展的实践策略。

1.5.2 研究方法

（1）内容分析法

本书从文本与内容分析出发，采用 Nvivo 质性数据分析软件，对有关法律法规、政策文件、规划文本和各省级学位委员会的主要工作职责进行编码分析，从而为认识我国研究生教育省级统筹权提供依据。

（2）访谈法

本书采用访谈法中的个别访谈和集体访谈两种方式，针对国务院学位委员会前负责人、省级学位委员会负责人和省级政府教育部门负责人展开。通过访谈，了解我国学位与研究生教育，尤其是研究生教育省级统筹的发展背景与历程，以及省级统筹现状，进而总结出我国研究生教育省级统筹的18项工作职能，为问卷设计打下基础，并进一步了解我国研究生教育省级统筹的现状及存在的问题。

具体而言，笔者在2015年1月对国务院学位委员会前负责人就我国研究生教育发展主题进行的个别访谈中，针对研究生教育省级统筹展开了深入访谈；并在2015年3月的"教育部学位中心与省级学位办工作交流会"和2016年9月的"教育现代治理高层研讨会"上，围绕省级研究生教育统筹展开集体访谈。

（3）问卷调查法

本研究对全国各省、自治区、直辖市的学位委员会办公室负责人及全国各学位授予单位研究生教育管理者进行问卷调查，了解各省、自治区、直辖市研究生教育统筹现状，以及学位授予单位对省级统筹的评价。

根据文献阅读，且在借鉴相关调查问卷和前期访谈的基础上，本研究制定了我国研究生教育省级统筹与服务质量调查问卷（附录 1）。本问卷分为Ⅰ、Ⅱ两个版本，分别针对省级学位委员会办公室主管领导和学位授予单位研究生教育管理者。问卷Ⅰ包括省级政府有关研究生教育治理的机构与职能设置、拥有的资源、职能发挥情况、有关研究生教育各环节的治理情况等模块；问卷Ⅱ则包括背景信息（参与研究生教育相关管理工作年限、所处行政级别、在校硕士生与博士生数量）、对 18 个省级统筹治理方式的认知重要性和执行的满意度，以及对省级学位组织的满意度等题项。

1.5.3　问卷调查样本描述与信效度分析

（1）问卷Ⅰ样本描述与信效度分析

我国研究生教育省级统筹与服务质量调查问卷Ⅰ针对各省级学位委员会办公室负责人发放。在 2015 年 3 月于北京召开的"教育部学位中心与省级学位办工作交流会"现场，对参会的各省级学位委员会办公室负责人发放了此问卷，共发出 31 份问卷，当场回收 23 份，有效回收率为 74.19%，本次回收的问卷涵盖了 23 个省、自治区、直辖市。

进一步，本书采用 SPSS 软件对问卷Ⅰ的各维度进行内部一致性检验（表1－3），可以发现四个维度的 Alpha 系数分别为 0.816、0.927、0.756、0.878，而总问卷的 α 系数为 0.906。从四个维度来看，所有维度的 Alpha 系数都在 0.700 以上，且总问卷 Alpha 系数超过 0.900，代表此问卷的可靠性和一致性颇佳。

表 1－3　我国研究生教育省级统筹与服务质量调查问卷Ⅰ的信度分析

维度（潜变量）	题项（观测变量数）	Cronbach's α 系数
研究生教育质量评价	7	0.816
研究生教育布局与结构合理程度	10	0.927
研究生教育经费状况	3	0.756
省级统筹效果评价	10	0.878
总问卷	62	0.906

效度分析旨在检验问卷调查结果的准确性、内容的适切性和代表性，即问卷测量工具的有效程度。利用 SPSS 软件进行验证性因子分析（附录 2.1），除"地方学位委员会提供本省学位与研究生教育信息方面的情况""研究生生源质量""地方学位委员会办公室的工作经费"三项，各题项的标准化因子载荷均在 0.500 以上，且均在 0.001 水平上显著，表明问卷的维度和题项设计具

有良好的效度。

（2）问卷Ⅱ样本描述与信效度分析

我国研究生教育省级统筹与服务质量调查问卷Ⅱ针对各学位授权单位研究生教育管理者进行在线调查。2016年3—5月，笔者通过"问卷星"共发放849份网络问卷，回收326份，有效回收率为38.40%。本问卷所有题项均为必答题，被调查者只有在填完问卷所有题项后才能提交问卷，因而保障了问卷的完整性；被调查者填写问卷的中位数为410秒，与本研究测试填写时间基本一致，部分被调查者所花时间较长，考虑到被调查者可能因工作繁忙而在打开网络链接后未能及时填答，故予以保留。

本研究采用SPSS对问卷Ⅱ的各维度进行内部一致性检验（表1-4），可以发现三个维度的α系数分别为0.925、0.930、0.914，且总问卷的α系数为0.931，代表此问卷的可靠性和一致性极佳。

同时利用SPSS软件进行验证性因子分析（附录2.2），除了少数几项，各题项的标准化因子载荷均在0.500以上，且均在0.001水平上显著，表明问卷的维度和题项设计具有良好的效度。

表1-4　我国研究生教育省级统筹与服务质量调查问卷Ⅱ的信度分析

维度（潜变量）	题项（观测变量数）	Cronbach's α 系数
认知重要性	18	0.925
执行满意程度	18	0.930
对省级学位组织的评价	13	0.914
总问卷	50	0.931

第 2 章　我国研究生教育结构布局

《国家中长期教育改革和发展规划纲要（2010—2020 年)》指出，高等教育的任务之一就是要"优化结构、办出特色"。研究生教育作为国民教育结构的顶端和国家创新体系的生力军，肩负着"高端人才供给"和"科学技术创新"的双重使命，同样也面临着结构优化的自我要求。根据清华大学袁本涛课题组的研究，研究生的教育结构可从宏观角度的层次结构、人才培养结构、学科结构、类型结构，以及中微观层面的区域结构等几个方面展开论述。①

2.1　宏观结构分析

结合现实发展情况，我国研究生教育结构可从层次结构、人才培养结构、学科结构和类型结构四个方面进行分析。

2.1.1　层次结构

层次结构是指不同教育层次（如本科、硕士和博士）的学生构成状态及比例关系。可以通过统计各级学位授予情况来呈现一国研究生教育的层次结构。根据国务院学位委员会办公室提供的数据，截至 2016 年，我国共有博士授权单位 426 个，硕士授权单位 762 个。② 其中普通高等学校博士授权单位 312 个，硕士授权单位 503 个。拥有博士授权、硕士授权的高校分别占全国普通本科高校（1243 所）的 25%、40%。与此同时，2016 年我国共授予博士学位 59649 人、硕士学位 643105 人、学士学位 4177549 人。博士学位的授予数仅占学位授予总数的 1%，硕士学位授予数占比 13%（图 2 - 1）。其中，博士学位授予数约占研究生学位授予总数的 8%，硕士学位授予数占比约为 92%（图 2 - 2）。

---

① 王顶明，杨佳乐，黄颖．我国研究生教育结构的现状、问题与优化策略［J］．研究生教育研究，2019（2）：1 - 5.

② 本研究中数据统计范围为中国大陆，不包括港澳台地区数据。

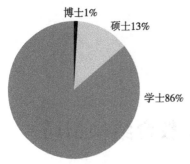

图2-1 2016年全国学位
授予人数比例

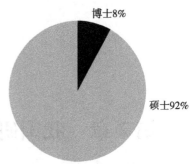

图2-2 2016年全国博士、硕士
学位授予数比例

虽然，2016年学位授予的硕博比为10.78∶1，比2015年的10.89∶1略有降低，但是与欧美发达国家相比，差距还很大。欧美发达国家的学士学位授予数一般占总数的六成以上，研究生学位授予数占三成以上，而中国学士学位比重大，占整个学位授予数的将近九成。美国博士学位授予数占学位授予总数的6.30%，硕博比为4.25∶1；英国博士学位授予数占学位授予总数的3.94%，硕博比为7.25∶1；德国博士学位授予数占学位授予总数的6.86%，硕博比为4.66∶1。① 如图2-3所示，从学位授予的现状和国际比较来看，我国研究生教育的层次结构基本合理，硕士培养仍有一定的增长空间，博士培养比例较小，数量缺口较大。

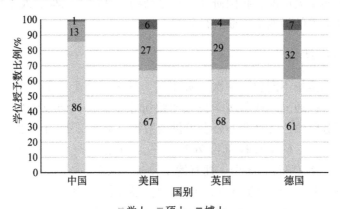

图2-3 各国学位授予数比例（2016年）

备注：①数据来源：美国教育统计中心、英国高等教育统计署、德国联邦统计局；数据收集时间：2015年。②美国的硕士学位、博士学位的统计口径均不包括第一职业学位（First Professional Degree，FPD）。③英国的统计口径仅包括学位类型（Degree）的研究生。

───────────

① 本研究数据来源：国务院学位委员会办公室提供的数据、美国教育统计中心、英国高等教育统计署、德国联邦统计局，硕博比＝授予硕士学位数/授予博士学位数。

2.1.2　人才培养结构

人才培养结构可以从国家层面研究生教育所吸纳的人口数占人口总数的比例、院校层面不同培养单位所承担的培养任务占研究生教育总规模的比例两方面反映。一方面，千人注册研究生数①，即注册研究生数（单位：人）除以当年全国人口数（单位：千人）所得数值，是衡量研究生教育发展态势的核心指标，反映了一国研究生教育的规模状况。②

根据统计数据所得，2016 年，我国研究生注册数将近 200 万人，韩国、法国、英国等发达国家均在 65 万人以内，韩国稍低，为 33.28 万人。较之2010 年的研究生注册数，韩国、法国和中国均有小幅增加，英国相对减少了4 万多人，如图 2 - 4。

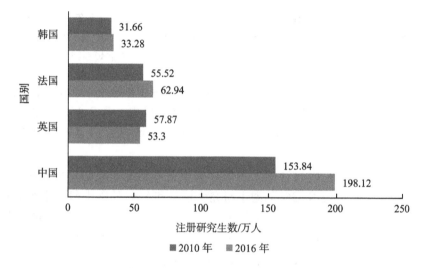

图 2 - 4　各国注册研究生数对比（2010 年，2016 年）

美国、英国、法国、澳大利亚等国千人注册研究生数均已超过 8 人。图 2 - 5 显示，2016 年韩国、法国、英国的千人注册研究生数都超过了 6 人，其中英、法两国更是超过了 8 人。我国 2016 年的千人注册研究生数为 1.44人，同发达国家相比，差距较为明显，说明我国研究生培养规模仍有较大提升空间。

---

① 我国又叫千人研究生在校数。

② 王传毅，陈东，李旭. 中国研究生教育发展之态势——基于核心指标的国际比较 [J]. 教育发展研究，2013（23）：26 - 32.

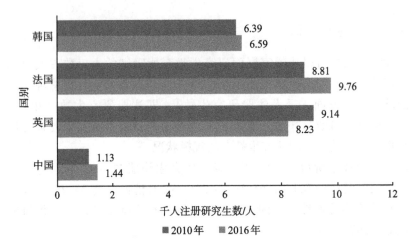

图2-5 各国千人注册研究生数对比（2010年，2015年）

数据来源：①人口数据：OECD数据库与国家统计局。②注册研究生数：韩国教育统计中心、英国高等教育统计署、法国国家教育部、中国教育部发展规划司。

与2010年相比，2016年，英国千人注册研究生数有小幅下降，降幅接近10%。韩国和法国都有所上升，韩国增幅在5%以内，为3.13%；法国增速较为明显，为10.78%。中国保持了显著的增长，增幅为27.43%，增速高于韩国、法国等发达国家。

此外，我国研究生教育的人才培养规模并不均衡。我国培养规模前100名的单位，承担了我国82%的博士研究生培养和55%的硕士研究生培养；而规模排名后100名的单位，只承担了我国3%的博士研究生（可简称"博士生"）培养和1%的硕士研究生（可简称"硕士生"）培养。C9联盟大学（清华大学、北京大学、哈尔滨工业大学、浙江大学、复旦大学、上海交通大学、中国科学技术大学、南京大学及西安交通大学）的博士研究生培养规模占全国的17%，硕士研究生培养规模占全国的6%。其中，浙江大学博士研究生、硕士研究生分别以占全国2.48%和0.83%的培养规模领跑C9联盟（表2-1）。这说明我国研究生教育培养呈集中化态势，研究型大学占据绝对优势，而部分单位培养能力有待提升，高校之间的规模和发展水平存在很大差距。

表2-1 C9联盟大学学位授予数（2016年）

单位：人

大学	博士学位授予数	硕士学位授予数	大学	博士学位授予数	硕士学位授予数
全国	58113	530238	清华大学	1346	2657
北京大学	1137	3776	哈尔滨工业大学	661	3408

大学	博士学位 授予数	硕士学位 授予数	大学	博士学位 授予数	硕士学位 授予数
浙江大学	1444	4411	复旦大学	1342	3543
上海交通大学	1313	3624	中国科学技术大学	773	2597
南京大学	1040	3696	西安交通大学	811	2924
C9 联盟大学合计	9867	30636			

说明：限于数据可得性，各高校的学位授予数以毕业生数代替。

2.1.3 学科结构

研究生教育学科结构，即科类结构、专业结构，指的是研究生教育发展中不同学科领域的构成状态。[①] 在我国学术学位研究生教育的 13 个学科门类中，不同学科领域的培养规模并不一致。

从学位授权点看，2016 年，在全国 11 个学科门类（不含哲学、军事学，不含专业学位）、100 个一级学科中，博士学位点排名前 3 位的分别是工学、理学、医学，比重分别约为 37.34%、21.55%、13.68%，占总数的 72.57%；全国博士学位点排名居最后 3 位的分别是教育学、历史学和艺术学，占比未超过 5%。硕士学位授权点排名前 3 位的授权点与博士学位授权点排名保持一致，也是工学、理学、医学，比重分别是 35.02%、12.66%、10.10%，占总比重的 57.78%；排名后 3 位的分别是艺术学、农学和历史学，比重分别为：3.29%、3.27% 和 1.31%，三科占总数的比重不足 10%（表 2 - 2）。

表 2 - 2 各学科门类研究生学位授予人数（2016 年）

学科门类	一级学科数/个	博士/人	博士占比/%	硕士/人	硕士占比/%
工学	39	20075	37.34	108136	35.02
理学	14	11587	21.55	39090	12.66
医学	11	7356	13.68	31185	10.10
管理学	5	3372	6.27	28042	9.08
法学	6	2705	5.03	24939	8.08

---

① 袁本涛，王传毅. 我国研究生教育结构调整问题研究［M］. 北京：经济科学出版社，2015：20，411.

续表

学科门类	一级学科数/个	博士/人	博士占比/%	硕士/人	硕士占比/%
农学	9	2430	4.52	10095	3.27
经济学	2	2141	3.98	18848	6.10
文学	3	1959	3.64	21052	6.82
教育学	3	923	1.72	13146	4.26
历史学	3	700	1.30	4056	1.31
艺术学	5	513	0.95	10171	3.29
总计	100	53761	100.00	308760	100.00

数据来源：根据国务院学位委员会办公室提供的数据整理。

　　从招生数来看，在学术学位的招生中，理科、工科的招生数接近学术学位研究生招生总数的50%，而传统人文学科（文学、历史学、哲学）的招生数仅占研究生招生总数的8%，尤其是历史学和哲学，仅分别占1%（图2-6）。

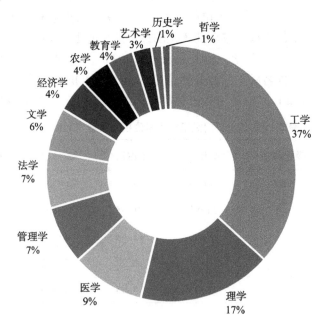

图2-6　学术学位研究生招生学科结构（2016年）

专业学位博士研究生招生中，共招收临床医学、工程、教育、口腔医学、兽医、法律和中药学几个专业。其中，临床医学专业学位博士研究生招生所占比重最大，为 77.03%；专业学位博士研究生占比最小，为 0.24%（图 2 - 7）。

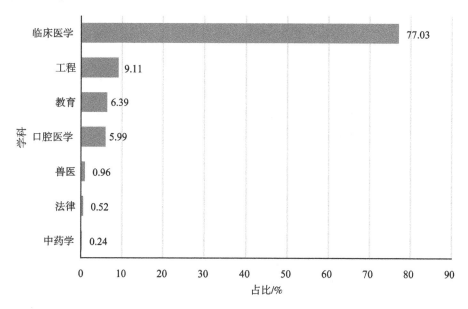

图 2 - 7　专业学位博士研究生招生学科结构（2016 年）

专业学位硕士研究生招生中，工程专业占比最大，为 31.98%；第二名、第三名分别是临床医学和工商管理，占比 12.21%、10.47%，这三个专业总占比超过 50%，为 54.66%；教育、公共管理、法律、艺术、会计、农业、翻译等占比居中，分别为：5.66%、4.53%、4.52%、4.31%、3.90%、3.10%、3.02%；其他 28 个专业学位硕士研究生招生占比较低，总占比16.3%，如图 2 - 8 所示。

从学位授予数据来看（包括学位授予中按不同学科门类授予的学位数量及其比例关系、按一级学科授予的学位数量及其比例关系），在学术学位授予中，工学、理学、医学、管理学四门学科的学位授予量占学术学位授予总量的 68.07%，而占比靠后的四门学科（农学、艺术学、历史学、哲学）的学位授予量仅占学术学位授予总量的 8.74%，如图 2 - 9 所示。

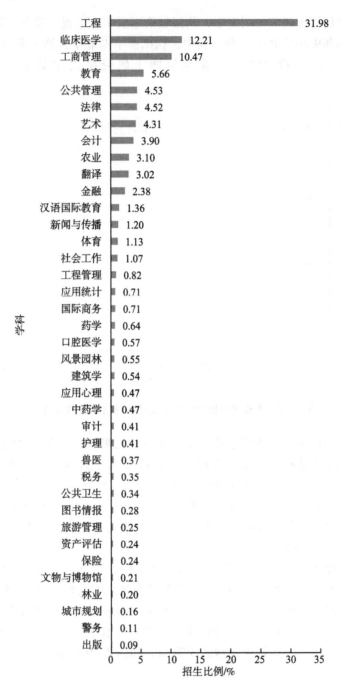

图 2-8 专业学位硕士研究生招生学科结构（2016 年）

数据来源：根据教育部发展规划司提供的数据整理。

说明：此表中的数据不包含在职联考。

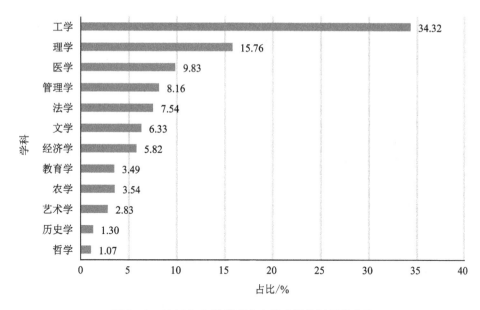

图 2 - 9　2016 年各学科研究生学术学位授予数占比

在 6 类专业博士学位授予中，临床医学专业占比最大，为 93.58%。口腔医学和教育位于其后，占比共 4.84%；兽医、工程和中医专业博士学位占比极小，见表 2 - 3。

表 2 - 3　2016 年专业博士学位授予情况

专业学位类别	人数/人	占比/%
临床医学	4915	93.58
口腔医学	188	3.58
教育	66	1.26
兽医	50	0.95
工程	22	0.42
中医	11	0.21
合计	5252	100.00

在 39 类专业硕士学位授予中，排名前 5 位的分别是工程、工商管理、临床医学、教育、法律，占比分别为 40.79%、10.48%、9.35%、7.49%、4.99%；从新闻与传播到最后中医学共 26 个学科占 7.34%。其中，从中药学到最后中医学共 10 个学科仅占 1%，比例极小，如图 2 - 10 所示。

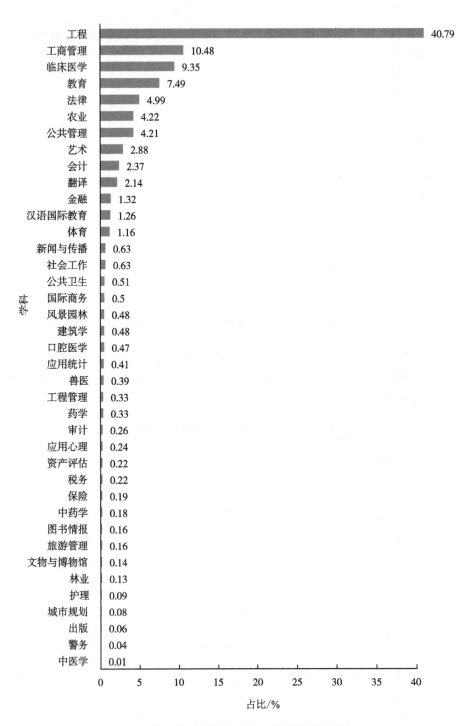

图 2-10 2016 年硕士专业学位授予类别占比

概言之,我国研究生教育的学科结构以理工科为主,这与国家经济发展阶段基本契合,人文社科类学科中除 2001 年从经济学分化出来的管理学,其余学科门类所占比重较小。需要重视传统文史哲学科,加强新兴交叉学科的发展。

2.1.4　类型结构

我国研究生教育的类型结构是指全日制与非全日制研究生教育、学术型与专业型研究生教育的结构组成,反映了我国研究生教育人才培养的不同侧重点。

我国研究生教育的主体一直是全日制研究生,非全日制研究生教育在培养规模、培养质量和社会认可度方面都低于全日制研究生。全日制研究生和非全日制研究生的学位授予主要包括学术学位与专业学位。本书主要通过学术学位与专业学位来说明我国研究生教育的类型结构。研究生教育的类型结构决定了研究生人才培养对社会高层次人才的满足程度。2016 年 9 月,教育部办公厅印发了《关于统筹全日制和非全日制研究生管理工作的通知》①,规定自 2016 年 12 月 1 日后录取的研究生从培养方式上按全日制和非全日制形式加以区分,统一组织实施招生录取,统一质量标准,统一管理学历学位证书,从而在制度上保证全日制和非全日制研究生教育的协调发展。

从学位授权看,2016 年我国专业学位研究生教育有博士学位授权专业 6 个,博士学位授予单位 79 个,博士授权点 111 个;硕士专业学位授予的专业有 39 个,硕士学位授予单位 653 个,硕士授权点 3900 个(表 2 - 4)。

表 2 - 4　2016 年博士、硕士专业学位授予类别

类别	专业	数量/个
博士专业学位授权	教育、工程、临床医学、兽医、口腔医学、中医	6
硕士专业学位授权	法律、教育、工程、建筑学、临床医学、工商管理、农业、兽医、公共管理、口腔医学、公共卫生、会计、体育、艺术、风景园林、汉语国际教育、翻译、社会工作、金融、应用统计、税务、国际商务、保险、资产评估、警务、应用心理、新闻与传播、出版、文物与博物馆、林业、护理、药学、中药学、旅游管理、图书情报、工程管理、审计、城市规划、中医(新增)	39

---

① 教育部办公厅. 教育部办公厅关于统筹全日制和非全日制研究生管理工作的通知 [EB/OL]. (2016 - 09 - 14) [2018 - 06 - 01]. http://www.moe.gov.cn/srcsite/A22/moe_ 826/201609/t2016091 4_ 281117. html.

从专业学位招生数据看，2016 年，博士研究生招生中有 2509 名专业学位博士研究生，占博士研究生招生总数的 3.25%；硕士研究生招生中，专业学位研究生 279617 人，占硕士研究生招生总数的 47.42%（表 2 - 5）。相比之下，美国、英国、法国、澳大利亚等国的专业学位硕士（含应用型学位）占比很大，均为 80% 左右，专业学位博士类别也较多。

表 2 - 5 2016 年全国博士、硕士学术学位与专业学位招生结构

类型	学术学位		专业学位		合计
	人数/人	比重/%	人数/人	比重/%	人数/人
博士研究生	74714	96.75	2509	3.25	77223
硕士研究生	310039	52.58	279617	47.42	589656

数据来源：根据教育部发展规划司提供的数据整理。

从专业学位在校生来看，2016 年，我国共有 72.7 万名专业学位在校硕士生，占硕士研究生在校生的 44.36%；学术学位硕士生约 91 万名，占比 55.64%。专业学位和学术学位占比较为均匀。在博士在校生中，学术学位博士生和专业学位博士生比例差距大，学术学位博士生占了 97.38%，而专业学位博士生只有 2.62%（见表 2 - 6）。

表 2 - 6 2016 年全国学术学位与专业学位博士、硕士在校生结构

类型	学术学位		专业学位		合计
	人数/人	比重/%	人数/人	比重/%	人数/人
博士研究生	332908	97.38	8951	2.62	341859
硕士研究生	911715	55.64	726814	44.36	1638529

21 世纪，在单一学术学位基础上不断分化出新的学位类型，是全球范围内的普遍趋势[1]，我国研究生教育的学位类型结构也逐步走向多元化。尽管我国专业硕士研究生教育转向应用型人才为主的战略目标取得了重大进展，但仍有发展空间，专业学位博士研究生的类别与规模都应适当发展。

2.2 区域结构分析

以下将主要根据 2016 年各省、自治区、直辖市研究生教育的相关数据进

---

① 王传毅，赵世奎. 21 世纪全球博士教育改革的八大趋势［J］. 教育研究，2017（2）：142 -151.

行分析。①

2.2.1　研究生教育省际结构分析

（1）省际规模分析

研究生教育规模主要由研究生的招生人数、在校人数和学位授予人数反映。

2016 年，全国共招收研究生 666879 名，其中硕士研究生 589656 名，博士研究生 77223 名。招生规模排名前三位的分别是北京、江苏和上海，分别招收了 105624 名、53054 名、49079 名研究生，北京招生规模最大，其博士招生人数是江苏和上海的 3 倍以上。招生规模最小的 3 个省份分别是海南、青海和西藏，2016 年 3 省招生总和未超过 5000 人，其中海南是 1657 人，青海是 1319 人，西藏是 551 人。31 个省、自治区、直辖市的平均招生人数是 21512 人，极差是 105073，标准差是 20354，变异系数为 0.95。

研究生在校规模中，2016 年全国共有 1980388 名在校研究生，其中博士研究生 341859 名，硕士研究生 1638529 名。全国 31 个省、自治区、直辖市中，研究生在校人数 10 万以上的有 3 个，分别是北京、江苏和上海；5 万—10 万的有 9 个，依次是湖北、陕西、辽宁、广东、四川、山东、湖南、浙江、黑龙江；1 万—5 万的有 15 个省、自治区、直辖市，从高到低依次是吉林、天津、重庆、安徽、福建、河北、河南、云南、甘肃、江西、山西、广西、新疆、内蒙古、贵州；1 万以下的省、自治区有 4 个，从高到低依次是海南、宁夏、青海和西藏。

各省的在校研究生人数绝对数中，北京以 31 万多名在校研究生排名全国第 1，其中博士生 9.5 万多名，硕士生 22 万多名，占比 16.03%；江苏的在校规模约为北京的一半，排名第 2，占比 8.16%；上海以 14 万多名在校研究生数排名全国第 3，占比 7.32%。前 3 个省份以 624060 名在校研究生数，占据全国研究生在校规模的 31.5%。研究生在校规模在全国排名最后 3 位的是宁夏、青海和西藏，3 个省、自治区研究生总数不超过 1 万名，总占比不超过全国的 1%；排名最后的西藏仅占全国的 0.08%，其中博士研究生 64 名，硕士研究生 1489 名。各省的研究生平均在校人数是 63883，标准差为 61447，变异系数是 0.96（表 2-7）。

---

① 经济较为发达的珠三角地区和粤港澳大湾区由于数据收集问题，暂不纳入研究生教育区域结构分析中。

表 2-7 2016 年全国在校研究生规模排名前三位、后三位的省份相关情况

省份	博士研究生/人	硕士研究生/人	合计/人	占全国比重/%	地区排名	参数计算
北京	95328	222215	317543	16.03	1	省均值
江苏	28139	133391	161530	8.16	2	63883.48
上海	29857	115130	144987	7.32	3	标准差
宁夏	175	4475	4650	0.23	29	61447.54
青海	125	3383	3508	0.18	30	变异系数
西藏	64	1489	1553	0.08	31	0.96
全国	341859	1638529	1980388	100.00	—	—

对比 2012 年各省的研究生在校人数，2016 年各省研究生规模均有所增长，最大涨幅超过 40%，最小涨幅大于 8%。其中绝对涨幅最大的 5 个省份是西藏、宁夏、海南、北京和青海，分别在 2012 年的规模上增长了 43.93%、31.30%、25.71%、24.78%、24.35%；绝对涨幅最小的 5 个省份是浙江、甘肃、辽宁、湖北、四川，涨幅分别是 10.32%、10.22%、10.03%、8.70%、8.50%。尽管各省均有所增加，尤其是排名靠后的几个省份涨幅明显，但是地区间相对排名除甘肃外并未发生较大变化。甘肃从 2012 年全国排名第 21 位，在 4 年内上升了 10 个名次，2016 年全国排名第 11 位；其他省份相对排名变化不大，如绝对涨幅最大的西藏，2012 年规模最小，2016 年仍然规模最小，排名第 31 位；绝对涨幅第 2 的宁夏相比 2012 年下降了 1 个名次，四川也下降了 1 个名次。见表 2-8。

表 2-8 2012—2016 年全国研究生在校规模涨幅变化的相关情况

省份	2012 年在校人数		2016 年在校人数		变化幅度		地区排名	
	人数/人	占比/%	人数/人	占比/%	变化幅度/%	涨幅排名	2012 年排名	2016 年排名
西藏	1079	0.06	1553	0.08	43.93	1	31	31
宁夏	3748	0.22	4921	0.25	31.30	2	28	29
海南	3699	0.22	4650	0.23	25.71	3	29	28
北京	254485	14.80	317543	16.03	24.78	4	1	1
青海	2821	0.16	3508	0.18	24.35	5	30	30
浙江	54369	3.16	59978	3.03	10.32	27	13	21

续表

省份	2012 年在校人数		2016 年在校人数		变化幅度		地区排名	
	人数/人	占比/%	人数/人	占比/%	变化幅度/%	涨幅排名	2012 年排名	2016 年排名
甘肃	28306	1.65	31199	1.58	10.22	28	21	11
辽宁	90051	5.24	99083	5.00	10.03	29	6	6
湖北	110856	6.45	120504	6.08	8.70	30	4	4
四川	85597	4.98	92875	4.69	8.50	31	7	8

2016 年全国共授予研究生学位数 702754 位，其中博士 59649 位，硕士 643105 位。规模在 10 万位以上的是排名第一的北京，共计 114974 位；规模 5 万—10 万位的省份是江苏，为 53448 位；学位授予规模处在 1 万—5 万位之间的共有 21 个省份；规模 1 万位以下的共 8 个省份，分别是甘肃、内蒙古、新疆、贵州、宁夏、海南、青海、西藏。学位授予数排名前 3 位的省份是北京、江苏和上海，分别授予学位数 114974 位，占比 16.36%；53448 位，占比 7.61%；48051 位，占比 6.84%。排名最后 3 位的省份是海南、青海和西藏，分别授予学位数 1475 位，占比 0.21%；1293 位，占比 0.18%；468 位，占比 0.07%。

（2）省际教育资源分布

① 研究生培养机构数

截至 2018 年 5 月，我国具有一级、二级学科博士点的研究生培养机构共有 3576 个（不含军事院校，下同），其中高等院校 3452 所，科研机构 124 所。博士一级、二级学科授权点总数排在前五位的分别是北京、江苏、上海、湖北和广东五省（直辖市），机构数量分别是 566 个、316 个、250 个、198 个、196 个，共 1526 个，占全国的 43.6%；全国各省研究生博士培养机构数超过 100 个的共有 14 个省、自治区、直辖市，除排在前 5 位的省份外，还有陕西、辽宁、山东、湖南、四川、黑龙江、浙江、吉林、福建 9 省；博士一级、二级学科授权点总数排在后 3 位的是宁夏、青海和西藏 3 个省、自治区，其省内研究生培养机构均未超过 10 个，分别为 10 个、7 个、4 个，3 个省、自治区总数仅占全国的 0.59%，研究生培养机构数量较少。

② 研究生学位授权点数

截至 2016 年，全国共有 15338 个研究生学位授权点，其中博士学位授权点 11438 个，硕士学位授权点 12371 个。博士一级学科学位授权点 2967 个，二级学科学位授权点 509 个；硕士一级学科学位授权点 5532 个，二级学科学位授权点 2319 个；专业博士学位授权点 111 个，专业硕士学位授权点（不含 EMBA）3900 个。研究生学位授权点总数排在前 3 位的省份是北京、江苏和湖北，其学位授权点分别有 1823 个、1189 个、844 个；排名最后的 3 个省份是宁夏、青海和西藏，学位授权点分别有 70 个、68 个、29 个。博士学位（包括一级学科、二级学科和博士专业学位）授权点数最多的 3 个省份是北京、江苏和陕西；硕士学位（包括一级学科、二级学科和硕士专业学位，不含 EM-BA）授权点数最多的三个省份是北京、江西和山东。北京是唯一一个博士学位和硕士学位授权点均超过 1000 个的省份；博士学位和硕士学位授权点数量都在 500 个以上的省份还有江苏、山东、辽宁、湖北、陕西、上海 6 个省份；博士学位和硕士学位授权点数量都在 100 以下的省份是青海、宁夏、海南和西藏，其中排名最末的是西藏，其博士学位和硕士学位授权点总数未超过 50 个。

③ 研究生导师资源

研究生导师资源是反映研究生教育师资力量非常重要的一方面，包括专门指导博士研究生的导师，称为博士生导师；指导硕士研究生的导师，称为硕士生导师；以及二者均可指导的博士—硕士生导师。

截至 2016 年年底，全国共有 378947 名研究生导师。其中博士生导师 18677 名，占比 4.93%；硕士生导师 289127 名，占比 76.30%；博士—硕士生导师 71143 名，占比 18.77%。研究生导师总数在 2 万人以上的省份按规模大小依次是北京、江苏、上海和湖北，分别有 66400 名、28835 名、22567 名、21239 名导师。具有研究生导师 1 万—2 万人的省份共有 9 个，是山东、广东、辽宁、陕西、四川、黑龙江、浙江、湖南、河南；研究生导师数量在 1000—10000 人的省份共有 15 个。研究生导师数量在 1000 人以下的有海南、青海和西藏 3 个省份，分别有 923 名、883 名、489 名导师。北京、上海、江苏、吉林、陕西、湖北 6 个省份属于博士生导师规模最大的省群，均大于 1000 名。北京、江苏、山东、湖北、上海 5 个省份的硕士生导师规模最大，均在 1.5 万名以上。北京、江苏、上海、广东、湖北 5 个省份的博士—硕士生导师规模均大于 4000 名，排名依次为第 1 到第 5。贵州、宁夏、青海、海南、西藏在上述各项研究生导师指标上排名均在最后 5 位，整体规模较小。

④ 导师职称结构

在研究生导师中，主要有正高级职称、副高级职称和中级职称。2016 年，全国共有 378947 名具有上述职称的研究生导师。其中，正高级职称导师有 182084 名，副高级职称导师有 171923 名，中级职称导师有 24940 名。全国各省，具有中级以上职称的导师规模均值为 12224 名，具有正高级职称的导师规模均值为 5874 名，具有副高级职称的导师规模均值为 5546 名，全国各省导师规模三项都在均值以上的省份共 11 个，是北京、江苏、上海、湖北、山

东、广东、辽宁、陕西、四川、黑龙江、浙江，其他 20 个省份低于全国平均
水平。在 31 个省份中，导师规模在 2 万名以上的是北京、江苏、上海、湖
北，其中具有正高级职称的导师人数在职称结构中的占比均在 44% 以上，具
有副高级职称的导师人数占比在 42% 以上，具有中级职称的导师人数占比在
8% 以下，正高级和副高级职称比例较为接近；导师规模在 1000 名以下海南、
青海、西藏，其正高级和副高级职称比例差别较大，如青海具有正高级职称
的导师占整个青海导师资源的 76.56%，具有副高级职称的导师占 23.22%，
具有中级职称的导师只占 0.23%。

（3）研究生教育发展与经济发展的相关性分析

本研究采用聚类分析法，从研究生教育发展和经济发展两个维度，选择
相应的指标，对 31 个省、自治区、直辖市进行分析，目的是把在研究生教育
发展或经济发展维度上性质相同或相似的地区进行归类。[①]

研究生教育发展指标包括每万人口在学研究生数、正高级职称导师数、
副高级职称导师数、高校研究与开发（R&D）经费支出、博士点数、硕士点
数。运用 SPSS 分析软件，采用聚类分析法将 31 个省份按各项指标进行分类，
按照研究生教育发展程度命名为一类至五类地区，具体结果为：研究生教育
发展一类地区（1 个），为北京；二类地区（3 个），为上海、江苏、广东；
三类地区（4 个），为湖北、四川、浙江、天津；四类地区（8 个），为安徽、
湖南、重庆、福建、山东、陕西、辽宁、黑龙江；五类地区（15 个），为内
蒙古、新疆、海南、青海、宁夏、西藏、河北、吉林、河南、广西、云南、
贵州、甘肃、山西、江西。

区域经济发展指标包括人均 GDP，第一、第二、第三产业结构，第一、
第二、第三产业就业人数结构，城乡居民消费支出等指标。用聚类分析法将
31 个省份按各项经济指标进行分类，按照经济发达程度命名为一类至五类地
区，具体结果为：经济发展一类地区（3 个），为北京、上海、天津；二类地
区（2 个），为江苏、浙江；三类地区（4 个），为广东、山东、福建、内蒙
古；四类地区（7 个），为湖北、重庆、湖南、吉林、陕西、宁夏、辽宁；五
类地区（15 个），为黑龙江、新疆、安徽、四川、江西、河北、青海、海南、
河南、贵州、云南、山西、广西、西藏、甘肃。

整合两个维度的聚类结果，将各省、自治区、直辖市归到二维表中，形
成表 2-9。分布在表格对角线上的省份，其研究生教育发展与区域经济发展
的匹配程度较高。其中，一类地区匹配程度高的是北京，在"经济发展一类

---

① 谢维和，王孙禺. 学位与研究生教育：战略与规划［M］. 北京：教育科学出版社，2011：
213.

地区—研究生教育发展二类地区"一格中，其研究生教育发展程度与经济发展程度较高；二类地区匹配程度较高的是江苏，在"经济发展二类地区—研究生教育发展二类地区"一格中；三类地区中没有研究生教育发展和经济发展较为匹配的；在"经济发展四类地区—研究生教育发展四类地区"一格，有重庆、湖南、陕西、辽宁；五类地区匹配程较高的省份最多，有 12 个，是海南、新疆、青海、西藏、河北、河南、广西、云南、贵州、甘肃、山西、江西。因此，在省级行政区划中，研究生教育发展与区域经济发展匹配程度较高的省份共有 18 个，另外 13 个省份匹配度不高。

离对角线较近的省份，有经济较为发达的上海、浙江，也有研究生教育较为发达的广东、湖北，以及山东、福建、吉林、宁夏、黑龙江和安徽。离对角线较远的省份，有经济发展属于一类地区、研究生教育属于三类地区的天津，经济发展属于三类地区、研究生教育发展属于五类地区的内蒙古，以及经济发展属于五类地区、研究生教育发展属于三类地区的四川。

表 2-9　2016 年我国各省、自治区、直辖市研究生教育发展与区域经济发展匹配程度

类别	经济发展一类地区	经济发展二类地区	经济发展三类地区	经济发展四类地区	经济发展五类地区
研究生教育发展一类地区	北京				
研究生教育发展二类地区	上海	江苏	广东		
研究生教育发展三类地区	天津	浙江		湖北	四川
研究生教育发展四类地区			山东、福建	重庆、湖南、陕西、辽宁	黑龙江、安徽
研究生教育发展五类地区			内蒙古	吉林、宁夏	海南、新疆、青海、西藏、河北、河南、广西、云南、贵州、甘肃、山西、江西

将 2006 年和 2016 年研究生教育发展和经济发展的匹配程度进行对比，2016 年呈现更匹配、更集中的趋势。2016 年有更多的省份在研究生教育发展和经济发展上越来越匹配，分布在对角线的格中。2016 年一类、二类地区的省份更为分散，较为均匀地分布在不同的格中，而 2006 年则更为集中在对角

线格中；2016 年四类、五类地区相对 2006 年则更为集中。分布在对角线上的匹配程度较高的省份中，北京、江苏、重庆、西藏、云南、甘肃、广西、贵州 8 个省份保持不变。[①]

2016 年，我国各省的在校研究生万人数与人均 GDP 在 0.05 的水平上显著相关，相关系数是 0.671，呈正向的线性相关，相关程度较高，线性方程为 $Y = 651.7 \times X + 45048$。各省的在校研究生万人数与人均 GDP 的散点分布图，如图 2 – 11。

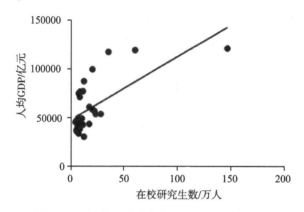

图 2 – 11　在校研究生数与人均 GDP 的相关性

2.2.2　京津冀地区和长三角地区研究生教育结构分析

京津冀地区和长三角地区作为我国经济、政治、文化最为发达的两个地区，其教育发展也优于全国其他地区，尤其是在研究生教育规模方面。京津冀地区位于我国北方，渤海湾之西，包括北京市、天津市和河北省的 11 个地级市（保定、唐山、石家庄等）。[②] 长三角地区在长江流域的最东边，全称为长江三角洲地区，是我国政府定位的综合实力最强的经济中心，是亚太地区重要的国际门户，包括上海、江苏和浙江 3 个省、直辖市。下文主要从 2016 年研究生教育的相关数据来分析这两个地区研究生教育的区域结构。

（1）教育规模分析

从京津冀地区和长三角地区的研究生招生规模来看，京津冀地区在博士研究生、硕士研究生招生数量上均略高于长三角地区。京津冀地区 2016 年共招收 138746 名研究生，占全国研究生招生规模的 21%；长三角地区共招收

---

① 谢维和，王孙禺．学位与研究生教育：战略与规划［M］．北京：教育科学出版社，2011：214.

② 说明：由于数据获取问题，京津冀地区中河北省的 11 个地级市数据将由河北省的整体数据代替。

124379 名研究生，占全国研究生招生规模的 19%。其中，京津冀地区的博士研究生招生规模较大，共招收了 25474 名，占当年全国博士研究生招生规模的 33%，以学术学位博士研究生为主；长三角地区博士研究生招生规模占全国比重比京津冀地区低 13 百分点，共招收了 15386 名博士研究生，也以学术学位博士研究生为主。京津冀地区和长三角地区的硕士研究生招生分别占全国的 21% 和 18%，地区规模均在 10 万人以上，但相对规模略低于博士研究生。在两个地区内，招生规模最大的两个省份是北京和江苏，其中北京共招收 105624 名研究生，江苏共招收 53054 名研究生，北京招生规模接近江苏的 2 倍；在两个地区，招生规模最小的两省是河北和浙江，其中浙江博士研究生招生规模是河北的 4 倍，整体规模比河北多将近 8000 人。见表 2 - 10。

表 2 - 10　2016 年京津冀地区和长三角地区研究生招生规模

地区	类别	学术学位/人	专业学位/人	合计/人	占全国比重/%
京津冀	博士	24587	887	25474	33
	硕士	60696	52576	113272	19
	合计	85283	53463	138746	21
长三角	博士	14926	460	15386	20
	硕士	57504	51489	108993	18
	合计	72430	51949	124379	19

从在校研究生规模来看，京津冀地区在校研究生规模略大于长三角地区，主要体现在京津冀地区的在校博士研究生规模大于长三角地区。京津冀地区共有 10 万余名在校博士研究生，占全国的 31%，而长三角地区在校博士研究生将近 8 万人，占全国的 20%；学术学位博士研究生在校人数是专业学位博士研究生的 35 倍及以上，差距较大。京津冀地区和长三角地区的在校硕士研究生规模相当，均为 30 万余人，占全国的 19%；两地区硕士研究生在校生以学术学位硕士研究生为主，但学术学位和专业学位硕士研究生在校规模差距较小，均在 4 万人以内。两个地区内在校研究生规模第一的省份北京和江苏分别有 317543 名和 161530 名在校研究生，两省共占全国在校研究生规模的 24%；两个地区内规模较小的河北和浙江，在校研究生规模都在 4 万人以上，分别是 41541 名和 67232 名。

相对于全国研究生在校规模的平均水平，京津冀地区的博士研究生在校规模是全国平均值的 3.2 倍，硕士研究生在校规模是全国平均值的 1.9 倍；长三角地区博士研究生在校规模是全国平均值的 2.1 倍，硕士研究生在校规模约为全国平均值的 1.9 倍。京津冀地区在校研究生的省均规模是 13.8 万人，长三角地区的这一数字是 12.5 万人。见表 2 - 11。

表 2 - 11　2016 年京津冀地区和长三角地区研究生在校规模

地区	类型	学术学位/人	专业学位/人	合计/人	占全国比重/%	地区内均值/人
京津冀	博士	104338	2935	107273	31	137855
	硕士	172982	133311	306293	19	
	合计	277320	136246	413566	21	
长三角	博士	67685	1818	69503	20	124583
	硕士	168246	136000	304246	19	
	合计	235931	137818	373749	19	

　　不同于两地区研究生招生规模和在校规模的趋同性，二者在博士学位授予规模和硕士学位授予规模上差别较大。京津冀地区的研究生学位授予规模超过长三角地区研究生学位授予规模 3.1 万人。其中，博士学位授予数相差0.8 万余人，硕士学位授予数相差 2.3 万人。2016 年，京津冀地区共授予博士学位 2 万余人，占全国的 34%；共授予硕士学位 13.4 万余人，占全国的21%。长三角地区的博士学位授予规模为 1.2 万人，硕士学位授予规模为11.2 万余人，分别占全国的 20% 和 17%。见表 2 - 12。

表 2 - 12　2016 年京津冀地区和长三角地区学位授予规模

分类	全国学位授予数/人	京津冀学位授予数/人	京津冀占全国比重/%	长三角学位授予数/人	长三角占全国比重/%
博士学位	59649	20158	34	11676	20
硕士学位	643105	134485	21	111597	17
整体情况	702754	154643	22	123273	18

　　对比京津冀地区和长三角地区的研究生数据发现，京津冀地区在研究生招生人数、在校人数和学位授予数上均大于长三角地区。京津冀地区研究生招生人数、在校人数、学位授予数，以及研究生总数相对于全国对应数据的占比分别为 20.81%、20.88%、22.01%、21.10%；长三角地区则为 18.65%、18.87%、17.54%、18.55%，长三角地区研究生各项数据的规模略小于京津冀地区。此外，京津冀地区的在校研究生硕博比为 2.855:1，长三角地区的这一比值为 4.377:1。京津冀地区研究生规模更大，比例更平衡（图 2 -12）。

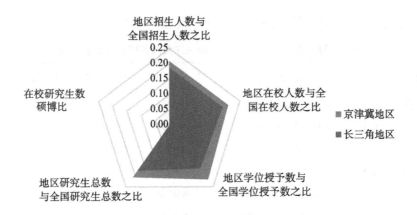

图 2 – 12 京津冀地区和长三角地区研究生招生人数、在校人数、学位授予数占全国比重（2016 年）

（2）教育资源分析

京津冀地区和长三角地区的研究生教育资源较为丰富。其研究生培养机构数、学位授权点数、研究生导师资源等均居全国前列。

截至 2018 年年中，京津冀地区共有博士一级学科、二级学科学位培养机构 738 所，占全国总数的 20.64%。其中，科研机构 104 所，占全国博士一级、二级学科科研机构总数的 83.87%。长三角地区共有 882 所研究生培养机构，占全国总数的 24.66%。其中，科研机构 6 所，占全国总数的 4.84%。京津冀地区，北京的培养机构数量最多，共 566 所；长三角地区，江苏的培养机构数量最多，为 316 所；京津冀地区内各省、直辖市差距较之长三角地区内各省、直辖市差距更大，长三角地区各省份的研究生培养机构数更为均匀。

博士一级学科学位授权点，京津冀地区共有 677 个，长三角地区共有 578 个，分别占全国博士一级学科学位授权点总数的 23% 和 19%，占比较大；两个地区的博士二级学科学位授权点规模相当，分别为 95 个和 92 个，占全国的 19% 和 18%。学术型硕士学位授权点，两地区占比略低于同类型博士学位授权点比例。京津冀地区的硕士一级学科和二级学科学位授权点分别有 899 个和 384 个，长三角地区的硕士一级学科和二级学科学位授权点分别有 799 个和 316 个，占全国比重均为 14%。关于专业学位授权点数，博士专业学位授权点，长三角地区较多，为 25 个，占全国的 23%，高于京津冀地区的博士专业学位授权点；硕士专业学位授权点（不含 EMBA），京津冀地区高于长三角地区，二者分别为 679 个和 606 个，占全国的 17% 和 16%，与学术型硕士一级学科学位授权点数量差距较小。两个地区中，授权点数量最多的省份分别是北京和江苏，为 1823 个和 1189 个，分别在各自地区内占 66% 和 49%。见表 2 – 13。

表 2 - 13　2016 年京津冀地区和长三角地区研究生学位授权点分布

类型		京津冀地区数量/个	京津冀地区占全国比重/%	长三角地区数量/个	长三角地区占全国比重/%	全国数量
学术学位授权点	博士一级学科	677	23	578	19	2967
	博士二级学科	95	19	92	18	509
	硕士一级学科	899	16	799	14	5532
	硕士二级学科	384	17	316	14	2319
专业学位授权点	博士	22	20	25	23	111
	硕士（不含 EMBA）	679	17	606	16	3900
研究生学位授权点总数		2756	18	2416	16	15338

　　从两个地区的研究生教育人才资源来看，京津冀地区总体规模和分项规模（博士生导师、硕士生导师、博士—硕士生导师）均大于长三角地区。京津冀地区博士生导师和博士—硕士生导师的规模分别为 7108 人和 22159 人，分别占全国的 38% 和 31%，占比极高，远高于长三角地区的 20%。硕士生导师资源，两地区的规模相当，均超过了 45000 名，占全国比重为 16% 及以上。综合来看，2016 年京津冀地区共有 85496 名研究生导师，占全国研究生导师规模的 23%；长三角地区共有 63834 名研究生导师，占全国研究生导师规模的 17%。见表 2 - 14。

表 2 - 14　2016 年京津冀地区和长三角地区不同类型研究生导师分布

导师类型	京津冀地区/人	京津冀地区占全国比重/%	长三角地区/人	长三角地区占全国比重/%	全国/人
博士生导师	7108	38	3674	20	18677
硕士生导师	56229	19	46030	16	289127
博士—硕士生导师	22159	31	14130	20	71143
总计	85496	23	63834	17	378947

　　从研究生导师职称结构来看，京津冀地区拥有更多的高级职称导师资源，共有 4.5 万余名正高级职称的研究生导师，3.5 万余名副高级职称的研究生导师，约 0.4 万名中级职称的研究生导师；长三角地区共有 2.9 万余名正高级职称的研究生导师，3.0 万余名副高级职称的研究生导师，约 0.4 万名中级职称的研究生导师。在正高级职称导师资源上，京津冀地区与长三角地区的数量差距要大于其他职称导师资源的差距，分别占全国的 25% 和 16%，前者比后者多 9%。见表 2 - 15。

表 2 - 15　2016 年京津冀地区和长三角地区研究生导师的职称结构

职称	京津冀地区/人	京津冀地区占全国比重/%	长三角地区/人	长三角地区占全国比重/%	全国/人
正高级	45220	25	29145	16	182084
副高级	35878	21	30713	18	171923
中级	4398	18	3976	16	24940
总计	85496	23	63834	17	378947

（3）研究生教育与经济发展的相关性比较

分析 2016 年京津冀地区和长三角地区在校研究生数占比和 GDP 占比的匹配程度发现，长三角地区在校研究生数占全国的 18.87%，GDP 占全国的 19.59%，匹配程度较高；京津冀地区在校研究生数占全国的 20.88%，GDP 占全国的 9.69%，两者差距较大，匹配程度较低。

从表 2 - 16 可以看出，京津冀地区中，天津的在校研究生数占比与 GDP 占比较为接近，分别为 2.75% 和 2.29%；北京和河北的匹配程度不高。长三角地区中，江苏的在校研究生数占比为 8.16%，GDP 占比为 9.92%，匹配程度较高；上海和浙江的匹配情况较低。在 0.05 的显著水平上，两个地区六个省份的在校研究生数和 GDP 的相关系数为 0.022，两组数据相关性不强。

表 2 - 16　2016 年京津冀地区和长三角地区在校研究生数与 GDP 占全国比重

地区	省份	在校研究生数占比/%	GDP 占比/%
京津冀	北京	16.03	3.29
	天津	2.75	2.29
	河北	2.10	4.11
长三角	江苏	8.16	9.92
	上海	7.32	3.61
	浙江	3.39	6.06

2.2.3　六大地理分区研究生教育结构分析

按国家统计局的常规地理区划，我国可划分为六大地理区域，分别是华北地区、东北地区、华东地区、中南地区、西南地区和西北地区。其中，华北地区包括北京市、天津市、河北省、山西省、内蒙古自治区 5 个省、自治区、直辖市；东北地区包括辽宁省、吉林省、黑龙江省 3 个省；华东地区包

括上海市、江苏省、浙江省、安徽省、福建省、江西省、山东省、台湾省 8
个省、直辖市；中南地区包括河南省、湖北省、湖南省、广东省、广西壮族
自治区、海南省 6 个省、自治区，以及香港特别行政区和澳门特别行政区
（本研究所分析的数据不含港澳台数据）；西南地区包括重庆市、四川省、贵
州省、云南省、西藏自治区 5 个省、自治区、直辖市；西北地区包括陕西省、
甘肃省、青海省、宁夏回族自治区、新疆维吾尔自治区 5 个省、自治区。

　　（1）教育规模分析

　　从各地理分区的招生数目上看，研究生招生规模最大的是华东地区，其
次是华北地区，分别占全国的 29% 和 23%，是招生规模在 15 万以上的两个地
区。排在第三位的是中南地区，第四位是东北地区，排在后两位的是西南地区
和西北地区。从博士研究生招生规模看，华北地区远超过其他地区，为 2.6 万
余人，占比 34%；紧随其后的是华东地区，为 2.1 万余人，占比 27%；超过 1
万人次规模的还有中南地区，为 1.2 万人次，占比 15%；西南、西北地区排名
最后，占比都是 7%。六大地区的硕士研究生招生规模与研究生招生总规模的排
名保持一致，华东地区占比第一，华北地区第二，中南地区第三，东北、西
南和西北地区硕士研究生招生规模均在 8000 以下，排在后三位。见表2 – 17。

表 2 –17　2016 年六大地理分区研究生招生规模

地理分区	博士研究生招生规模		硕士研究生招生规模		地区总计		地区内省均值/人
	人数/人	占比/%	人数/人	占比/%	人数/人	占比/%	
华北	26306	34	128945	22	155251	23	31050
东北	7654	10	67619	11	75273	11	25091
华东	21133	27	175175	30	196308	29	28044
中南	11949	15	108857	18	120806	18	20134
西南	5160	7	59409	10	64569	10	12914
西北	5021	7	49651	9	54672	9	10934
合计	77223	100	589656	100	666879	100	21512

　　在校研究生数量方面，华东领先六大地区，在校硕士研究生数占全国的
30%，在校博士研究生数占全国的 27%；研究生综合在校规模占全国的
29%，为第一。华北地区研究生综合在校规模居全国第二；在校博士研究生
数居全国第一，占 33%；在校硕士研究生数居全国第二，占 21%，比居于第
一位的华东地区低 9 百分点。中南地区研究生综合在校规模占全国比重为
18%，居中等位置，在校硕士研究生数和博士研究生数也均居中等位置。研
究生综合在校规模排名第四至第六位的地区依次为东北、西南和西北地区，
在这三个地区中，东北地区的博士研究生在校规模较大。在校研究生万人比

最高的地区是华北地区，为 26.51:1；其次为东北地区；在校研究生总数最小的西北地区异军突起，万人比排名第三，高于在校研究生总数最大的华东地区；万人比最小的是中南地区，为 9.14:1。六地区中，在校硕士研究生、博士研究生数量最为均衡的是华北地区，每 3.15 个硕士生就对应一个博士生；东北地区较为平衡；硕博比接近的地区是华东、中南和西北地区；硕博比最大的是西南地区，为 7.2:1。详见表 2-18。

表 2-18 2016 年六大地理分区研究生在校规模

地理分区	博士研究生				硕士研究生				在校研究生数相关比例		
	学术学位	专业学位	合计		学术学位	专业学位	合计				
	人数/人	人数/人	人数/人	占比/%	人数/人	人数/人	人数/人	占比/%	硕博比	万人比	地区占比/%
华北	108368	2935	111303	33	197789	152293	350082	21	3.15:1	26.51:1	23
东北	37021	222	37243	11	105626	79812	185438	11	4.98:1	20.41:1	11
华东	90064	2196	92260	27	265904	222453	488357	30	5.29:1	14.29:1	29
中南	50931	2396	53327	16	167720	135250	302970	18	5.68:1	9.14:1	18
西南	23173	673	23846	7	95770	75908	171678	10	7.2:1	9.79:1	10
西北	23351	529	23880	7	78906	61098	140004	9	5.86:1	16.24:1	8
合计	332908	8951	341859	100	911715	726814	1638529	100	4.79:1	14.35:1	100

从表 2-19 可以看出，尽管华东地区在校研究生总数居地区第一，但地区内省均值最高的是总值排名第二的华北地区，超过 9 万人次；华东地区的省均值为 8.3 万人；均值排第三的是东北地区，高于总值第三的中南地区；均值前四名都高于全国均值（3.9 万人次）；西南和西北地区的均值排名与总值排名一致，居末两位，其均值低于全国均值。从六地区的变异系数可以看出，西南地区内各省在校研究生数量相差最大，变异系数为 4.34；华北和西北地区内各省在校研究生数量差距较大，其变异系数分别为 1.23 和 1.15；东北、华东和中南三个地区内各省的在校研究生数量差距较小；东北地区变异系数最小，为 0.24，表明东北三省的研究生在校规模相当接近。

表 2-19 2016 年六大地理分区在校研究生相关统计数据

地理分区	总值/人	省均值/人	变异系数
华北	461385	92277	1.23
东北	222681	74227	0.24
华东	580617	82945	0.57
中南	356297	59383	0.66

续表

地理分区	总值/人	省均值/人	变异系数
西南	195524	39105	4.34
西北	163884	32777	1.15
全国	1980388	396078	0.26

从六大地理分区研究生学位授予规模来看，华东地区博士研究生和硕士研究生授予总数居第一，全国占比28%，相对值相当，地区内省均值为第二；华北地区博士学位授予数领跑六大地区，博士、硕士学位授予数综合排名第二，占全国的25%，地区均值为第一。博士、硕士学位授予总数排在地区第三名的是中南地区，其地区均值排名第四。总数排名第四的东北地区，均值为地区第三名，博士学位授予数明显低于排在前一位的中南地区。西南和西北地区博士、硕士学位授予数分别排第五名、第六名，占比分别为10%和8%。见表2-20。

表2-20　2016年六大地理分区研究生学位授予规模

地理分区	博士学位		硕士学位		研究生学位授予整体情况		
	授予数	占全国比重/%	授予数	占全国比重/%	授予数	地区内省均值	占全国比重/%
华北	20713	35	152322	24	173035	34607	25
东北	5336	9	72358	11	77694	25898	11
华东	16221	27	182591	28	198812	28402	28
中南	10106	17	119365	19	129471	21579	18
西南	3748	6	65832	10	69580	13916	10
西北	3525	6	50637	8	54162	10832	8
全国	59649	100	643105	100	702754	22669	100

（2）六个核心省份比较分析

核心省份是指地区内研究生教育规模最大的省份，以在校研究生总数为关键指标。按照此标准，华北地区的核心省份是北京，东北地区的核心省份是辽宁，华东地区的核心省份是江苏，中南地区的核心省份是湖北，西南地区的核心省份是四川，西北地区的核心省份是陕西。

从六个核心省份的研究生总数来看，从大到小依次是北京、江苏、湖北、陕西、辽宁和四川。规模最大的北京约有32万名在校研究生；江苏的规模是北京的一半，为16万余名；辽宁和四川的规模在10万名以下，小于其他四省份，六个核心省份的研究生总数占全国的45%，接近一半。博士研究生的在校规模与研究生总规模的排序一致，但序列内规模差距悬殊，北京在校博士研究生数占华北地区在校博士研究生数的 86%，占绝大部分；陕西与四川在各自地区内的占比也较高，均超过 60%；湖北、辽宁和江苏占比较小，代表地区内各省份的规模较为均匀，六个核心省份的在校研究生数量占全国的28%。核心省份的硕士生在校规模比博士生在校规模更为平均，地区内占比规模为 30%—65%。其中，北京和陕西在地区内占比超过 60%，六个核心省份的硕士研究生数占全国总数的 21%（表 2 - 21）。

表 2 - 21   2016 年六大地理分区核心省份研究生在校规模

核心省份	博士		硕士		硕博总计		地区内省均值/人	占全国比重/%
	人数/人	占地区比重/%	人数/人	占地区比重/%	人数/人	占地区比重/%		
北京	95328	86	222215	63	317543	69	92277	16
辽宁	14545	39	84538	46	99083	44	74227	5
江苏	28139	31	133391	27	161530	28	82945	8
湖北	23130	43	97374	32	120504	34	59383	6
四川	14701	62	77693	45	92394	47	39105	5
陕西	18667	78	86646	62	105313	64	32777	5
总数及其全国占比	194510	28	701857	21	896367	45	396078	45

观察表 2 - 22 中核心省份的在校研究生数、省内高校 R&D 经费支出和GDP 的相关关系，发现除江苏和陕西，其他各省份在校研究生数和高校 R&D经费支出大致一致，在校研究生数越大，高校 R&D 经费支出越多。北京和江苏的在校研究生数全国占比与高校 R&D 经费支出全国占比之间的差距超过 4 百分点，其他核心省份的在校研究生数全国占比与高校 R&D 经费支出全国占比基本接近。核心省份的在校研究生数趋势和各省 GDP 的走势不一致(图 2 - 13)，全国占比差别大，既不呈现正相关，也未呈现负相关，关联度不大。

表 2 - 22   2016 年六大地理分区核心省份在校研究生数 R&D 经费支出和 GDP 情况

核心省份	在校研究生数			高校 R&D 经费支出			GDP		
	人数/人	地区占比/%	全国占比/%	数值/万元	地区占比/%	全国占比/%	数值/万元	地区占比/%	全国占比/%
北京	317543	35	8	1801966	38	16	25669	12	3
辽宁	99083	11	3	448992	9	4	22247	11	3
江苏	161530	18	4	1056651	22	9	77388	37	10
湖北	120504	13	3	536882	11	5	32665	16	4

续表

核心省份	在校研究生数			高校 R&D 经费支出			GDP		
	人数/人	地区占比/%	全国占比/%	数值/万元	地区占比/%	全国占比/%	数值/万元	地区占比/%	全国占比/%
四川	92394	10	2	533937	11	5	32935	16	4
陕西	105313	12	3	396169	8	3	19400	9	2
合计	896367	100	23	4774597	100	41	210304	100	27

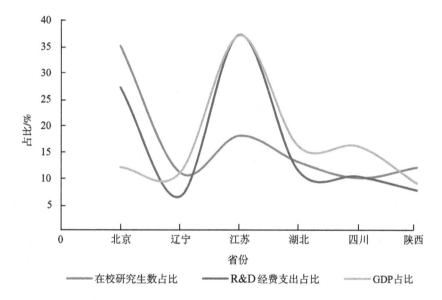

图 2-13 2016 年核心省份的在校研究生数、高校 R&D 经费支出和 GDP 相对比重

　　将 31 个省的在校研究生数按 20 万以上、20 万—15 万、15 万—10 万、10 万—5 万、5 万—1 万以及 1 万以下六个规模等分，发现大部分核心省份均在前半部分（15 万—10 万及以上）、绝大部分非核心省份都处于后半部分（10 万—5 万及以下），核心省份在本地区的领头优势明显。东北地区内各省研究生在校规模最为均匀，均处在 10 万—5 万人这一等；华东地区和西南地区各省的研究生在校规模也相对均匀，华东各省均匀地分布在除最大规模和最小规模之外的其他梯队上，西南六省均处于 10 万规模以下；华北地区各省规模差距明显，核心省份北京遥遥领先，是全国仅有的超过 20 万的省份，地区内其他四省规模都在 10 万以下；西北地区是唯一一个有两个省份在 1 万规模以下的地区，整体规模较小。详见表 2-23。

表 2 – 23   2016 年我国六大地理分区各省在校研究生数的梯度发展态势

地理分区	>20 万人	20 万—15 万人	15 万—10 万人	10 万—5 万人	5 万—1 万人	<1 万人
华北	北京（69%）			天津	河北、山西、内蒙古	
东北				辽宁（44%）、黑龙江、吉林		
华东		江苏（28%）	上海	山东、浙江、安徽	福建、江西	
中南			湖北（34%）	广东、湖南	河南、广西	海南
西南				四川（47%）；重庆	云南、贵州	西藏
西北			陕西（64%）		甘肃、新疆 宁夏、青海	

注：括号内的百分数是核心省份在校研究生数占所在区域在校研究生总数的比例。

（3）教育资源分析

研究生培养机构数、学位授予点数、研究生导师等资源直接反映了地区内研究生教育资源的水平。[1]

六大地区研究生培养机构数目各有不同。截至 2018 年年中，拥有博士一级学科、二级学科学位授予点的研究生培养机构数量（包括普通高校和普通科研机构，不包含军事院校）最多的是华东地区，共计 1169 所；其次是华北地区，共 846 所；中南地区排名第三，为 675 所；东北、西南和西北地区的研究生培养机构数均在 300 所以上，分别为 382 所、306 所和 302 所。就地区内省均研究生培养机构数来看，省均规模最大的是华北地区，有 169 所；华东地区与华北地区差距不大，省均 153 所；西北地区的省均规模最小，为 60 所。此外，各地区的科研机构数量呈现明显的集中形势，华北地区共有 104 所科研机构，占各地区总数的 81%，其他五大地区共占 19%。

以 2016 年为例，全国共有 1.5 万多个研究生学位授予点。其中，学术学位授予点 1.1 万余个，专业学位授予点 4 千余个。此中，华东地区以 3230 个学术学位授予点、1162 个专业学位授予点排第一位；华北地区以 2483 个学术学位授予点、826 个专业学位授予点排在六个地区中的第二位；中南地区以 2926 个研究生学位授予点位列第三；东北、西南和西北三个地区的研究生学位授予点总数均在 1500 个以下，排在后三位。值得一提的是，按地区内省均

---

[1] 谢维和，王孙禺．学位与研究生教育：战略与规划 [M]．北京：教育科学出版社，2011：213.

研究生学位授予点计算，排名略有变动，地区研究生学位授予点总数居第一的华东地区，省均值下降一个名次，以省均 627 个研究生学位授予点数居第二位；华北地区省均研究生学位授予点数 662 个，居第一；地区总数排名第四的东北地区比总数第三位的中南地区提升一个名次，前者省均研究生学位授予点数为 589 个，比后者多 101 个。西南和西北两地区的省均授予点数都在 300 个以下，不到华北的一半，小于全国平均水平（495 个）。详见表 2－24。

表 2－24　2016 年六大地理分区研究生学位授权点规模

地理分区	学术学位授予点数/个			专业学位授予点数/个			总数及其占比和均值		
	博士	硕士	合计	博士	硕士（不含 EMBA）	合计	数量/个	占全国比重/%	地区内省均值/个
华北	868	1615	2483	22	804	826	3309	22	662
东北	359	968	1327	12	429	441	1768	12	589
华东	1027	2203	3230	35	1127	1162	4392	29	627
中南	636	1485	2121	21	784	805	2926	19	488
西南	275	788	1063	10	413	423	1486	10	297
西北	311	792	1103	11	343	354	1457	9	291
总数及均值	3476	7851	11327	111	3900	4011	15338	100	492

从各地区的研究生导师类型与数量来看，华东地区拥有超过 10 万名研究生导师，排各地区导师资源第一位；第二位和第三位分别是华北地区和中南地区，这两个地区的研究生导师数量均超过 7 万名，规模较大；东北、西南和西北三个地区的研究生导师规模在 4 万名以下，与前几个地区的差距较大。从导师资源的类型来看，华东地区的硕士生导师有 8 万多名，拥有绝对主导地位，但在博士生导师和博士—硕士生导师这两个类别上不及华北地区；华北地区拥有全国 38% 以上的博士生导师，共计 7211 名，博士—硕士生导师占全国的 32%，共计 23243 名，规模较大；各个地区的硕士生导师资源均占导师资源总量的大部分比例，除华北地区，占比均超过了 75%；导师总数排名最后的西北地区在博士生导师资源拥有量上大于西南地区。中南地区的各类型导师资源在各地区居中，排第三位；东北地区排第四，西南地区排第五，西北地区排第六。详见表 2－25。

表2-25 2016年六大地理分区研究生导师的类型结构

地理分区	博士生导师		硕士生导师		博士—硕士生导师		合计	
	人数	占导师总数比重/%	人数	占导师总数比重/%	人数	占导师总数比重/%	人数	占导师总数比重/%
华北	7211	7.47	66138	68.47	23243	24.06	96592	100
东北	2075	5.44	30059	78.74	6040	15.82	38174	100
华东	4430	4.15	82285	77.11	19991	18.73	106706	100
中南	2830	3.92	57339	79.36	12083	16.72	72252	100
西南	832	2.25	31275	84.48	4912	13.27	37019	100
西北	1299	4.61	22031	78.11	4874	17.28	28204	100
总数及其占比	18677	4.93	289127	76.30	71143	18.77	378947	100

数据来源：根据教育部发展规划司提供的数据整理。

从研究生导师的职称结构来看，正高级职称导师最多的是华北地区，超过5万名，占全国各级职称导师数量的28%；其次是华东地区，共有4.9万余名正高级职称导师，占比27%；中南地区的正高级职称导师约有3.5万名，占全国的19%；东北、西南和西北地区的正高级职称导师占比等于或小于10%，规模较小。排名第一的地区的正高级导师资源是第六名的3.9倍。华东地区副高级职称导师占比最高，人数超过5万名；华北地区排第二，规模在4万名以上；中南地区以超过3万名的规模排第三名；东北、西南和西北地区的规模都在2万名以下，居后三位；排名第一的华东是排名最末的西北的3.6倍以上，副高级职称导师资源差距较为明显。中级职称导师，相对于正高级和副高级的导师而言，其数量较少，数量最多的华东地区未超过7000名，最少的西北地区只有1364名。见表2-26。

表2-26 2016年六大地理分区研究生导师的职称结构

地理分区	正高级		副高级		中级		总数及全国占比		地区内省均值
	人数	全国占比/%	人数	全国占比/%	人数	全国占比/%	人数	全国占比/%	
华北	50316	28	40712	24	5564	22	96592	25	19318
东北	17684	10	17412	10	3078	12	38174	10	12725
华东	49222	27	50557	29	6927	28	106706	28	15244
中南	34913	19	31193	18	6146	25	72252	19	12042
西南	16885	9	18273	11	1861	7	37019	10	7404
西北	13064	7	13776	8	1364	5	28204	7	5641
合计	182084	100	171923	100	24940	100	378947	100	12224

（4）研究生教育与经济发展分析

如表 2-27 所示，将六个地区 2016 年的 GDP 与地区内在校研究生数进行匹配分析，匹配度最高的是西南和西北地区，其他地区匹配程度略低。例如，华北地区在校研究生数占全国的 23.30%，但 GDP 只占全国的 13.69%；中南地区的在校研究生数占全国的 17.99%，GDP 却占全国的 26.65%。六个地区的在校研究生数和 GDP 的相关系数为 0.842，双尾 T 检验值为 0.0298，小于 0.05，地区内 GDP 与在校研究生总数相关性显著，呈很强的正线性相关，见图 2-14。从六个地区 GDP 和在校研究生数的排名来看，华东地区在 GDP 和在校研究生数上均排名第一，西北地区均排名第六，其他四个地区均匀地分布在对角线上，匹配程度较高。

表 2-27　2016 年我国六大地理分区 GDP 和在校研究生数分布情况

地区	GDP		在校研究生数		统计学检验	
	数值/亿元	全国占比/%	人数/人	全国占比/%	T 检验	相关系数
华北	106803	13.69	461385	23.30		
东北	52410	6.72	222681	11.24		
华东	292560	37.50	580617	29.32	0.0298	0.842
中南	207914	26.65	356297	17.99		
西南	78392	10.05	195524	9.87		
西北	41991	5.38	163884	8.28		

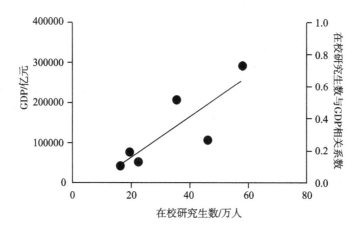

图 2-14　2016 年六大地理分区在校研究生数与 GDP 相关性

2.2.4 东部、中部、西部地区研究生教育结构分析

根据国家统计局对我国经济区域的划分，东部地区共有 11 个省、自治区、直辖市，它们是北京市、天津市、河北省、辽宁省、上海市、江苏省、浙江省、福建省、山东省、广东省、海南省；中部地区有 8 个省，为山西省、吉林省、黑龙江省、安徽省、江西省、河南省、湖北省、湖南省；西部地区有 12 个省、自治区、直辖市，为内蒙古自治区、西藏自治区、宁夏回族自治区、新疆维吾尔自治区、广西壮族自治区、重庆市、四川省、贵州省、云南省、陕西省、甘肃省、青海省。以下将从研究生招生人数、在校人数、学位授予数等多个维度探析我国东、中、西部地区的研究生教育结构。

（1）教育规模分析

如表 2 - 28 所示，从研究生的招生人数、在校人数以及学位授予数三项数据来看，东部、中部、西部地区呈三级梯队分布。其中东部地区研究生招生人数、在校人数以及学位授予数三项的规模均大于中部和西部之和，占据了绝对的主导地位；中部和西部地区在研究生招生人数、在校人数和学位授予数上差距不大，中部地区第二，西部地区第三，二者在校人数相差 6 万多，招生人数和学位授予数差距均在 2 万左右。东部、中部和西部地区在研究生招生人数、在校人数和学位授予数的分项全国占比上各自相同，其中东部是56%，中部是24%，西部是20%。三地区内的省均值方面，在招生人数、在校人数和学位授予数上，只有东部地区超过了全国平均水平，中部和西部地区均在全国平均水平以下，其中东部地区的在校研究生数的均值超过了中部、西部之和。硕博比方面，2016 年全国在校研究生的硕博比是 4.79:1，学位授予数的硕博比是 10.78:1，在校研究生数硕博比在较大程度上小于学位授予数的硕博比，东部地区的在校研究生数和学位授予数的硕博数量最为均衡，前者为4:1，后者为 8.8:1，小于全国均值。

表 2 - 28　2016 年东、中、西部地区研究生招生人数、在校人数和学位授予数

分类		东部	中部	西部	全国
招生人数	招生人数/人	373510	157676	135693	666879
	全国占比/%	56	24	20	100
	地区内省均值/人	33955	19710	11308	21512
	标准差	26885	8935	10297	—
在校人数	在校人数/人	1108980	465767	405641	1980388
	全国占比/%	56	24	20	100
	硕博比	4.00:1	5.66:1	7.06:1	4.79:1
	地区内省均值/人	100816	58221	33803	63883

续表

分类		东部	中部	西部	全国
学位授予数	授予数/人	392168	169628	140958	702754
	全国占比/%	56	24	20	100
	硕博比	8.8:1	13.15:1	17.47:1	10.78:1
	地区内省均值/人	35652	21204	11747	22669

2016 年东、中、西部地区内研究生教育规模（在校人数）最大的核心省份，东部地区是北京，中部地区是湖北，西部地区是陕西；东、中、西部地区内研究生教育规模最小的省份，东部地区是海南，中部地区是山西，西部地区是西藏。对比分析发现，东部地区 11 个省份中，三个核心省份的博士研究生和硕士研究生在校规模地区内占比较为平衡，在 25%—29% 之间；各地区在校研究生规模最小的省份则差距较为明显，中部地区研究生在校规模最小的山西省的地区内占比为 6.29%，高于其他两地区规模最小的省份 5 百分点左右。东部和西部地区内各省份的在校研究生数极差大，在校规模差距悬殊；中部地区内极差较小，地区内各省份研究生在校规模更为接近。详见表2-29。

表 2-29　2016 年东、中、西部地区内研究生在校规模最大和最小省份的相关比较

地区	地区内规模最大/最小省份	博士研究生在校人数/人	硕士研究生在校人数/人	合计/人	地区内占比/%	全国占比/%
东部	北京	95328	222215	317543	28.63	16.03
	海南	271	4650	4921	0.44	0.25
中部	湖北	23130	97374	120504	25.87	6.08
	山西	2636	26663	29299	6.29	1.48
西部	陕西	18667	86578	105245	25.95	5.31
	西藏	64	1489	1553	0.38	0.08

（2）教育资源分析

① 研究生培养机构数

以 2018 年年中的数据来看，全国博士一级、二级学科研究生培养机构数，东部地区以 56% 的占比、2025 所的规模居于首位，中部地区以 24% 的占比、862 所的规模居第二，西部地区以 19% 的占比、689 所的规模排最末。其中，东部地区共有 1942 所机构拥有博士一级学科学位授予点，83 所机构有博士二级学科学位授予点；中部地区的博士一级学科培养机构和二级学科培养

机构分别有 840 所和 22 所；西部地区的博士一级学科培养机构和二级学科培养机构分别有 670 所和 19 所。东部地区拥有上述机构的数量是中部、西部地区的两倍以上。（以上数据不含军事院校。）

　　② 研究生学位授予点

　　2016 年，东部地区共有 7840 个研究生学位授予点，占全国研究生学位授予点数的 51%，除学术型硕士一级学科、二级学科学位授予点占比分别为49% 和 48%，其博士一级学科、博士二级学科、专业学位博士、专业学位硕士的学位授予点占比都超过 50%，占比非常高。中部地区研究生学位授予点的总数在中间位置，占比为 26%，其中学术型硕士一级学科、二级学科学位授予点和博士二级学科学位授予点、硕士专业学位授予点（不含 EMBA）都在全国占到了 27% 的比重。西部地区占比最高的是学术型硕士二级学科，为26%；占比较低的是学术型博士一级学科、二级学科，占比都是 19%；西部地区研究生学位授予点总数占全国的 23%。详见表 2 - 30。

表 2 - 30　2016 年东、中、西部地区研究生学位授予点分布

学位授予点分类	东部		中部		西部		总数/所
	数量/所	全国占比/%	数量/所	全国占比/%	数量/所	全国占比/%	
博士一级学科	1719	58	699	24	549	19	2967
硕士一级学科	2706	49	1502	27	1324	24	5532
博士二级学科	275	54	139	27	95	19	509
硕士二级学科	1104	48	617	27	598	26	2319
学术学位总数及占比	5804	51	2957	26	2566	23	11327
博士专业学位	65	59	24	22	22	20	111
硕士专业学位（不含 EMBA）	1971	51	1051	27	878	23	3900
专业学位总数及占比	2036	51	1075	27	900	22	4011
总计	7840	51	4032	26	3466	23	15338

　　如图 2 - 15 所示，将东、中、西部地区的各项学位授予点数与各地区内省份数量相除，得到各地区内的省均值，将其从高到低排列，可以看出，各地区的学术硕士一级学科授予点规模最大，东部地区是西部地区的两倍多；规模最小的是学术博士二级学科授予点数，东部地区最高，但省均只有 25个，中部地区 17 个，西部地区 8 个。东、中、西部地区硕士专业学位（不含EMBA）的授予点规模较大，排在所有类型授予点的第二位。学术型博士一级学科的省均值排名中，东部地区规模最大，超过中部和西部之和。

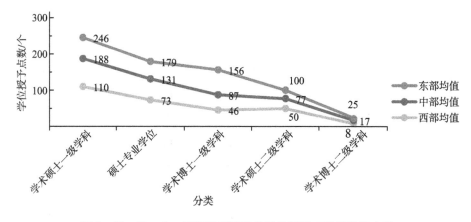

图 2-15　东、中、西部地区研究生学位授予点数省均值走势

③ 研究生导师类型

从东、中、西部地区研究生导师的类型结构来看（表 2-31），东部地区共有 21 万余名研究生导师，占全国的 56%，省均 1.9 万名，博士生导师、硕士生导师、博士—硕士生导师地区内占比分别为 6%、72%、22%；中部地区共有 8.8 万余名研究生导师，占全国的 23%，省均 1.1 万名，博士生导师、硕士生导师、博士—硕士生导师地区内占比分别为 5%、81%、14%；西部地区共有 3.7 万余名研究生导师，占全国的 20%，省均 6456 名，博士生导师、硕士生导师、博士—硕士生导师地区内占比分别为 3%、83%、20%。导师资源规模越小，硕士生导师资源内部占比就越大，博士生导师和博士—硕士生导师资源内部占比就越小。

表 2-31　2016 年东、中、西部地区研究生导师类型和职称结构

	分类		东部	中部	西部	总数及其占比
导师类型结构	博士生导师	人数/人	12146	4280	2251	18677
		地区内占比/%	6	5	3	5
	硕士生导师	人数/人	154001	72092	63034	289127
		地区内占比/%	72	81	83	76
	博士—硕士生导师	人数/人	47767	12389	10987	71143
		地区内占比/%	22	14	14	19
	地区合计	人数/人	213914	88761	76272	378947
		地区内占比/%	56	23	20	100

续表

分类			东部	中部	西部	总数及 其占比
导师职称 结构	正高级	人数/人	105749	40226	36109	182084
		地区内 占比/%	49	45	47	48
	副高级	人数/人	94696	40776	36451	171923
		地区内 占比/%	44	46	48	45
	中级	人数/人	13469	7759	3712	24940
		地区内 占比/%	6	9	5	7
	地区合计	人数/人	213914	88761	76272	378947
		全国占 比/%	56	23	20	100

数据来源：根据教育部发展规划司提供的数据整理。

④ 研究生导师职称结构

从导师的职称结构来看（表2-31），东部21万余名研究生导师中，拥有正高级职称的导师在数量上和内部占比上均排名最前，共有10万余名正高级职称导师，占全国正高级职称导师数量的58%；中部和西部地区以副高级职称导师为主，分别占地区内导师资源的46%和48%。中级职称的导师规模最小，全国共2.4万余名，不足研究生导师总数的7%，三个地区内该职称导师的占比不超过10%，东部地区最高，只有1.3万余名，中部地区和西部地区分别有7759名和3712名。

（3）研究生教育与经济发展分析

东、中、西部地区的在校研究生数占全国比重和地区内GDP占全国比重保持了高度的一致性，匹配程度高（表2-32）。东部地区共有110万余名在校研究生，占全国的56.00%，GDP占全国的55.44%，两者仅有0.56%的差距。中部地区在校研究生数占比与GDP占比之差也小于1%。西部地区在校研究生数占比和GDP占比之间仅有0.38%的微小差距，发展趋势一致。

表2-32 2016年东、中、西部地区在校研究生数与GDP比较

地区	在校研究生数		GDP	
	数量/人	全国占比/%	数值/亿元	全国占比/%
东部	1108980	56.00	432433	55.44
中部	465767	23.52	190808	24.46
西部	405641	20.48	156828	20.10

从东、中、西部地区中分别选择在校研究生规模最大、居中和最小的三到四个省份（中部和西部地区内的省份数量为偶数，规模居中的省份有两个），其在校研究生数和 GDP 分布如表 2 - 33 所示。只有东部地区的山东、中部地区的湖北和吉林三个省份在校研究生数占比和 GDP 占比的分布较为吻合，其他省份在校研究生数占比与 GDP 占比匹配度则不高。如东部地区的北京在校研究生数占 16.03%，但 GDP 占比只有 3.29%。西部地区的新疆在校研究生数地区内占比 4.74%，但 GDP 占比为 21.00%，在地区内的占比差距较为悬殊。

表 2 - 33　2016 年东、中、西部地区代表省份的在校研究生数与 GDP

地区	省份	在校研究生数 地区内占比/%	GDP 地区内占比/%	在校研究生数 全国占比/%	GDP 全国占比/%
东部	北京	28.63	5.94	16.03	3.29
	山东	7.40	6.52	4.14	3.61
	海南	0.44	7.55	0.25	4.19
中部	湖北	25.87	24.76	6.08	6.06
	吉林	12.88	12.79	3.03	3.13
	安徽	11.11	7.75	2.61	1.90
	山西	6.29	10.17	1.48	2.49
西部	陕西	25.95	18.37	5.31	3.69
	广西	6.83	0.73	1.40	0.15
	新疆	4.74	21.00	0.97	4.22
	西藏	0.38	4.59	0.08	0.92

总体来说，研究生教育结构有宏观层面的结构，包括层次结构、人才培养结构、学科结构和类型结构等；也有中微观层面的区域结构。通过分析我国研究生教育的学生数据、师资情况、学科分布、学位授予点数以及地区经济发展情况，对比不同年份的相关数据，我国研究生教育结构呈现如下特征。

宏观上，从层次结构来考察我国不同教育层次（如本科、硕士研究生和博士研究生）的学生构成状态及比例关系，2016 年的相关数据显示，我国本科生占比极大，学士学位授予数占将近九成，研究生的学位授予仅占一成，差距很大。研究生的学位授予中，硕士学位授予超九成，博士学位授予不到一成，博士学位授予较少。与欧美国家相比，我国研究生的学位授予占比较小，欧美国家的学术学位授予数一般占总数的六成以上，研究生的学位授予数占三成以上。从学位授予的现状和国际比较来看，我国研究生教育的层次结构基本合理，硕士培养仍有一定的增长空间，博士培养比例较小，数量缺口较大。

人才培养结构方面，以衡量研究生教育发展态势的核心指标——千人注册研究生数来看，2016 年我国千人注册研究生数为 1.44 人，对比发达国家，差距较大，美、英、法、澳等国该指标均已超过 8 人。对比 2012 年的国内千人注册研究生数 1.13 人，我国研究生教育的人才培养规模有了较大进步，研究生总人数有将近 50 万人的增长规模。但我国研究生教育的人才培养规模并不均匀。我国培养规模前 100 名的单位，承担了我国 82% 的博士研究生培养和 55% 的硕士研究生培养；而规模排在后 100 名的单位，只承担了我国 3% 的博士研究生培养和 1% 的硕士研究生培养。我国研究生培养呈集中化态势，研究型大学占据绝对优势，而部分单位培养能力有待提升，高校之间的规模和发展水平存在很大差距。

学科结构方面，我国学术型研究生教育的 13 个学科门类，培养规模并不一致。我国学术型研究生教育学科结构（不含哲学、军事学）以理工科为主，排前 3 位的工学、理学、医学 3 个学科的博士学位授予点超过了七成，排后 3 位的教育学、历史学和艺术学，则不到一成。理学、工学的研究生招生规模超过整个招生规模的一半。专业学位博士招生中，临床医学博士超过七成。我国研究生教育以理工科为主的结构与国家经济发展阶段基本契合。人文社科类学科中，除 2001 年从经济学分化出来的管理学外，其余学科门类所占比重较小，需要重视传统文史哲学科，加强新兴交叉学科的发展。

类型结构方面，我国研究生教育的主体一直是全日制研究生，非全日制研究生教育在培养规模、培养质量和社会认可度方面都低于全日制研究生。我国硕士专业学位和学术学位研究生招生整体规模较为接近，但比较而言，美国、英国、法国、澳大利亚等国家的硕士专业学位（含应用型学位）占比均为 80% 左右，有一定差距，其博士专业学位类别也多于国内。单一学术学位基础上不断分化出新的学位类型是全球范围内的普遍趋势，我国研究生教育的学位类型结构也逐步走向多元化。尽管我国专业硕士研究生教育转向以应用型人才为主的战略任务取得了重大进展，但仍有发展空间，专业博士研究生的类别与规模都应适当发展。

从中微观层面考察我国研究生教育的区域结构，呈现以北京为绝对中心、以江苏和上海为次中心、从东向西规模递减的态势。以北京为中心的京津冀地区以及以江苏、上海为中心的长三角地区是我国研究生教育规模最大、资源最为丰富的地区。而宁夏、青海和西藏等省份的研究生招生人数、在校人数和学位授予数，以及导师资源、财力水平等，竞争力差，居全国末位；其所在的西北、西南地区研究生教育规模相对较小,教育资源也相对比较缺乏。在研究生教育发展与经济发展的关系上,各省之间的相关性不强。以大地区(如六大地理分区)的区域规模进行分析发现,区域内的研究生教育规模与区域 GDP 呈很强的线性相关。

因此,我国研究生教育的发展要在继续保持东部各省份发展态势、加强中部各省份发展规模与质量的基础上,更加关注教育资源的平衡,持续扩大西部各省份的研究生教育规模并提升其发展质量。

第 3 章 我国研究生教育省级统筹的背景与历史演进

省级政府统筹作为研究生教育治理的重要一环,与我国经济、社会及研究生教育的发展密切相关。本部分通过历史回顾,梳理我国研究生教育的发展脉络,并结合经济、社会、政治等宏观背景,分析省级学位委员会设立的背景与发展历程。

3.1 研究生教育省级统筹的背景

3.1.1 改革背景

1949 年到改革开放前,我国实行计划经济体制,通过行政权力管理并推进社会经济的发展。在此阶段,中央与地方政府间的关系虽有数次改革,但整体而言,下级的行政权力由上级赋予,地方政府高度依赖中央政府,地方政府的主要职能是执行中央政府下达的命令与决策。改革开放之后,随着市场经济的引入,中央与地方之间的关系也有所调整。

改革开放初期,在保证全国政令统一的基础上,中央与地方政府的权限与职责逐渐厘清。地方政府因地制宜,开展好区域内的行政管理工作;中央政府则主要承担宏观战略与政策制定,以及对地方政府的监管。

正是在此背景下,1987 年,部分省份开始向国务院学位委员会提出建立省级学位委员会的需求。经过国务院学位委员会的研究与讨论,开始在部分省、自治区、直辖市试点建立省级学位委员会,负责区域内部分学位管理和研究生教育工作。

1992 年后,社会主义市场经济日趋完善,地方政府的职能也逐步规范,地方政府逐步拥有了更大的自主权。在这一趋势下,国务院学位委员会于1995 年与 1997 年分别颁布了《关于加强省级学位委员会建设的几点意见》和《关于加强省级人民政府对学位与研究生教育工作统筹权的意见》,正式将省级统筹纳入研究生教育管理体系中，形成我国研究生教育中央、地方和学位授予单位三级管理体系。

3.1.2 我国研究生教育的恢复与发展

1917 年，蔡元培任北京大学校长，成立了文、理、法 3 科的研究所。1918—1919 年，3 科 9 个研究所共招收研究生 148 人，这是我国最早招收的研究生。清华大学于 1925 年成立清华学校研究院国学门（通称国学研究院），1925 年和 1926 年各招 29 人，前后共招收 4 届 74 名研究生。截至 1947 年，全国有 33 所高等学校 59 个学院，设有 156 个研究所。到 1949 年，研究生人数达 424 人。1935 年，国民政府公布《学位授予法》，国民政府教育部公布了《学位分级细则》及《硕士学位考试细则》，将学位分为学士、硕士、博士三级。1935—1949 年，授予 200 多名研究生硕士学位，未授予博士学位。由于当时处于特殊的历史时期，研究生教育在我国艰难起步，有了初步的发展，也形成了研究生培养和学位授予的有关制度，但培养单位规模小，办学条件困难，招生时断时续，办学不规范。[①]

1949 年，中华人民共和国成立，北京、上海等大城市少数高校设有研究所，培养少量研究生。1950 年 5 月 20 日，教育部印发《关于高等学校 1950 年度暑期招收新生的规定》，要求研究生招考尤应注意与国家建设之密切联系，严格选择思想进步、学业优良、有研究能力及培养前途的青年。1951 年 6 月 11 日，中国科学院、教育部联合印发《1951 年暑期招收研究实习员、研究生办法》，指出中国科学院所属各研究机构与中央教育部所属高等学校研究部为培养科学研究人才和高等学校师资，决定招收各研究所研究实习员、各校研究生，全国拟招收 500 名，最后实际录取 276 名。1951 年 10 月 1 日，中央人民政府政务院颁布《关于改革学制的决定》，规定"大学和专门学院得设研究部，修业年限为 2 年以上，招收大学及专门学院毕业生或具有同等学力者，与中国科学院及其他研究机构配合，培养高等学校的师资和科学研究人员"。这是中华人民共和国成立后首次用重要法规的形式，明确规定研究生教育在我国整个教育中的地位和作用。1966 年 6 月 27 日，高等教育部发出《关于暂停 1966 年、1967 年研究生招生工作的通知》，自 1966 年起，"文化大革命"十年中全国没有招收研究生。1945—1965 年，全国共招收研究生 2.3 万人，毕业 1.6 万人。

1977 年 12 月，国务院批转教育部《关于高等学校招收研究生的意见》：从 1977 年起，在办好本科教育的同时，积极招收研究生。至此，我国研究生

---

① 黄宝印. 我国研究生教育恢复招生培养 40 周年 [J]. 中国研究生，2018（7）：11 – 15.

教育在中断十余年后，开始进入恢复与发展的新时期。

为了恢复和发展研究生教育，不仅需要重构学位管理和研究生教育体制，重新设立相关管理机构，还需要配合高等院校与科研机构，开展研究生的招生、培养与学位授予等工作。

在国家决定恢复研究生教育后，研究生教育的发展得到了高度重视与支持。1977 年 7 月，时任中共中央副主席邓小平要求教育部抓一批重点大学，逐步培养研究生，一面学习，一面参加研究工作，用 15 年或更多一些时间至少要培养 100 万合格的科研人员。① 1980 年 12 月，教育部召开全国教育工作座谈会，将"贯彻调整方针使教育事业与国民经济协调发展，使教育质量得到提高"作为未来几年内教育的基本任务，明确重点大学和一般大学的重点学科"要逐步增加研究生的比重，有条件的可以建立研究生院"。在国家与教育工作者的共同努力下，研究生招生于 1978 年正式恢复，且在 1978—1980年，共招收 22323 名研究生，接近 1949—1965 年招生总数 23303 人。②

重构学位管理与研究生教育体系、推进研究生教育步入正轨的前提是制定相关法律法规。1980 年 2 月 12 日，第五届全国人民代表大会常务委员会第十三次会议通过了《中华人民共和国学位条例》（以下简称《学位条例》）。作为共和国第一部教育类法律，《学位条例》确立了我国学士、硕士、博士三级学位体系，并确立了负责学位管理与研究生教育的国家机构，即国务院学位委员会。学位委员会"负责领导全国学位授予工作"，"授予学位的高等学校和科学研究机构及其可以授予学位的学科名单，由国务院学位委员会提出，经国务院批准公布"。翌年 5 月 20 日，在《学位条例》的基础上，国务院正式批准《中华人民共和国学位条例暂行实施办法》，对学士、硕士、博士学位的招考、课程、学位论文等方面进行更加明确、细致的规定。

《学位条例》公布之后，学位工作与研究生教育得到了迅速发展，除国务院学位委员会以外，各省、自治区、直辖市均有相关机构参与学位管理与研究生教育工作。各省、自治区、直辖市一般由主管高等教育的部门参与本省学位管理和研究生教育工作，配合国务院学位委员会，推进本省研究生教育的发展。

在省级学位委员会正式成立之前，学位管理和研究生教育的学位管理体制主要是两级制，且省级政府并未在其中发挥重要的管理和统筹作用。

然而，随着我国研究生招生规模逐渐扩大，研究生培养单位数量逐渐增多，国务院学位委员会的管理压力与工作任务逐渐加重，部分省、自治区、

---

① 翟泰丰，鲁平，张维庆，等．邓小平著作思想生平大事典［M］．太原：山西人民出版社，1993．

② 关海棠．宪政架构下的地方分权研究——以地方自治为视角［D］．长春：吉林大学，2013．

直辖市也面临着繁重的学位工作任务。在此背景下，一些学位工作任务较重的省份于 1987 年相继提出成立学位委员会的要求。国务院学位委员会办公室在认真研究后，于 1988 年 1 月召开的国务院学位委员会第八次会议的报告中就拟同意成立省一级学位委员会的省市及其主要职责提出了原则性意见；在此基础上，国务院学位委员会办公室分别于 1990 年 5 月和 7 月向国家人事部提出在部分省、自治区、直辖市试行建立学位委员会的报告。① 1991 年开始，在部分省、自治区、直辖市试点设立学位委员会。② 1995 年，国务院发布了《关于加强省级学位委员会建设的几点意见》，继续推进省级学位委员会的设立和建设，并明确了省级学位委员会的工作机制与工作权限。

在部分省、自治区、直辖市试点设立省级学位委员会之后，试点设立的省级学位委员会在落实、推进学位管理和研究生教育工作方面发挥了重要作用。国家教委、国务院学位委员会在 1997 年发布的《关于加强省级人民政府对学位与研究生教育工作统筹权的意见》（以下简称《意见》）中指出，"试行结果表明，建立省级学位委员会是积极推进高等教育体制改革，试行中央和省级两级管理、以省级统筹为主的体制的成功尝试，有利于调动地方政府的积极性，促进教育更好地为社会主义现代化建设服务"。在此基础上，《意见》进一步要求其他省、自治区、直辖市成立省级学位委员会，发挥地方政府在学位管理和研究生教育工作中的积极性，因地制宜，带动本省学位工作与研究生教育的发展。这是"研究生教育省级统筹"首次被写入国家规范性文件中，如何发挥"研究生教育省级统筹"成为推进和发展学位管理与研究生教育工作需要考虑的重要方面。

3.1.3　学位授权审核与评估工作的需要

国务院学位委员会作为领导全国学位工作的主要单位，在此后的 30 多年间，主要工作内容与工作重心放在了学位授予单位、学位授权点的审核与评估上。《学位条例》中明确规定，国务院学位委员会的重要职能是提出授予学位的高等学校和科学研究机构及其可以授予学位的学科名单。在《学位条例》的基础上，国务院学位委员会从 1981 年起，陆续开展了十次国家博士、硕士学位授权审核工作。

1980 年 12 月 15—18 日，国务院学位委员会第一次（扩大）会议通过了

---

① 关海棠. 宪政架构下的地方分权研究——以地方自治为视角 [D]. 长春：吉林大学，2013.

② 根据国务院学位委员会第一次（扩大）会议的精神和《中国教育改革和发展纲要》关于高等教育体制改革的意见，自 1991 年起，国务院学位委员会先后批复同意在江苏、陕西、上海、四川、湖北、广东、北京、天津、辽宁、吉林、黑龙江、湖南、山东、浙江、福建和安徽等 16 个省、直辖市试行设立省级学位委员会。

《关于审定学位授予单位的原则和方法》，报国务院同意后，于 1981 年 7 月实施了第一批学位授权审核工作，学位授权审核机制正式建立。自此，逐步形成了覆盖各地区、学科门类齐全的高层次人才培养体系。经过 12 批学位授权审核和 1 次专业学位授权审核，截至 2017 年年底，我国已有博士学位授予单位 418 个，硕士学位授予单位 739 个，一级学科博士学位授予点 3607 个，博士专业学位授予点 183 个，一级学科硕士学位授予点 6178 个，硕士专业学位授予点 7573 个（表 3-1）。

表 3-1 我国研究生学位授权审核批次数据（1981—2018 年）

批次（年）	授权主体	评审办法及成就
一（1981 年）	国务院	贯彻"坚持标准，严格要求，保证质量，公正合理"的原则，采取同行评议、无记名投票方式，颁布了《关于审定学位授予单位的原则和办法》；审批硕士学位授予单位 358 个，博士学位授予单位 151 个，博士、硕士学位授予单位的学科、专业点分别为 812 个和 3185 个
二（1982—1984 年）	国务院	颁布试行《高等学校和科研机构授予博士和硕士学位的学科、专业目录（试行草案）》；审批硕士学位授予单位 67 个，有权授予硕士学位的学科、专业点 1052 个，新增博士学位授予单位 45 个，有权授予博士学位的学科、专业点 316 个
三（1985—1986 年）	国务院	总结第一、第二批审核工作经验，试行在一定学科范围内下放硕士学位授权学科、专业点的审批权限，选择少数学位授予单位试点。新增博士学位授予单位 41 个，博士学位授权学科、专业点 675 个；新增硕士学位授予单位 130 个，硕士学位授权学科、专业点 2045 个
（1986—1988 年）		颁布《授权部分学位授予单位审批硕士学位授权学科、专业的试点办法》和《关于同意备案的 1987 年自行审批硕士学位授予单位学科、专业的通知》，同意 12 个授权单位自行审批的硕士学位授权学科、专业点 38 个
四（1988—1990 年）	国务院学位委员会	审议了《授予博士、硕士学位和培养研究生的学科、专业目录》；审核通过了第四批新增博士点 277 个，新增博士学位授予单位 10 个；审批了硕士学位授权学科、专业 839 个，新增硕士学位授予单位 41 个 要有利于高校办学层次的调整，优化结构，严格控制新增学位授予单位，从严掌握新增博士点 启动工商管理硕士专业学位授予点试点

续表

批次 （年）	授权 主体	评审办法及成就
		采取行政宏观指导和专家评审相结合的办法。与会专家参照博士学位授予点、硕士学位授予点的指导性控制数，进行评审和无记名投票
五 （1992—1993 年）		颁布《关于认真做好并严格控制新增博士和硕士学位授予单位推荐和审核工作的通知》 提出了审核新增博士、硕士学位授予单位的原则和基本条件，并对新增学位授予单位的申报和整体条件的评审工作提出了具体要求。新增硕士学位授予单位 35 个，硕士学位授权学科、专业点863 个；新增博士学位授予单位 24 个，博士学位授权学科、专业点 274 个；有关试点单位自行审批硕士学位授予点 253 个
1993		颁布《关于进一步改革学位授权审核办法的意见》，新增博士、硕士学位授予单位和博士学位授予点由国务院学位委员会审核和批准，硕士学位授予点审核要区分不同情况，给予省级学位与研究生教育主管部门相应的决策权（省级学位委员会审核硕士点试点） 国务院学位委员会办公室提出解决遗留问题的处理原则，批准补增博士学位授权学科、专业点 11 个
六 （1995—1996 年）		下放博士生指导教师审核 博士、硕士学位授予单位的数量近期内基本稳定，今后新增学位授予单位工作每四年进行一次，1995 年不进行新增博士、硕士学位授予单位的审核，在 1997 年进行学位授予审核时安排；1995 年增列少量的博士、硕士学位授予点；对已有的部分博士学位授予点做适当调整，新增博士学位授予点 152 个，新增硕士学位授予点 1075 个
七 （1997—1998 年）		审批了《授予博士、硕士学位和培养研究生的学科、专业目录》，学科门类增至 12 个，一级学科由 72 个增加到 88 个，二级学科由 654 个调整为 381 个 同意军队学位委员会及北京学位委员会、天津学位委员会等 16个地方学位委员会在国务院学位委员会授权的学科范围内审批硕士学位授予点 新增博士学位授予单位 49 个（普通高校 38 所、军队院校 9 所、科研机构 2 所），新增硕士学位授予单位 55 个（普通高校 47 所、军队院校 8 所），增列博士学位授予点 341 个，硕士学位授予点363 个（另外，学位授予单位自行审批增列 160 个硕士学位授予点，北京等 16 个省级学位委员会和军队学位委员会审核增列 946

续表

批次 （年）	授权 主体	评审办法及成就
		个硕士学位授予点） 为解决遗留问题，补充增列博士学位授予点 13 个 明确学位授予以高等院校为主
八 （1999—2000 年）		较大幅度扩大了按一级学科审核学位授予的学科范围，对博士学位授权一级学科点的审核增加答辩程序，扩大了省级学位委员会和部分学位授予单位自审硕士学位授予点的试点范围 探索博士学位授予点分类授权 增列博士学位授权一级学科点 310 个；增列博士学位授予点 442个，调整原有博士学位授予点 1 个；增列硕士学位授予点 2598个（其中，国务院学位委员会评审的硕士学位授予点 229 个，省级学位委员会审批的硕士学位授予点 1765 个，部分学位授予单位自行审批的硕士学位授予点 604 个），调整原硕士学位授予点11 个 为解决遗留问题，补充增列博士学位授予单位 7 个（其中普通高校 2 所），新增博士学位授予点 16 个（其中普通高校 3 所，军队院校 13 所）
九 （2002—2003 年）		调整《授予博士、硕士学位和培养研究生的学科、专业目录》；规定了增列博士学位一级学科点、增列博士学位授予点、增列硕士学位授予点的基本条件、申报与审核办法；提出了新增博士和硕士授予单位审核工作的主要原则，新增学位授予单位及其学位授予点的条件，新增学位授予单位的申报、推荐和审核的步骤以及材料报送和时间安排 新增 35 个博士学位授予单位（其中山西财经大学、鞍山科技大学、哈尔滨商业大学、广西师范大学的整体水平通过评估，但博士学位授予点复审未通过），新增一级学科博士学位授予单位291 个，博士学位授予点 728 个；新增硕士学位授予单位 59 个，硕士学位授予点 4170 个 少数尚未获得博士、硕士学位授权的单位针对个别学科与有关学位授予单位联合培养博士或硕士学位研究生，按《关于联合培养研究生工作的暂行管理办法》执行
十 （2005—2006 年）		采用网上申报；着力调整学位授权的学科结构和层次结构；进一步扩大省级学位委员会的统筹权和学校的办学自主权；各省级学位委员会负责推荐申报新增博士、硕士授予单位（均不超过 2个），新增普通高等学校博士学位授予单位不超过 15 个，新增硕

续表

批次 （年）	授权 主体	评审办法及成就
专业学位 授权审核		士学位授予单位 30 个。部分申报材料在有关申请单位范围内进行网上公示。复审通过率为 23.55% 开展自行审核增列一级学科博士学位授予点试点 增列硕士学位授予单位 29 所，一级学科硕士学位授予点 2087 个，二级学科硕士学位授予点 3830 个；增列博士学位授予单位 15 个（另外单独投票增列军事院校 1 所、民族院校 2 所）；增列一级学科博士学位授予点 371 个（另外，清华大学、北京大学自主设置 16 个），二级博士学位授予点 605 个 新增马克思主义一级学科博士学位授予点 21 个、硕士学位授予点 73 个；二级学科硕士学位授予点 342 个
（2010）		推动专业学位设置与授权审核改革
（2008—2010）		探索新增学位授予单位分类立项规划建设
（2011—2012）		服务国家特殊需求
（2017—2018）		条件准入

2018 年，国务院学位委员会审核增列了一批博士、硕士学位授予单位及其学位授予点，新增博士学位授予单位 28 个，新增硕士学位授予单位 29 个。这是自 2008 年组织开展博士、硕士学位授予单位立项建设与审批以来，时隔多年后又一次全国性、常态化学位授权审核工作，因而备受各界关注。

回顾学位授权审核的历程可知，自从《中华人民共和国学位条例》颁布实施以来，我国在 1981—1986 年，先后组织了三次学位授权审核工作。这一时期，硕士、博士学位授予单位是由国务院直接授权审核的，其少而精、高度集中、注重条件与水平的管理模式非常突出。1990—2005 年，我国连续组织开展了第 4 至第 10 批学位授权审核工作，新增硕士、博士学位授予单位改由国务院学位委员会授权增列，在统一评审、总量控制的同时强调调整结构、服务需求，而且省级学位管理部门的作用逐渐发挥出来。2008 年，新增博士、硕士学位授予单位采取立项建设、规划先行的管理模式。为了缩小区域差异、优化布局，还根据各省研究生教育规模、结构及其与经济社会协调发展程度分为四类地区，实施分类与限额管理，进一步加强省级统筹和规划建设。2011—2012 年，教育部又组织开展了"服务国家特殊需求人才培养项目"试点工作，以国家有关部门积极参与、"政产学研用"紧密结合、有限时间内授权的新机制，批准了 63 个学士学位授予单位试点开展硕士研究生培养项目、35 个硕士学位授予单位试点开展博士研究生培养项目。经过这十几批次的学位授权审核工作，我国建成了学科基本齐全、布局相对合理的学位授权体系，形成了以高校为主、多系统培养的特色格局。

2017 年启动了新一轮学位授权审核工作。首先，《博士硕士学位授权审核办法》明确指出，学位授权审核是国务院学位委员会依据法定职权开展的审批行为，还将《中华人民共和国行政许可法》作为部门规章的重要依据，强调学位授权审核工作的规范化、法治化和制度化。其次，新一轮学位授权审核工作几乎改变了过去 30 多年来以分配数量指标为主的审核方式，从办学方向与特色、师资队伍与水平、人才培养与质量、科学研究与贡献等方面，分类制定学位授权基本申请条件，以"质量"导向的准入门槛强化了新增学位授予单位和学位授予点的高标准、严要求。经过基本条件审查、高水平专家复审、国务院学位委员会终审等环节，新增学位授权审核力图实现程序规范、结果公正、导向积极等目标，以化解我国研究生教育不平衡不充分发展的问题。

与此同时，新一轮学位授权审核还赋予部分学科整体水平高、综合办学实力强、学术声誉和社会声誉高的学位授予单位自主开展新增学位授予点的权力。北京大学、清华大学、中国人民大学、北京航空航天大学等 20 所高等学校作为第一批学位授予自主审核单位，可根据科技发展前沿、经济社会发展需求、办学条件和培养能力，自主增列博士、硕士学位授予点，特别是新兴交叉学科学位授予点。今后，还将总结自主审核试点经验，完善机制，进一步扩大学位授权自主审核单位的范围。

上述改革举措、制度设计和价值导向都将产生深远的积极意义。坚持质量标准主导、规划建设先行、逐步放权与动态管理、常态化增列与调整的学位授权审核工作思路，既会对现有学位授予单位起一定的倒逼作用，促使其不断提升教育质量和水平；又会进一步扩大省级统筹权，要求省级学位管理部门科学规划区域内学位授权布局建设，分批分期有序开展审核；还会进一步扩大高校办学自主权，激发学位授予单位办学活力，引导学位授予单位注重内涵发展，形成特色优势，主动服务需求，开展高水平研究生教育。

从每批次学位授权审核的规模与类型来看，除第一、第二批授权显著增大了研究生教育规模外，第三批至第十批学位授权在一定程度上对硕士、博士学位授予单位和学科授权点的审批进行了严格控制，并更加关注研究生教育结构调整、体系发展与优化。

同时，学位授予单位与学科授权点数量增多给研究生培养和学位授予质量监管提出了更高的要求。为了保证授权审核的公正、科学，保障学位授予单位的研究生人才培养质量，更好地开展省内学位管理和研究生教育工作，十次硕士、博士学位授权审核也不断地开展权力下放的改革举措，发挥省级政府的管理功能，推进省内研究生教育的结构和布局调整。

1991 年 3 月，发布了《国务院学位委员会关于试行建立地方学位委员会的几点意见》（以下简称《几点建议》），明确规定了地方学位委员会的职责（表 3 - 2）。可见，设立初期的省级学位委员会虽然没有直接审批学位授予单位或学科授权点的权限，但仍然能够进行初步筛选，提出建议，对本地区的学位授予工作进行监管，这很大程度上减轻了国务院学位委员会在硕士、博士授权审批中的工作量。经过两年的发展，国务院学位委员会在《几点意见》的基础上制定了《关于地方学位委员会职责的暂行规定（征求意见稿）》，进一步下放权力，省级学位委员会可以 "对已有硕士学位授予权的省属单位和经有关主管部门同意的非省属单位申请新增硕士学位授予点，可按国务院学位委员会批准的学科范围和方案进行评审审批，报国务院学位委员会备案"。根据曾任国务院学位委员会办公室副主任谢桂华的讲述，这次权力的下放，一方面是由于高等学校对新设立学科授权点越来越强烈的需求，国务院学位委员会受到自身规模、精力的限制，难以从容处理如此大量的需求，需要有能力的地方学位委员会参与、承担部分学位授权审批工作；另一方面是随着高校和科研单位办学能力的加强，尤其是通过了硕士学位授予单位审批的高校或科研单位，已经具备了研究生培养的能力，加之地方学位委员会对本地区研究生教育发展水平、研究生培养单位情况十分熟悉，地方学位委员会已经具备了科学、合理地审批部分新增硕士点的能力和条件（表 3 - 3）。

表 3 - 2　《几点建议》中规定的省级学位委员会职责

职责	职责内容
（1）统筹规划学位工作	认真贯彻执行《中华人民共和国学位条例》《中华人民共和国学位条例暂行实施办法》以及国务院学位委员会工作方针、决议和有关规定，结合本地区情况统筹规划本地区的学位工作
（2）学位授权评估	按国务院学位委员会关于审批学士学位授予单位的有关规定，负责对本地区经国家教委批准建立的全日制普通高等本科学校（含主管部门委托的部委属高等学校）申请学士学位授予单位及学士学位授权学科、专业进行审批，报国务院学位委员会备案并抄送有关部委；按国务院学位委员会的统一部署和有关规定，制定实施办法，对已有硕士学位授予权的本区所属单位申请新增硕士学位授予学科、专业进行审批，报国务院学位委员会备案并抄送有关部委
（3）管理学位授予工作	根据国务院学位委员会的有关规定，对本地区各学位授予单位的学士学位授予、硕士学位授予、博士学位授予等工作进行管理。负责对研究生课程进修班的管理和监督

续表

职责	职责内容
(4) 质量保障	按国务院学位委员会有关规定对本地区学士学位（含普通高等教育本科毕业生和成人高等教育本科毕业生）、硕士学位授权学科和专业学位授予质量，以及本地区有关学位授予单位授予具有研究生毕业同等学力的在职人员硕士、博士学位质量进行检查和评估。对不能确保所授学士学位质量的高等学校，有权暂停或撤销其相应学科、专业或单位的授予学位的资格；对不能确保所授硕士、博士学位质量的学位授予单位，有权对其有关学科、专业或单位提出暂停或撤销授予学位资格的建议
(5) 兜底条款	国务院学位委员会授权和委托的其他有关工作

表3-3　《几点意见》中规定的地方学位委员会应具备的条件

序号	地方学位委员会应具备的条件
(1)	本地区普通高等学校较多，进行普通高等教育和承认高等教育本科毕业生学士学位的任务较重；
(2)	本地区普通高等学校和科研机构招收研究生较多，授予硕士和博士学位的任务较重
(3)	本地区学位授予质量检查与评估工作和授予在职人员硕士和博士学位的任务较重
(4)	本地区在学位工作方面有比较丰富的实践经验，有一定的组织管理水平

20世纪90年代是我国研究生教育发展的关键时期，经过前十年的恢复与建设，我国研究生教育的规模、培养能力得到了很大提升。然而，面对国内经济高速发展对高水平人才的需求，无论是社会还是研究生培养单位都有扩大研究生招生范围和规模的强烈需求，这为国务院学位委员会的学位授权审批和评估带来了巨大挑战；加之不同地区间研究生教育发展的不均衡，部分省份拥有硕士、博士学位授权资格的高等学校和科研单位众多，给地方政府的学位管理工作带来了很大压力，这就产生了一批既有需求又有能力参与学位授权审批和评估工作的省份。在此基础上，为了更好地满足需求，顺利地开展硕士、博士学位授权审批和评估工作，国务院学位委员会开始逐步在各省、自治区、直辖市试点建立省级学位委员会。试点的成功使这一做法得以在更多地区施行，逐渐由试点建立到扩大建立，再到允许自行建立。研究生教育省级统筹也从无到有，走过了一条逐步发展、职责逐步明确和完善、权限逐步扩大和发挥的道路。

3.2　省级学位研究生教育管理组织的建立与发展

省级学位研究生教育管理组织是省级政府参与省域内研究生教育治理的办事机构、议事机构，也是保证充足的相关工作人员、经费的前提，建立和发展省级学位组织是发挥研究生教育省级统筹权的基础。梳理与回顾省级学位组织的建立与发展，是认识和理解研究生教育省级统筹的重要方面。

本部分梳理和回顾了我国省级学位研究生教育管理组织建立和发展的历程。具体而言，我国省级学位委员会的成立与发展经历了试点建立、扩大建立和允许自行建立三个阶段。

3.2.1　试点建立阶段（1991—1994 年）

随着研究生教育的发展，部分省、自治区、直辖市的学位工作任务逐渐加重，1987 年，10 个学位工作任务较重的省份相继提出成立学位委员会的要求。经过多次研究与讨论之后，国务院学位委员会于 1991 年 3 月批复江苏省人民政府，同意江苏省建立首个经国务院学位委员会批准的省级学位委员会，希望江苏省人民政府尽快帮助省学位委员会建立健全办事机构和工作制度，同时按附件《国务院学位委员会关于试行建立地方学位委员会的几点意见》的要求，加强对学位委员会以及本地区学位工作的领导。同年，陕西、上海、四川、湖北等省、直辖市均获准建立学位委员会。这是第一批成立的省级学位委员会，标志着省级统筹进入学位管理与研究生教育工作中。

根据 1991 年《几点意见》中对地方学位委员会职责和应具备条件的规定，江苏省学位委员会、四川省学位委员会、上海市学位委员会和陕西省学位委员会分别于 1991 年 11 月 18 日、1992 年 3 月 6 日、1992 年 4 月 25 日、1992 年 5 月 15 日成立；1993 年 2 月 8 日，湖北省学位委员会获批成立；1993 年 7 月 24 日，国务院学位委员会复函广东省，同意在广东省试点成立学位委员会。这些学位委员会的成立标志着我国中央政府、省级地方政府和学位授予单位三级学位管理体制初步形成，也为接下来其他省、自治区、直辖市设立地方学位委员会打下了基础，提供了案例与参考。

3.2.2　扩大建立阶段（1995—1996 年）

第一批试点成立的省级学位委员会在学位管理与研究生教育工作中发挥了重要的作用，国务院学位委员会召开试点省级学位委员会座谈会议，围绕进一步建设地方学位委员会、下放权力等方面进行意见收集与讨论。省级学位委员会良好的运行模式为国务院学位委员会进一步扩大成立省级学位委员会提供了参考。在部分省市试行省级学位委员会后，省级学位委员会进入了扩大建立阶段。

国务院学位委员会于 1995 年 4 月 10 日召开第十三次会议，决定"要扎实推进学位管理体制改革，加强省级学位委员会的建设"。在此次会议精神的指导下，国务院学位委员会对试点成立省级学位委员会的经验进行了总结与整理，并于同年 5— 6 月，批准湖南省、福建省、浙江省、北京市等 9 个省、直辖市成立省级学位委员会；翌年 3 月，又同意成立安徽省学位委员会。

试点建立 6 个省级学位委员会后短短 3 年时间，省级学位委员会的数量扩大到 16 个。至此，全国已有一半的省、自治区、直辖市拥有省级学位委员会。

3.2.3　允许自行建立阶段（1997—2002 年）

16 个省、自治区、直辖市试点建立省级学位委员会的经验表明，设立省级学位委员会是开展学位管理与研究生教育体制改革的成功尝试，这不仅分担了国务院学位委员会的部分工作，保证了学位管理工作的有效进行，也调动了地方积极性，推动地方政府因地制宜投入到学位管理和研究生教育发展中，促使研究生教育更好地服务地方社会经济发展。

与此同时，其他省、自治区、直辖市申请成立省级学位委员会的呼声也越来越强烈。为了满足需求，均衡推动学位管理和研究生教育发展，进一步加强研究生教育省级统筹，适应学位管理与研究生教育体制改革的需要，国家教委和国务院学位委员会于 1997 年 3 月联合发布的《关于加强省级人民政府对学位与研究生教育工作统筹的意见》指出，除已经试点建立省级学位委员会的 16 个省、自治区、直辖市，其他尚未设立省级学位委员会的省、自治区、直辖市可以根据需要，自行建立省级学位委员会或其他形式的学位与研究生教育管理机构，其章程与议事规则应抄报国务院学位委员会。在该意见的指导下，1997 年至 1998 年年底，山西、云南、甘肃、青海、内蒙古、河南、江西、河北等 8 个省、自治区或经国务院学位委员会同意或自行设立了省级学位委员会。到 2002 年，除港澳台地区，所有省、自治区和直辖市均设立了省级学位委员会，承担着区域内学位管理与研究生教育的相关工作（图 3 -1）。

允许自行建立省级学位委员会意味着国务院学位委员会完全放开省级学位委员会的设立，虽不同省、自治区、直辖市的学位委员会拥有的权限具有一定差异，但省级学位委员会机构的成立，仍然有效地推进了研究生教育省级统筹的发展，也标志着学位管理与研究生教育三级管理体制的日趋成熟。

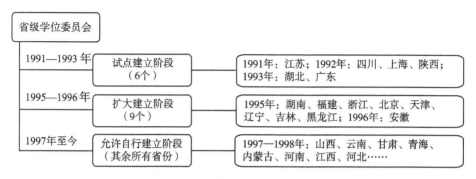

图 3-1 省级学位委员会发展时间轴

3.3 研究生教育省级统筹权的发展

研究生教育省级统筹权的发展与省级学位组织的发展密切相关，在第一批试点省级学位委员会成立之后，研究生教育省级统筹权开始出现并发挥作用。

经国务院学位委员会批准成立的第一批省级学位委员会的管理权限来源于《几点意见》中有关省级学位委员会职责的规定。初期的省级学位委员会的主要工作是"上传下达"，一方面贯彻、执行国务院学位委员会的工作方针和决议，并根据区域内实际情况开展学位管理和研究生教育工作，另一方面向国务院学位委员会就学位授权审批及博士研究生指导教师的评选做出推荐与建议。这一时期的省级统筹权限很小，不能独立开展学位授权审核工作。

1993 年，国务院学位委员会制定了《关于地方学位委员会职责的暂行规定（征求意见稿）》，明确指出，"其职责范围由国务院学位委员会授权确定"，"对已有硕士学位授予权的省属单位和经有关主管部门同意的非省属单位申请新增硕士点，可按国务院学位委员会批准的学科范围和方案进行评审审批，报国务院学位委员会备案"。该规定的出台，是国务院学位委员会给地方学位委员会赋权，给了省级学位委员会更大的统筹管理权限。

为了规范研究生教育省级统筹，国务院学位委员会在 1995 年出台了《关于加强省级学位委员会建设的几点意见》，向省级学位委员会赋予五类管理权限（前文表 3-2）。该文件明确了省级学位委员会统筹规划本地区学位工作、审批已有硕士授予权单位新增硕士学位授予学科和专业、管理学位授予工作、对学位授予进行质量监管等职责，并赋权其暂停或撤销不能确保学位授予质量单位的学位授予权。

1997 年，国务院学位委员会发布《关于加强省级人民政府对学位与研究生教育工作统筹的意见》，正式将工作重点由组织机构的建设转移到发展省级政府统筹权，对统筹职责进行了一定的调整（表3-4），模糊了省级政府参与学位授予的具体规定，强调依据国务院学位委员会的有关规定参与学位授予管理与监督工作，且暂不给予自行设立的省级学位委员会学士学位和部分硕士学位授权点的审批资格，对于已经设立的 16 个省级学位委员会，仍然按照各自的授权范围开展工作，对不能按照国务院学位委员会的统一部署和有关规定开展工作的，国务院学位委员会有权暂停或撤销对其已有的授权。可见，虽然已经允许各个省、自治区、直辖市自行设立省级学位委员会，但是不同省级学位委员会的职责与权限分配各不相同，省级统筹的发展并不均衡。

表3-4　《关于加强省级人民政府对学位与研究生教育工作统筹的意见》规定的研究生教育省级统筹职责

研究生教育省级统筹职责	职责内容
（1）统筹规划学位与研究生教育工作	根据我国有关法律法规和国家教委、国务院学位委员会的工作方针、决议及有关规定，结合本地区经济、科学技术和社会发展的需要，统筹规划本地区学位与研究生教育工作
（2）管理学位授予工作	根据国务院学位委员会的有关规定，对本地区各学位授予单位的学士学位授予、硕士学位授予、博士学位授予等工作进行管理。负责对本地区范围内的学位授予单位举办研究生课程进修班的登记备案、管理和监督工作
（3）质量保障	按国务院学位委员会有关规定，对本地区学士学位（含普通高等教育本科毕业生和成人高等教育本科毕业生）、硕士学位授予学科，专业学位授予质量，以及本地区有关学位授予单位授予具有研究生毕业同等学力的在职人员硕士、博士学位的质量，进行检查和评估。对不能确保所授学士学位质量的高等学校，有权暂停或撤销其相应学科、专业或单位授予学位的资格；对不能确保所授硕士、博士学位质量的学位授予单位，有权对其有关学科、专业提出暂停或撤销其授予学位资格的建议
（4）兜底条款	国务院学位委员会授权和委托的其他有关工作

第4章 研究生教育治理中的省级统筹现状

本章主要分析省级学位委员会的机构设置、经费现状、工作职能及参与治理的过程。具体而言，本研究依据省级学位委员会对自身工作职责的描述，运用质性研究工具 Nvivo 分析软件进行编码，了解省级学位委员会的机构设置与权责现状；基于问卷调查结果，应用社会科学统计软件 Stata 14.0，采用描述性统计分析，客观反映学位授予单位研究生教育管理者对省级学位委员会参与研究生教育治理现状的评价以及各省份学位委员会主管领导对研究生教育省级统筹现状的描述与评价，从而呈现出当前我国研究生教育治理中省级统筹的现实图景。

4.1 省级学位委员会的机构设置

省级学位委员会的组织形式能侧面体现研究生教育省级统筹现状。如前文所述，我国内地 31 个省、自治区、直辖市人民政府均以不同形式设立了省级学位委员会及其办事机构，并明确了省级学位委员会所具有的职责与权限。

笔者通过查询各省、自治区、直辖市教育厅（委员会）官方网站呈现的机构设置与机构主要职责描述，对我国各省级学位委员会办公室的组织形式进行了整理与分析（表4-1）。

表4-1 省级学位委员会机构设置情况

省级学位委员会办公室设置形式	省、自治区、直辖市	数量/个
独立设置	天津市、新疆维吾尔自治区、甘肃省	3
与学位与研究生教育处共设	河北省、内蒙古自治区、山西省、辽宁省、黑龙江省、山东省、重庆市、陕西省、江西省、湖南省、河南省、湖北省、广西壮族自治区、江苏省	14

续表

省级学位委员会办公室 设置形式	省、自治区、直辖市	数量/个
与科技处共设	北京市、安徽省、贵州省、吉林省、广东省、四川省、云南省	7
与高等教育处共设	上海市、宁夏回族自治区、青海省、福建省、海南省、西藏自治区	6
与高校科研师资处共设	浙江省	1

资料来源：各省、自治区、直辖市教育厅（委员会）官方网站，查阅时间：2016 年 8 月。

依据国务院学位委员会《关于加强省级人民政府对学位与研究生教育工作统筹的意见》，各省、自治区、直辖市人民政府有权根据自身情况自行设立省级学位委员会，因而省级学位委员会的机构设置情况各有不同。

整体而言，目前我国各省级学位委员会办公室共有五种组织形式，包括独立设置、与学位与研究生教育处共设、与科技处共设、与高等教育处共设、与高校科研师资处共设。其中大部分省级学位委员会办公室与学位与研究生教育处共设（14 个，约占 45.2%），其次是与科技处共设（7 个，约占 22.6%）和与高教处共设（6 个，约占 19.4%），仅有 3 个省份（天津市、新疆维吾尔自治区、甘肃省，约占 9.7%）有独立设置的省级学位委员会办公室，此外，浙江省学位委员会办公室的设置较为特殊，是与高校科研师资处共设。

从省级学位委员会的机构设置可以看出各省级学位委员会工作的侧重。与科技处共设的省份，更加重视研究生教育与科技创新等方面的配合，重视"产学研"结合；与高等教育处共设的省份，则将研究生教育与本科生教育结合起来进行学位管理等工作；唯一与高校科研师资处共设的浙江省学位委员会，将工作重点放在科研平台建设、高校师资管理方面；独立设置的省级学位委员会则无论在人员编制、经费还是工作权限方面，都具有更大的自主空间。

我国省级学位委员会的机构设置一直在不断调整和变化，与"省级地方学位委员会功能作用研究"课题组于 2007 年做的调查相比，2016 年省级学位委员会的机构有了较大的调整。2007 年，只有独立设置、与科技处共设和与高等教育处共设三种情况，其中，有 16 个省、自治区、直辖市的学位委员会办公室是独立设置的，8 个与高等教育处共设，6 个与科技处共设；到 2016 年，与高等教育处共设和与科技处共设的省学位委员会办公室数量无太大变化，但更多独立设置的学位委员会办公室调整成为与学位与研究生教育处共设。

4.2　省级学位与研究生教育管理组织经费状况

　　资金是省级学位与研究生教育管理组织顺利开展工作的基础，经费不足会严重阻碍其日常学位管理与研究生教育工作。在法理上，省级学位委员会是省级人民政府建立的本地区学位管理与研究生教育工作机构，"所属省、自治区、直辖市人民政府，应该建立健全其日常办事机构，加强对其工作的领导，并给予能负担起相应职责的必要的人员编制和经费"。可见省级学位组织的工作经费主要来源于所属省人民政府的拨款。

　　省级学位委员会办公室是省级学位委员会的主要办事机构，负责日常学位管理与研究生教育工作的开展。从对省级学位委员会办公室主管领导的调查问卷中可以看到，整体而言，其工作经费状况并不理想（图 4－1）。在参与问卷调查的 23 个省、自治区、直辖市中，没有一个省级学位委员会办公室认为其拥有"很充足"的工作经费，仅有 2 个省级学位委员会办公室认为有"充足"的工作经费，8 个认为拥有"基本充足"的工作经费；相反，13 个省份认为其工作经费"不足"或"严重不足"，占参与问卷调查省份的 56%，超过一半。有限的工作经费给省级学位委员会发挥职能带来一定的负面影响。对比"省级地方学位委员会功能作用研究"课题组 2007 年的调查结果（2 个省级学位委员会办公室有充足或很充足的办公经费，14 个基本充足，不足或严重不足的有 13 个，占 43.34%），经过近十年的发展，办公经费状况并没有得到改善，且经费"不足"或"严重不足"的比例有所提升。

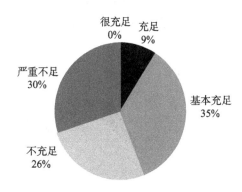

图 4－1　省级学位委员会办公室工作经费状况（2016 年）

　　继续考察省级学位委员会所属省份的研究生教育财政拨款，可以看出，相对于省级学位委员会办公室的工作经费而言，研究生教育财政拨款情况较好（图 4－2）。在参与调查的 23 个省、自治区、直辖市中，有 7 个省份有

"很充足"或"充足"的研究生教育财政拨款，8 个省份的研究生教育财政拨款"基本充足"；然而，仍然有 8 个省份的研究生教育财政拨款"不充足"或"严重不足"，占样本的 35%。

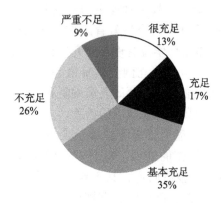

图 4-2　各省、自治区、直辖市研究生教育财政拨款（2016 年）

关于各省、自治区、直辖市的重点学科建设经费（图 4-3），3 个省份认为"很充足"或"充足"，仅占参与调查省份的 14%；8 个省份认为"基本充足"，占 35%；而认为"不充足"或"严重不足"的省份有 11 个，占 48%，接近一半；还有一个省份没有填写这项题目。虽然省级重点学科建设经费仍然没有满足实际需求，但是与"省级地方学位委员会功能作用研究"课题组 2007 年的调查结果相比，如今的重点学科建设经费有了很大的改善。2007 年，60% 的省、自治区、直辖市的重点学科建设经费是"不充足"或"严重不足"的，仅有 7 个省份（10%）"很充足""充足"或"基本充足"。可见经过近十年的发展，更多省、自治区、直辖市逐步重视重点学科的建设投入。

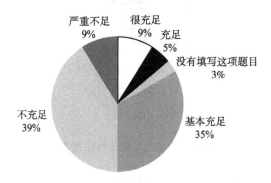

图 4-3　各省、自治区、直辖市重点学科建设经费（2016 年）

4.3 省级学位组织的工作职能

4.3.1 省级学位组织职责描述

1997 年，国家教委、国务院学位委员会出台《关于加强省级人民政府对学位与研究生教育工作统筹权的意见》，明确规定了省级学位委员会应承担的职责。在此基础上，各省、自治区、直辖市分别制定了省级学位委员会的工作职责。除辽宁省外（辽宁省教育厅官方网站并未展示出与学位与研究生教育处共设的辽宁省学位委员会的主要工作职责），其他 30 个省、自治区、直辖市均依据《关于加强省级人民政府对学位与研究生教育工作统筹权的意见》中列举的四项工作职责对省级学位委员会的主要职责进行了描述，但也根据本地区的实际学位工作进行了调整。

为了深入分析省级学位委员会及办事机构的有关职责情况，本研究利用 Nvivo 分析软件，首先对省级学位组织的主要职责（详见附录 3）进行编码，整理出 21 个编码节点（表 4 - 2）。表 4 - 2 中"编码节点"是根据省级学位委员会职责描述整理编码得到的。编码节点所对应省份的学位委员会职责描述中均包含被纳入该编码节点的职责，频次则代表了对应省份的数量。

如新疆维吾尔自治区学位委员会的职责描述"承担全区研究生教育和学位工作，拟订全区研究生教育与学位工作改革和发展规划"及上海市学位委员会的职责描述"制定本市高等教育发展规划和年度计划"等，被编码成为："制定区域内学位与研究生教育发展规划"编码节点；天津市学位委员会的职责描述"检查和评估各级学位授予质量"、甘肃省学位委员会的职责描述"组织开展学位授权治理与研究生培养质量的评估检查工作"等，被编码成为"检查和评估各级学位授予质量"编码节点。

从表 4 - 2 可以看出，21 个编码节点中，不同节点对应的省份数量各不相同，从 1 到 24 不等，且部分编码节点直接对应了《关于加强省级人民政府对学位与研究生教育工作统筹权的意见》中规定的四项职责。可见，各省级学位委员会职责权限有所区别，各有侧重，并不完全一致。

表4-2 省级学位委员会主要职责编码情况

编码节点	省份	频次
制定区域内学位与研究生教育发展规划	天津市、新疆维吾尔自治区、甘肃省、上海市、宁夏回族自治区、福建省、海南省、贵州省、吉林省、广东省、四川省、云南省、河北省、内蒙古自治区、山西省、黑龙江省、山东省、重庆市、陕西省、江西省、河南省、湖北省、广西壮族自治区、江苏省	24
统筹本地区的学位与研究生教育工作	天津市、新疆维吾尔自治区、甘肃省、西藏自治区、安徽省、贵州省、广东省、四川省、云南省、河北省、内蒙古自治区、山西省、山东省、江西省、湖南省、河南省、湖北省、江苏省	18
检查和评估各级学位授予质量	天津市、新疆维吾尔自治区、甘肃省、宁夏回族自治区、青海省、福建省、海南省、云南省、河北省、山西省、江西省、湖北省、江苏省、山东省、河南省、重庆市	16
协调指导区域内重点学科建设	新疆维吾尔自治区、甘肃省、北京市、吉林省、四川省、山西省、黑龙江省、重庆市、陕西省、江西省、江苏省、广东省	12
审批区域内学位授予	天津市、上海市、宁夏回族自治区、西藏自治区、安徽省、云南省、河北省、内蒙古自治区、重庆市、湖北省、江苏省	11
统筹建设区域内各类科研平台	上海市、宁夏回族自治区、福建省、北京市、安徽省、贵州省、吉林省、广东省、四川省、云南省、浙江省	11
管理学位授予工作	天津市、北京市、贵州省、吉林省、河北省、山西省、陕西省、湖南省、河南省	9
指导、推进"产学研"合作	西藏自治区、北京市、安徽省、贵州省、吉林省、广东省、四川省、云南省、浙江省	9
"211工程""985工程"高校建设	吉林省、广东省、重庆市、陕西省、江苏省、新疆维吾尔自治区、上海市、北京市、江西省	9
推进研究生教育管理信息化	甘肃省、北京市、安徽省、吉林省、四川省	5
指导研究生教育改革	山东省、陕西省、江苏省	3
研究生教育相关政策制定与制度建设	天津市、北京市、河北省	3

续表

编码节点	省份	频次
非全日制研究生管理	山东省、河南省、江苏省	3
高层次人才遴选、管理	甘肃省、黑龙江省、陕西省	3
统筹规划区域内学科专业布局	甘肃省、福建省	2
参与确定区域内研究生招生计划	陕西省、湖北省	2
支持开展研究生导师培训与交流	江苏省、浙江省	2
组织开展研究生培养基地建设	北京市、云南省	2
协调部属高校建设	北京市、上海市	2
组织协调区域内"双一流"建设	云南省	1
统筹推进研究生教育国际化	云南省	1

　　直接对应的编码节点包括：制定区域内学位与研究生发展规划、统筹本地区的学位与研究生教育工作、检查和评估各级学位授予质量、审批区域内学位授权、管理学位授予工作、非全日制研究生管理等。其中"制定区域内学位与研究生教育发展规划"是出现频次最高的职责，有 24 个省、自治区、直辖市将该项职责纳入省级学位委员会主要职责当中，这对应了国务院学位委员会规定的省级学位委员会"结合本地区经济、科学技术和社会发展的需要，统筹规划本地区的学位与研究生教育工作"的职责；"检查和评估各级学位授予质量"同样被超过一半的省、自治区、直辖市纳入学位委员会工作职责，这对应着"按国务院学位委员会有关规定对本地区……硕士学位授予学科和专业学位授予质量……博士学位质量进行检查和评估"。

　　经过近 20 年的发展，省级学位委员会的工作权限和领域有所扩大，各个省级学位委员会根据需要补充了新的工作职责，包括：协调指导区域内重点学科建设、统筹建设区域内各类科研平台、指导和推进"产学研"合作、"211 工程"和"985 工程"高校建设、推进研究生教育管理信息化、研究生教育相关政策制定与制度建设、高层次人才遴选和管理、统筹规划区域内学科专业布局、参与确定区域内研究生招生计划、支持开展研究生导师培训与交流、组织开展研究生培养基地建设、协调部属高校建设、组织协调区域内"双一流"建设和统筹推进研究生教育国际化等。值得一提的是，省级学位委员会拥有的国务院规定之外的职责，在一定程度上受到其机构设置的影响，如与科技处共设的7个省级学位委员会更加重视研究生教育与科技的协同发展，均将"指导和推进'产学研'合作""统筹建设区域内各类科研平台"纳入其工作职能范围。

4.3.2 省级学位组织实际工作职能

省级学位委员会及其办事机构的主要工作职责是省级人民政府赋予省级学位委员会的官方职责描述，究竟是否与其实际工作的职责相符，还需要进一步考察省级学位委员会在实际的学位管理与研究生教育工作中承担的职责。

与各省级学位委员会的工作职责描述相比，其实际工作职责则均有所调整。如仅有12个省级学位委员会职责描述中提到了"重点学科建设管理"，占38.71%，然而在实际的工作中，有73.90%的省级学位委员会履行了此项职能（图4-4）。

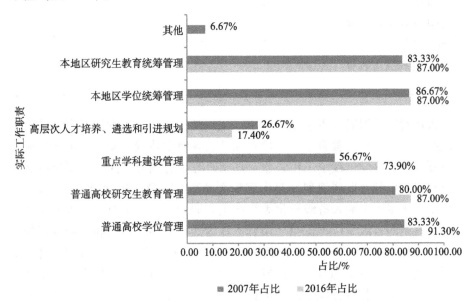

图4-4 省级学位委员会的主要职能（2007年、2016年）

将2016年进行的调查问卷结果，与2007年"省级地方学位委员会功能作用研究"课题组的调查结果进行比较发现，整体而言，经过近十年的发展，各省级学位委员会的主要工作职能没有显著的变化，且"本地区研究生教育统筹管理""本地区学位统筹管理""普通高校研究生教育管理"和"普通高校学位管理"一直都是大部分省份学位委员会的工作重点，投入到这些方面工作的省份均超过了80%，且到2016年，进行"普通高校学位管理"的省级学位委员会达到了91.3%；虽然大部分省级学位委员会的职责都涉及这些方面，但是经过十年的发展，仍有更多的地区投入到了这些工作当中。另外，"重点学科建设管理"在 2007 年虽只得到半数省级学位委员会的重视，但十年间，参与此项工作的省份占比增长了近 20 百分点，到 2016 年，参与重点学科建设管理的省份达到了 73.90%。

然而，"高层次人才培养、遴选和引进规划"工作则逐渐退出了很多省级学位委员会的职责范围。2007 年，有 26.67% 的省级学位委员会承担了"高层次人才培养、遴选和引进规划"工作，到了 2016 年，则仅有 17.40% 的省级学位委员会参与此项工作。可见近十年来，省级学位委员会的工作重心逐步向培养单位下移，更加注重组建研究生教育相关团队，重视引、育结合。

4.4　省级学位委员会参与研究生教育治理的过程

4.4.1　省级学位委员会的治理机制

为了区域内学位与研究生教育的发展提供支持与服务，省级学位委员会运用多种治理机制实现学位管理与研究生教育工作，而作为省级人民政府设立的机构，各省级学位委员会的治理机制也有所不同。

各省、自治区、直辖市参与治理学位与研究生教育的机制主要有四种，即政策、立法、经费和评估（图 4-5）。其中"政策"是指各省级学位委员会通过制定本区域学位与研究生教育政策，在区域内研究生培养单位的配合下实现政策目标；"立法"是指通过制定地方性法律法规来参与学位与研究生教育治理；"经费"是指通过经费的下拨来影响区域内研究生培养单位；"评估"是指通过开展质量评估，保障区域内研究生培养与学位授予的质量。

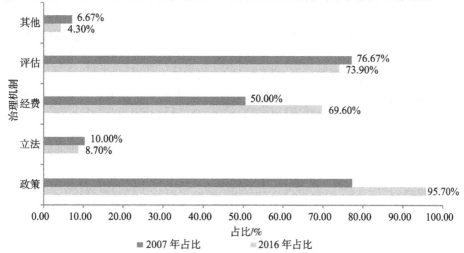

图 4-5　省级学位委员会参与治理学位与研究生教育的机制（2007 年、2016 年）

2016 年，被各省级学位委员会采用较多的治理机制是政策、评估和经费。政策是最为普遍的机制，有 95.7% 的省级学位委员会通过政策实现本地区学位与研究生教育的治理；其次是评估机制，各省级学位委员会有权对本地区研究生学位授予质量进行检查和评估，拥有提出撤销或暂停本地区不合格的硕士、博士学位授予单位有关学科、专业或单位建议的权力，因而各省级学位委员会通过开展对本地区研究生培养单位的研究生培养质量和学位授予质量的评估，来实现研究生教育的治理，有 73.9% 的省采用此机制；再次是经费机制，经费是保障研究生教育开展的基础，也是治理的重要杠杆，全国有 69.6% 的省级学位委员会采用了经费机制；最后是立法，我国宪法规定，地方人民政府有制定地方法律法规的权力，部分省级学位委员会在得到地方人民政府的授权后，通过制定相关地方法律法规来实现区域内研究生教育的治理。

与"省级地方学位委员会功能作用研究"课题组 2007 年的调查结果相比，各省级学位委员会的治理机制经过近十年的发展，仍保持稳定。评估机制的使用率稍有下降，更多省级学位委员会开始运用经费来调整和发展本地区研究生教育，这与省级人民政府对研究生教育的愈加重视和越来越多的经费投入分不开。

4.4.2 省级学位委员会的治理方式

省级学位组织依据国务院学位委员会授予的各项职责，以及省级人民政府提供的各类资源，针对区域内学位授予单位开展工作，参与研究生教育的治理。根据省级学位委员会官方的职能描述和其实际工作职能，其参与研究生教育治理的方式包括：制定区域内学位与研究生教育发展规划、研究生教育相关政策制定与制度建设、统筹规划区域内学科专业布局、审核和评估区域内学位授权、组织协调区域内"双一流"建设、合理确定区域内研究生招生计划、协调指导区域内重点学科建设、统筹建设区域内各类科研平台、统筹保障研究生教育经费投入、协调区域内部属高校与省属高校关系、组织开展学位论文抽检评优等、组织开展研究生课程建设、组织开展研究生创新实践活动、组织开展研究生实践基地建设、支持开展研究生导师培训与交流、统筹推进研究生教育国际化、推进研究生教育管理信息化以及组织研究生管理干部交流与培训等。

据此，笔者对全国 326 家研究生学位授予单位的研究生教育管理者进行了问卷调查。问卷围绕受访者对省级统筹方式的认知重要性和执行满意度展开。

（1）治理方式的认知重要性

从学位授予单位的研究生教育管理者（以下简称"管理者"）对研究生

教育治理中省级统筹方式的重要性认知程度来看，"统筹保障研究生教育经费投入"（重要程度 89.75%）和"制定区域内学位与研究生教育发展规划"（重要程度 89.50%）最为重要（详见图4-6、附录4）。96.32% 的管理者认为"统筹保障研究生教育经费投入"重要或非常重要，96.63% 的管理者认为"制定区域内学位与研究生教育发展规划"重要或非常重要。另一些治理方式在学位授予单位的管理者看来则没有那么重要，调查结果显示，"协调区域内部属高校与省属高校关系"（重要程度 77.00%）、"组织开展研究生课程建设"（重要程度 78.00%）和"统筹建设区域内各类科研平台"（重要程度 78.25%）是被管理者认为最不重要的治理方式，分别有 23.31%、17.48% 和 18.40% 的管理者认为这三种方式不重要或非常不重要。

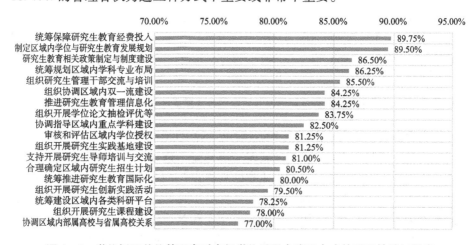

图4-6　学位授予单位管理者对省级学位委员会治理方式的重要性认知程度

总体而言，管理者对省级学位组织参与研究生教育治理过程的不同方式的重要性认知程度存在差异，部分方式更受管理者认同和重视，部分方式则尚未引起管理者的足够认同与重视。为了进一步阐明这一点，继续采用层次聚类分析法，将管理者对省级学位组织参与研究生教育治理过程的不同方式进行 R 型聚类分析。结果显示（图4-7），从管理者对主要治理方式的重要性认知程度来看，"制定区域内学位与研究生教育发展规划""统筹规划区域内学科专业布局""研究生教育相关政策制定与制度建设"和"统筹保障研究生教育经费投入"无疑是最重要的方式，这些方式是省级学位组织参与区域内研究生教育治理的重要抓手；"协调区域内部属高校与省属高校关系"在管理者看来，重要程度最低；而其他方式，如"组织开展研究生课程建设""组织开展学位论文抽检、评优等"的重要程度处于中间状态。

因此，本研究将"制定区域内学位与研究生教育发展规划""统筹规划区域内学科专业布局""研究生教育相关政策制定与制度建设"和"统筹保障

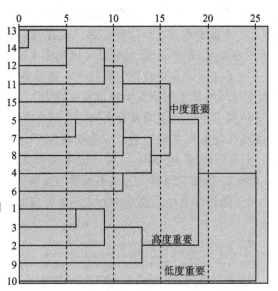

图 4 – 7 省级学位组织参与研究生教育治理方式重要性认知程度的聚类树形图

研究生教育经费投入"概括为管理者认知中的高度重要治理方式;"审核和评估区域内学位授权""组织协调区域内'双一流'建设""合理确定区域内研究生招生计划""协调指导区域内重点学科建设""统筹建设区域内各类科研平台""组织开展学位论文抽检评优""组织开展研究生课程建设""组织开展研究生创新实践活动""组织开展研究生实践基地建设""支持开展研究生导师培训与交流""统筹推进研究生教育国际化""推进研究生教育管理信息化"以及"组织研究生管理干部交流与培训"为中度重要治理方式;而"协调区域内部属高校与省属高校关系"则为低度重要治理方式。

（2）治理方式的执行满意度

从管理者对省级学位组织参与研究生教育治理过程不同方式的执行满意度评价来看（详见图 4 – 8、附录 4），80% 以上的管理者对"组织开展学位论文抽检、评优等"（满意度 79.55%）、"审核和评估区域内学位授权"（满意度 75.60%）、"协调指导区域内重点学科建设"（满意度 74.02%）、"组织开展研究生创新实践活动"（满意度 73.62%）、"研究生教育相关政策制定与制度建设"（满意度 73.53%）等的实施或完成情况表示满意或非常满意。同时，管理者对"统筹推进研究生教育国际化"（满意度 66.44%）、"支持开展研究生导师培训与交流"（满意度 67.46%）、"推进研究生教育管理信息化"（满意度 68.66%）、"组织研究生管理干部交流与培训"（满意度 68.86%）和"统筹保障研究生教育经费投入"（满意度 69.09%）的满意度低于 70%。

可见，学位授予单位的管理者对省级学位委员会不同治理方式的满意度

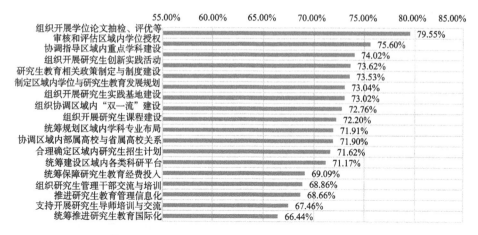

图 4 - 8　学位授予单位管理者对省级学位委员会治理方式的执行满意度

评价各有不同，对于被《关于加强省级人民政府对学位与研究生教育工作统筹权的意见》纳入省级学位委员会工作职责的治理方式，管理者的满意度普遍较高；而对于未被纳入其中的治理方式，尤其是尚未被写入省级学位委员会官方工作职责的方面，满意度则较低。

4.4.3　省级学位委员会的研究生教育治理成效

在省级学位委员会办公室管理者（如学位办主任）的自我评价中（图 4 - 9），2016 年，超过 50% 的管理者认为"本地区重点学科建设规划实施情况"（满意度 75.60%）、"本地区学位与研究生教育规划实施情况"（满意度 70.40%）和"统筹本地区学位与研究生教育的情况"（满意度 69.00%）好或很好；而对于"提供本省学位与研究生教育信息的情况"（满意度 62.60%）、"规划本地区研究生教育规模的情况"（满意度 62.60%）和"统筹本地区部属高校学位与研究生教育的方面的情况"（满意度 62.20%）仅有低于 30% 的管理者表示好或很好。

对比"省级地方学位委员会功能作用研究"课题组 2007 年的调查结果，整体而言，经过近十年的发展，省级学位委员会办公室管理者对省级学位委员会参与研究生教育治理的各方面成效的满意度均有所提升，且满意度的整体分布基本保持一致。"本地区学位与研究生教育规划实施情况"（$\Delta = 0.52$）、"省级学位委员会调整本地区研究生教育结构的情况"（$\Delta = 0.59$）、"本地区重点学科建设规划实施情况"（$\Delta = 0.56$）、"发挥部属高校对地方高等教育带动与辐射方面的成效"（$\Delta = 0.54$）是满意度提升幅度最大的治理成效，均超过了 0.5。可见，经过十年的发展，省级学位委员会对研究生教育治理的认识不断深化，治理能力得到显著提升，在研究生教育治理中的影响力以及治理成效也越来越好。

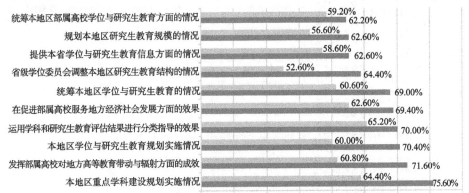

图4-9 省级学位委员会办公室管理者对参与研究生教育
治理效果的评价（2007年、2016年）

4.5 学位授予单位研究生教育管理者对省级学位委员会的评价

学位授予单位作为研究生教育治理的主体，同时也是省级学位委员会参与研究生教育治理的服务对象。

在学位授予单位管理者对省级学位委员会的评价中（详见图4-10、附录4），可以看到，认为实际情况非常符合或符合"能正确领会和及时传达研究生教育相关政策"（满意度79.91%）的管理者超过95%；认为非常符合或符合"工作人员服务意识强，服务态度好"（满意度76.76%）、"工作人员业务素质高，办事能力强"（满意度76.23%）、"有效地管理和指导本省研究生教育工作"（满意度74.85%）和"工作程序公开，政策信息透明"（满意度74.69%）的管理者超过85%；而仅有55.22%的管理者认为实际情况与"机构编制合理，工作人员充足"非常符合或符合。

由此可以看出，学位授予单位的管理者对于省级学位组织的日常工作，包括工作态度、传达国务院学位委员会的政策与规定、工作程序、管理和指导本地区研究生教育工作的评价较高，但有近一半的管理者认为现有的省级学位委员会人员数量难以满足实际工作的需要，因而向其他单位、机构借调工作人员成为省级学位委员会解决人员短缺问题的一项重要方式。省级学位委员会在通过经费支持本省研究生教育或向上级争取资金与优惠政策方面仍然有改进的空间，需要更大程度发挥其"为本省代言"的功能。

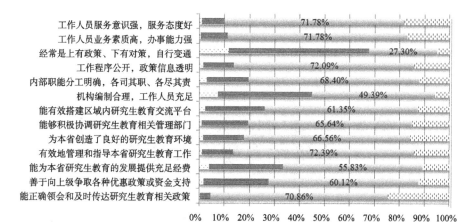

图 4 - 10　学位授予单位管理者对省级学位组织的评价

第 5 章　影响研究生教育治理中省级统筹效果的因素

本部分利用社会科学分析软件 SPSS，对问卷结果进行差异性分析和回归分析，进而探索影响学位授予单位对省级学位委员会满意度和治理方式执行满意度的原因，结合省级学位委员会办公室负责人的自我评价，总结出影响省级统筹效果的因素。

5.1　部分变量的探索

本书编制了《我国研究生教育省级统筹与服务质量调查问卷Ⅱ》。问卷共有四个维度的变量，分别为认知重要性、执行满意度、对省级学位委员会的评价和背景信息，前三个维度都是以量表的形式设计题项，而背景信息的题项则既包括选择题，也包括填空题。为了能够进一步探索变量之间的关系，需要先对背景信息的变量进行探索。此外，根据受访者填答问卷时的 IP 地址，加上部分受访者的工作邮箱（学位授予单位的邮箱地址），可以进一步分析受访者所在学位授予单位所属的省份。

首先通过 SPSS 对背景信息题项的"贵单位目前拥有的在读博士生和硕士生人数""目前已经从事研究生教育管理相关工作年限"的样本分布进行探索。根据受访者所在学位授予单位的在读硕士生和博士生分布（图 5 - 1、图 5 - 2），可依据在读硕士生规模将样本分为"0 ~ 4000 人"与" >4000 人"两个类别；依据在读博士生规模将样本分为"0 ~ 1250 人"与" >1250 人"两个类别。

然后依照同样的方法，对受访者从事研究生教育管理相关工作年限的样本分布进行探索（图 5 - 3），可依据被调查者从事研究生教育管理相关工作的年限将样本分为"0 ~ 6 年"及" >6 年"两类。

此外，根据受访者填答问卷的 IP 归属地，以及部分受访者的工作邮箱地址，对受访者所属学位授予单位所在的省份进行归类与分析（表 5 - 1），发

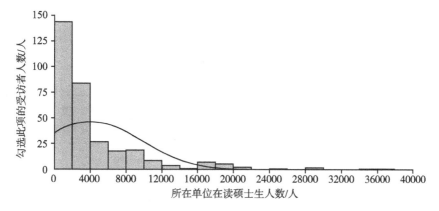

图 5 - 1　受访者所在学位授予单位在读硕士生人数分布

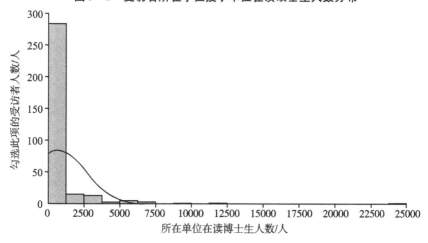

图 5 - 2　受访者所在学位授予单位在读博士生人数分布

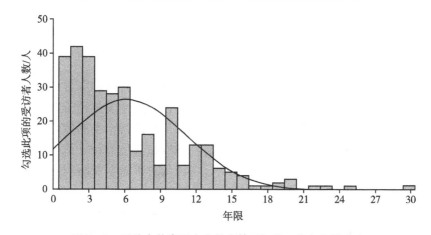

图 5 - 3　受访者从事研究生教育管理相关工作年限的分布

现样本共覆盖了我国大陆地区 31 个省、自治区、直辖市中除青海省与海南省之外的 29 个，且各省、自治区、直辖市参与问卷调查的学位授予单位数量与我国 2015 年博士、硕士学位授予点的分布也大致一致。

表 5 - 1　受访者所属学位授予单位所在省份分布

省份	学位授权单位数量	所占比例	省份	学位授权单位数量	所占比例	省份	学位授权单位数量	所占比例
北京	40	12.27%	福建	14	4.29%	山西	5	1.53%
江苏	22	6.75%	浙江	13	3.99%	西藏	5	1.53%
陕西	21	6.44%	吉林	11	3.37%	贵州	5	1.53%
四川	20	6.13%	内蒙古	10	3.07%	广西	4	1.23%
广东	17	5.21%	云南	9	2.76%	黑龙江	4	1.23%
河北	16	4.91%	辽宁	9	2.76%	宁夏	3	0.92%
湖北	16	4.91%	天津	8	2.45%	新疆	3	0.92%
上海	15	4.60%	江西	9	2.45%	甘肃	3	0.92%
重庆	15	4.60%	湖南	8	2.45%	安徽	1	0.31%
山东	14	4.29%	河南	7	2.15%			

5.2　差异性分析

5.2.1　重要性认知程度的差异性分析

本研究假设，不同背景的管理者对省级研究生教育治理各方式的重要性认知程度存在显著差异。具体而言，受访者所在研究生学位授予单位的在读博士生数量（因各学位授予单位的在读硕士生与在读博士生的数量有相似的趋势，因而选择博士生数量作为分类依据）和所在省份受访者从事研究生教育管理相关工作的年限、所处行政级别，均使其对省级学位组织研究生教育各治理方式的重要性认知程度存在显著差异。

以受访者所在学位授予单位在读博士生的数量、受访者从事研究生教育管理相关工作的年限分组，进行 t 检验，差异性分析的结果如下（表 5 - 2，表中仅列出具有显著差异的治理方式）。

第一，在读博士生数量较少（4000 人及 4000 人以内）的学位授予单位的管理者对省级学位委员会通过"合理确定区域内研究生招生计划""组织开展学位论文抽检、评优等""组织开展研究生课程建设""组织开展研究生创新实践活动"和"统筹推进研究生教育国际化"五种方式参与研究生教育治理的重要性认知程度，显著高于在读博士生数量较多（多于 4000 人）的学位授予单位的管理者。

第二，参与研究生教育管理相关工作时间较短（6 年及 6 年以内）的管理者对省级学位委员会通过"审核和评估区域内学位授权""协调指导区域内重点学科建设""统筹建设区域内各类科研平台""统筹保障研究生教育经费投入""推进研究生教育管理信息化"五种方式参与研究生教育治理的重要性认知程度，显著高于工作时间较长（6 年以上）的学位授予单位的管理者。

表 5－2　以在读博士生数量和工作年限分组进行管理者对研究生教育省级治理方式重要性认知程度的差异性分析

项目	均值	标准差	均值	标准差	t 值
	在读博士生 ≤4000 人		在读博士生 >4000 人		
合理确定区域内研究生招生计划	3.25	0.04	3.07	0.11	1.48*
组织开展学位论文抽检、评优等	3.37	0.04	3.23	0.11	1.32*
组织开展研究生课程建设	3.17	0.04	2.84	0.11	2.72***
组织开展研究生创新实践活动	3.21	0.04	3.00	0.11	1.79**
统筹推进研究生教育国际化	3.22	0.04	3.05	0.10	1.53**
项目	工作年限 ≤6 年		工作年限 >6 年		
审核和评估区域内学位授权	3.33	0.05	3.11	0.07	2.65***
协调指导区域内重点学科建设	3.35	0.05	3.21	0.06	1.66**
统筹建设区域内各类科研平台	3.19	0.05	3.04	0.66	1.63*
统筹保障研究生教育经费投入	3.63	0.04	3.51	0.06	1.68**
推进研究生教育管理信息化	3.43	0.05	3.26	0.06	2.19**

$N=326$，*** $p \leq 0.01$，** $p \leq 0.05$，* $p < 0.1$（N 指分析此表对应的有效问卷数量，下同）

由于管理者所处行政级别及其所在学位授予单位所属省份两个变量的分

类均超过三组，因而这两个维度的重要性认知程度的差异性比较，需要进行单因素方差（ANOVA）分析，且对各组间存在显著差异的治理方式进一步进行事后分析，以判断出组间差异。分析结果如下（行政级别组间差异见表5-3，学位授予单位所属省份组间差异的事后分析见表5-4，因报表篇幅过大，各省份管理者对有显著差异的治理方式的重要性认知程度评价的均值与标准差详见附录6.1）。

表5-3 不同行政级别管理者对研究生教育省级治理方式重要性认知程度的差异性分析

项目	校级		处级		科级		其他		F	事后比较（LSD法）
	M	SD	M	SD	M	SD	M	SD		
统筹规划区域内学科专业布局	3.00	0.00	3.56	0.58	3.37	0.76	3.40	0.73	2.81**	处级 > 科级

N = 326, *** p ≤ 0.01, ** p ≤ 0.05, * p < 0.1

表5-4 各省份学位授予单位管理者对研究生教育省级治理方式重要性认知程度差异的事后分析（LSD法）

省级治理方式	对省级治理方式重要性认知程度差异
统筹规划区域内学科专业布局	江苏 > 北京 > 广东；吉林 > 北京；江西 > 北京；西藏 > 北京；陕西 > 广东；四川 > 广东；河北 > 广东；湖北 > 广东；重庆 > 广东；山东 > 广东；福建 > 广东；吉林 > 广东；内蒙古 > 广东；云南 > 广东；辽宁 > 广东；天津 > 广东；江西 > 广东；湖南 > 广东；河南 > 广东；西藏 > 广东；贵州 > 广东；广西 > 广东；黑龙江 > 广东；重庆 > 上海；山东 > 上海；福建 > 上海；四川 > 上海；吉林 > 上海；内蒙古 > 上海；江西 > 上海；湖南 > 上海；江苏 > 上海；西藏 > 上海；江苏 > 浙江；重庆 > 浙江；吉林 > 浙江；江西 > 浙江；吉林 > 宁夏；江西 > 宁夏；西藏 > 宁夏；江苏 > 宁夏；西藏 > 陕西；吉林 > 山西；西藏 > 山西
组织开展研究生课程建设	湖南 > 上海 > 广西；重庆 > 北京 > 广西；重庆 > 江苏 > 内蒙古；重庆 > 陕西 > 广西；重庆 > 上海；重庆 > 四川 > 广西；重庆 > 广东；重庆 > 河北；重庆 > 山东；重庆 > 福建；重庆 > 吉林；重庆 > 广西；重庆 > 宁夏；重庆 > 新疆；湖南 > 北京；河南 > 北京；河北 > 广西；浙江 > 广西；内蒙古 > 广西；云南 > 广西；山东 > 广西；辽宁 > 广西；天津 > 广西；河南 > 广西；贵州 > 广西；黑龙江 > 广西；甘肃 > 广西；江西 > 广西；湖南 > 广西；湖南 > 四川；湖南 > 宁夏；湖南 > 新疆；河南 > 江西；湖南 > 广东；湖南 > 山东；湖南 > 福建；湖南 > 吉林；湖南 > 湖北；重庆 > 湖北；

续表

省级治理方式	对省级治理方式重要性认知程度差异
	云南＞湖北；河南＞湖北；西藏＞湖北；西藏＞广东；西藏＞广西； 西藏＞宁夏；西藏＞新疆；河南＞新疆；河南＞上海；河南＞江苏； 河南＞陕西；河南＞四川；河南＞广东；河南＞河北；河南＞宁夏； 云南＞广东；河南＞山东；河南＞吉林；河南＞内蒙古； 河南＞福建；浙江＞福建；云南＞福建；辽宁＞福建；天津＞福建； 黑龙江＞福建；西藏＞吉林；云南＞上海
统筹推进研究生 教育国际化	湖南＞江苏＞广东；陕西＞广东；北京＞四川；陕西＞四川； 河北＞四川；重庆＞四川；山东＞四川；内蒙古＞四川； 云南＞四川；江西＞四川；湖南＞四川；河南＞四川； 西藏＞四川；黑龙江＞四川；宁夏＞四川；甘肃＞四川； 北京＞广东；河北＞广东；上海＞广东；重庆＞广东； 山东＞广东；吉林＞广东；内蒙古＞广东；云南＞广东； 辽宁＞广东；江西＞广东；湖南＞广东；河南＞广东；西藏＞广东； 黑龙江＞广东；宁夏＞广东；甘肃＞广东；河北＞湖北； 重庆＞湖北；山东＞湖北；内蒙古＞湖北；云南＞湖北； 江西＞湖北；湖南＞湖北；河南＞湖北；西藏＞湖北；宁夏＞湖北； 重庆＞浙江；重庆＞浙江；陕西＞浙江；内蒙古＞浙江； 云南＞浙江；江西＞浙江；湖南＞浙江；河南＞浙江；西藏＞浙江； 宁夏＞浙江；甘肃＞浙江；河北＞浙江；河北＞天津；云南＞天津； 江西＞天津；湖南＞天津；河南＞天津；西藏＞天津；甘肃＞天津； 湖南＞福建；河北＞福建

注：因本题项中安徽省的有效样本量为1，无法进行 ANOVA 分析，所以此项分析未纳入安徽省样本。

第一，整体而言，不同行政级别的管理者对省级学位组织参与研究生教育治理各方式的重要性认知程度基本相同，但对"统筹规划区域内学科专业布局"的重要性认知程度存在差异；对其进行事后分析发现，处级管理者对此种方式的重要性认知程度显著高于科级管理者。

第二，管理者所在学位授予单位所属的省份，对其"统筹规划区域内学科专业布局""组织开展研究生课程建设""统筹推进研究生教育国际化"等治理方式的重要性认知程度有显著影响，而对其他治理方式则无显著影响。进一步，根据重要性认知程度差异的事后分析可以发现，就"统筹规划区域内学科专业布局"而言，广东、上海、宁夏、浙江的学位授予单位的管理者认为其重要性程度较低，并显著低于江苏、吉林、西藏等省份的学位授予单位的管理者；对"组织开展研究生课程建设"的重要性认知程度，重庆、河

南、湖南等省份的学位授予单位的管理者显著高于广西、湖北和福建的学位
授予单位的研究生教育管理者；广东、湖北、天津的学位授予单位的管理者
对"统筹推进研究生教育国际化"的重要性认知程度，显著较低。

5.2.2 执行满意度的差异性分析

本研究假设，不同背景的管理者对省级研究生教育治理各方式的执行满
意度存在显著差异。具体而言，受访者所在学位授予单位的博士生数量（因
各学位授予单位的硕士生与博士生的数量有相似的趋势，因而选择博士生数
量作为分类依据）和所在省份，受访者从事研究生教育管理相关工作的年限、
所处行政级别，均使其对省级学位组织研究生教育各治理方式的执行满意度
存在显著差异。

以受访者所在学位授予单位在读博士生的数量、受访者从事研究生教育
管理相关工作的年限分组，进行 t 检验，差异性分析的结果如下（表 5 – 5，
表中仅列出具有显著差异的治理方式）。

第一，省级学位组织的 18 种治理方式中，在读博士生数量较少（4000 人
及 40000 人以内）的学位授予单位的管理者对其中 15 种治理方式的执行满意
度显著高于在读博士生数量较多（多于 4000 人）的学位授予单位的管理者。

第二，参与研究生教育管理相关工作时间较短（6 年及 6 年以内）的管
理者对省级学位委员会参与研究生教育治理 18 种方式中的 15 种方式的执行
满意度显著高于工作时间较长（6 年以上）的管理者。

表 5 – 5　以在读博士生数量和工作年限分组进行管理者对研究生
教育省级治理方式执行满意度的差异性分析

项目	均值	标准差	均值	标准差	t 值
	在读博士生 ≤4000 人		在读博士生 >4000 人		
研究生教育相关政策制定与制度建设	2.64	0.06	2.39	0.18	1.46*
统筹规划区域内学科专业布局	2.48	0.07	2.11	0.21	1.88**
审核和评估区域内学位授权	2.74	0.06	2.45	0.20	1.65**
组织协调区域内"双一流"建设	2.35	0.08	1.93	0.22	1.98**
合理确定区域内研究生招生计划	2.53	0.07	2.09	0.21	2.37***
协调指导区域内重点学科建设	2.60	0.07	2.25	0.21	1.85**
统筹建设区域内各类科研平台	2.32	0.07	2.00	0.21	1.57*
统筹保障研究生教育经费投入	2.42	0.07	1.77	0.21	3.45***

续表

项目	均值	标准差	均值	标准差	t 值
	在读博士生 ≤4000 人		在读博士生 >4000 人		
组织开展研究生课程建设	2.60	0.06	2.11	0.20	2.69 ***
组织开展研究生创新实践活动	2.68	0.62	2.16	0.20	2.96 ***
组织开展研究生实践基地建设	2.65	0.06	2.32	0.19	1.91 **
支持开展研究生导师培训与交流	2.25	0.72	1.64	0.21	3.09 ***
统筹推进研究生教育国际化	2.16	0.73	1.68	0.20	2.38 ***
推进研究生教育管理信息化	2.37	0.07	2.05	0.20	1.68 **
组织研究生管理干部交流与培训	2.50	0.06	2.07	0.19	2.41 ***
制定区域内学位与研究生教育发展规划	2.63	0.07	2.29	0.12	2.59 ***
研究生教育相关政策制定与制度建设	2.70	0.07	2.44	0.10	2.05 **
统筹规划区域内学科专业布局	2.54	0.08	2.23	0.12	2.24 ***
组织协调区域内"双一流"建设	2.46	0.08	1.99	0.13	3.17 ***
合理确定区域内研究生招生计划	2.56	0.08	2.32	0.11	1.81 **
协调指导区域内重点学科建设	2.63	0.08	2.41	0.12	1.64 *
统筹建设区域内各类科研平台	2.42	0.08	2.28	0.07	2.72 ***
统筹保障研究生教育经费投入	2.44	0.08	2.13	0.11	2.35 ***
协调区域内部属高校与省属高校关系	2.36	0.09	2.13	0.12	1.53 *
组织开展研究生课程建设	2.64	0.07	2.35	0.11	2.22 **
组织开展研究生实践基地建设	2.67	0.07	2.50	0.11	1.29 *
支持开展研究生导师培训与交流	2.31	0.09	1.91	0.11	2.79 ***
统筹推进研究生教育国际化	2.29	0.08	1.75	0.12	3.29 ***
推进研究生教育管理信息化	2.47	0.08	2.06	0.11	3.05 ***
组织研究生管理干部交流与培训	2.53	0.08	2.82	0.10	1.94 **

$N = 326$, *** $p \leqslant 0.01$, ** $p \leqslant 0.05$, * $p < 0.1$

对管理者所处行政级别及学位授予单位所属省份两个变量的执行满意度进行 ANOVA 分析，并对各组间存在显著差异的治理方式进一步进行事后分析，以判断出组间差异，并对行政级别组间差异（表 5 – 6）和各省份管理者对有显著差异的治理方式的执行满意度评价（表 5 – 7 和附录 5）进行进一步分析，结果如下。

表5-6 不同行政级别管理者对研究生教育省级治理方式执行满意度差异的事后分析

项目	校级		处级		科级		其他		F	事后比较 (LSD法)
	M	SD	M	SD	M	SD	M	SD		
统筹保障研究生教育经费投入	3.00	0.00	3.01	1.02	3.09	0.99	3.48	1.04	2.70**	其他>处级 其他>科级

N=326，*** p≤0.01，** p≤0.05，* p<0.1

表5-7 各省学位授予单位管理者对研究生教育省级治理方式
执行满意度差异的事后分析（LSD法）

研究生教育相关政策制定和制度建设 河北>陕西>吉林；重庆>北京>吉林；北京>江苏；四川>江苏；河北>江苏；重庆>江苏；山东>江苏；云南>江苏；江西>江苏；湖南>江苏；广西>江苏；重庆>陕西；山东>陕西；云南>陕西；河北>吉林；四川>吉林；湖北>吉林；浙江>吉林；内蒙古>吉林；云南>吉林；辽宁>吉林；天津>吉林；江西>吉林；湖南>吉林；河南>吉林；贵州>吉林；广西>吉林；黑龙江>吉林；重庆>吉林;山东>吉林；山东>宁夏；河北>宁夏；河北>福建；河北>上海；重庆>上海；重庆>浙江；重庆>内蒙古；重庆>山西；重庆>宁夏；重庆>福建；云南>福建；山东>福建；山东>广东

总体 上海>北京>广东；上海>湖北>黑龙江；重庆>北京>浙江；重庆>山东>福建；湖南>山东>浙江；重庆>广东>辽宁；重庆>四川>吉林；重庆>陕西>吉林；湖南>北京>吉林；湖南>内蒙古>黑龙江>云南；湖南>四川>黑龙江；上海>四川>浙江；江苏>陕西；江苏>四川；江苏>广东；江苏>河北;江苏>湖北；江苏>福建；江苏>浙江；江苏>吉林；江苏>黑龙江；江苏>宁夏；上海>广东；湖南>陕西；湖南>广东；河南>广东；上海>河北；重庆>河北；湖南>河北；重庆>湖北；上海>福建；上海>浙江；上海>吉林；上海>内蒙古；上海>黑龙江；上海>宁夏；重庆>浙江>云南；重庆>吉林；重庆>内蒙古;重庆>云南；重庆>江西；重庆>西藏；重庆>贵州；重庆>广西；重庆>黑龙江；重庆>宁夏；重庆>新疆；重庆>甘肃；山东>黑龙江;湖南>福建；云南>浙江；辽宁>浙江；天津>浙江；湖南>浙江；河南>浙江；陕西>浙江；云南>吉林；辽宁>吉林；天津>吉林；湖南>吉林；河南>吉林；山西>吉林；辽宁>黑龙江；天津>黑龙江；江西>黑龙江；湖南>西藏；湖南>黑龙江;湖南>甘肃；河南>黑龙江；山西>黑龙江；贵州>黑龙江;北京>黑龙江

注：因本题项中安徽省的有效样本量为1，无法进行ANOVA分析，所以此项分析未纳入安徽省样本。

第一，整体而言，不同行政级别的管理者对省级学位组织参与研究生教育治理各方式的满意度基本相同，但对"统筹保障研究生教育经费投入"的满意度存在差异；对其进行事后分析发现，其他行政级别（除校级、处级、科级以外的行政级别，一般而言为科级以下的行政级别）的管理者的满意度显著高于处级与科级管理者。

第二，管理者所属省份对治理方式满意度的总体评价有显著影响。整体上看，重庆、江苏、湖南、上海的总体评价较高，而黑龙江的总体评价最低。管理者所在学位授予单位所属的省份，对"研究生教育相关政策制定和制度建设"治理方式的满意度有显著影响，而对其他治理方式则无显著影响。进一步，根据执行满意度差异的事后分析可以发现，江苏、陕西、云南、吉林等省份的学位授予单位的管理者满意度显著低于重庆、河北和山东等省份的学位授予单位的管理者。

5.2.3　对省级学位组织满意度的差异性分析

本研究假设，不同背景的管理者对省级学位组织的满意度存在显著差异。具体而言，受访者所在学位授予单位的博士生数量（因各学位授予单位的硕士生与博士生的数量有相似的趋势，因而选择博士生数量作为分类依据）和所在省份，受访者从事研究生教育管理相关工作的年限、所处行政级别，均使其对省级学位组织的满意度存在显著差异。

以受访者所在学位授予单位在读博士生的数量、受访者从事研究生教育管理相关工作的年限分组，进行 t 检验，差异性分析的结果如下（表 5 - 8，表中仅列出具有显著差异的治理方式）。

第一，管理者所处学位授予单位的在读博士生数量，并不会对管理者对省级学位委员会的满意度有显著影响。

第二，参与研究生教育管理相关工作时间较短（6 年及 6 年以内）的管理者对省级学位委员会"有效地管理和指导本省研究生教育工作""能够积极协调研究生教育相关部门""机构编制合理，工作人员充足""内部职能分工明确，各司其职、各尽其责""经常是上有政策、下有对策，自行变通"等方面的满意度显著高于相关工作时间较短（6 年以上）的管理者。

表 5 - 8　以工作年限分组进行管理者对省级学位组织满意度的差异性分析

项目	均值	标准差	均值	标准差	t 值
	工作年限 ≤6 年		工作年限 >6 年		
有效地管理和指导本省研究生教育工作	3.04	0.04	2.91	0.05	2.13**
能够积极协调研究生教育相关部门	2.99	0.04	2.88	0.06	1.50*
机构编制合理，工作人员充足	2.59	0.05	2.44	0.07	1.91**

续表

项目	均值	标准差	均值	标准差	t 值
	工作年限 ≤6 年		工作年限 >6 年		
内部职能分工明确，各司其职，各尽其责	2.94	0.04	2.81	0.06	1.73 **
经常是上有政策、下有对策，自行变通	2.34	0.05	2.10	0.06	2.87 ***
总体	2.90	0.42	2.81	0.46	1.73 **

N =326, *** p≤0.01, ** p≤0.05, * p<0.1

由于管理者所处行政级别及其所在学位授予单位所属省份两个变量的分类均超过三组，因而需要对这两个维度的执行满意度的差异性进行 ANOVA 分析，且对各组间存在差异的治理方式进一步进行事后分析，以判断出组间差异。分析结果如下（行政级别组间差异见表 5-9，各省份组间差异见表 5-10 和附录 5）。

表 5-9　不同行政级别管理者对省级学位组织满意度差异的事后分析

项目	校级 M	校级 SD	处级 M	处级 SD	科级 M	科级 SD	其他 M	其他 SD	F	事后比较（LSD 法）
能为本省研究生教育的发展提供充足经费	3.00	0.00	2.64	0.68	2.74	0.73	2.98	0.65	3.13 **	其他>处级
能积极协调研究生教育相关管理部门	3.00	0.00	2.86	0.60	2.99	0.60	3.10	0.65	2.34 *	科级>处级 其他>处级
能有效搭建区域内研究生教育交流平台	2.67	0.58	2.73	0.63	2.90	0.69	3.02	0.62	3.03 **	科级>处级
机构编制合理，工作人员充足	2.67	0.58	2.47	0.67	2.48	0.79	2.88	0.56	4.70 ***	其他>处级 其他>科级
内部职能分工明确，各司其职、各尽其责	2.67	0.58	2.81	0.63	2.90	0.67	3.12	0.48	3.19 **	其他>处级 其他>科级
经常是上有政策、下有对策，自行变通	2.00	1.00	2.13	0.61	2.25	0.76	2.62	0.81	5.92 ***	其他>处级 其他>科级

N =326, *** p≤0.01, ** p≤0.05, * p<0.1

表 5 – 10　各省份学位授予单位研究生教育管理者对省级学位组织各治理方式执行满意度差异的事后分析（LSD 法）

能正确领会和及时传达研究生教育相关政策	河北＞北京；重庆＞北京；内蒙古＞北京；宁夏＞北京；河北＞江苏；宁夏；重庆＞江苏；内蒙古＞江苏；河北＞陕西；重庆＞陕西；内蒙古＞陕西；新疆＞陕西；河北＞四川；重庆＞四川；内蒙古＞四川；新疆＞四川；河北＞广东；重庆＞广东；内蒙古＞广东；新疆＞广东；河北＞湖北；河北＞上海；河北＞山东；河北＞福建；河北＞浙江；河北＞吉林；河北＞云南；河北＞辽宁；河北＞天津；河北＞江西；河北＞山西；河北＞西藏；河北＞贵州；河北＞宁夏；湖北＞福建；湖北＞浙江；湖北＞宁夏；重庆＞上海；内蒙古＞上海；新疆＞上海；重庆＞山东；重庆＞福建；重庆＞浙江；重庆＞吉林；重庆＞云南；重庆＞辽宁；重庆＞天津；重庆＞江西；重庆＞山西；重庆＞西藏；重庆＞贵州；重庆＞宁夏；山东＞宁夏；内蒙古＞福建；湖南＞福建；广西＞福建；新疆＞福建；内蒙古＞浙江；广西＞浙江；新疆＞浙江；内蒙古＞吉林；广西＞吉林；内蒙古＞山西；内蒙古＞西藏；内蒙古＞贵州；内蒙古＞宁夏；云南＞宁夏；辽宁＞宁夏；湖南＞宁夏；新疆＞山西；新疆＞西藏；新疆＞贵州；广西＞宁夏；新疆＞宁夏
善于向上级争取各种优惠政策或资金支持	重庆＞北京；广西＞北京；河北＞江苏；重庆＞江苏；广西＞江苏；河北＞陕西；云南＞陕西；江西＞陕西；广西＞陕西；重庆＞四川；广西＞四川；重庆＞广东；广西＞广东；河北＞福建；河北＞浙江；河北＞吉林；河北＞辽宁；河北＞天津；河北＞河南；河北＞新疆；重庆＞湖北；广西＞湖北；重庆＞上海；广西＞上海；重庆＞山东；重庆＞福建；重庆＞浙江；重庆＞吉林；重庆＞内蒙古；重庆＞辽宁；重庆＞天津；重庆＞河南；重庆＞贵州；重庆＞宁夏；重庆＞新疆；广西＞福建；云南＞浙江；江西＞浙江；广西＞浙江；云南＞吉林；江西＞吉林；广西＞吉林；广西＞内蒙古；云南＞天津；云南＞河南；云南＞新疆；广西＞辽宁；江西＞天津；广西＞天津；江西＞河南；江西＞新疆；广西＞河南；广西＞宁夏
有效管理和指导本省研究生教育工作	重庆＞北京＞广东；湖南＞北京＞吉林；广西＞北京；重庆＞江苏；湖南＞江苏；广西＞江苏；河北＞陕西；重庆＞陕西；山东＞陕西；湖南＞陕西；广西＞陕西；重庆＞四川；湖南＞四川；广西＞四川；河北＞广东；重庆＞广东；山东＞广东；湖南＞广东；广西＞广东；新疆＞广东；重庆＞河北；吉林＞河北；重庆＞湖北＞吉林；重庆＞上海＞山东；湖南＞上海；广西＞上海；重庆＞山东；重庆＞福建；重庆＞浙江；重庆＞吉林；重庆＞内蒙古；重庆＞云南；重庆＞辽宁；重庆＞天津；重庆＞江西；重庆＞河南；重庆＞山西；重庆＞西藏；重庆＞贵州；重庆＞黑龙江；重庆＞宁夏；山东＞福建；山东＞吉林；湖南＞福建；广西＞福建；云南＞吉林；江西＞吉林；湖南＞吉林；广西＞吉林；新疆＞吉林；湖南＞天津；广西＞天津；湖南＞河南；湖南＞山西；湖南＞西藏；湖南＞宁夏；广西＞河南；广西＞山西；广西＞西藏；宁夏＞广西

为本省创造了良好的研究生教育环境	重庆 > 北京；湖南 > 北京；河北 > 江苏；湖南 > 江苏；河北 > 陕西；湖南 > 陕西；河北 > 四川；重庆 > 四川；湖南 > 四川；河北 > 广东；重庆 > 广东；湖南 > 广东；河北 > 福建；河北 > 浙江；河北 > 吉林；河北 > 天津；河北 > 江西；河北 > 河南；河北 > 山西；河北 > 西藏；河北 > 宁夏；河北 > 新疆；重庆 > 湖北；吉林 > 湖北；湖南 > 湖北；重庆 > 上海；重庆 > 山东；重庆 > 福建；重庆 > 浙江；重庆 > 吉林；重庆 > 天津；重庆 > 江西；重庆 > 河南；重庆 > 山西；重庆 > 西藏；重庆 > 宁夏；重庆 > 新疆；山东 > 吉林；湖南 > 浙江；内蒙古 > 吉林；云南 > 吉林；湖南 > 吉林；广西 > 吉林；黑龙江 > 吉林；湖南 > 辽宁；湖南 > 天津；湖南 > 河南；湖南 > 山西；湖南 > 西藏；湖南 > 宁夏；湖南 > 新疆
能够积极协调研究生教育相关管理部门	河北 > 北京；重庆 > 北京；重庆 > 江苏；河北 > 陕西；重庆 > 陕西；重庆 > 四川；河北 > 广东；重庆 > 广东；山东 > 广东；云南 > 广东；江西 > 广东；湖南 > 广东；广西 > 广东；黑龙江 > 广东；河北 > 湖北；河北 > 上海；河北 > 福建；河北 > 浙江；河北 > 吉林；重庆 > 湖北；重庆 > 上海；山东 > 上海；云南 > 上海；江西 > 上海；湖南 > 上海；广西 > 上海；黑龙江 > 上海；重庆 > 山东；重庆 > 福建；重庆 > 浙江；重庆 > 吉林；重庆 > 内蒙古；重庆 > 云南；重庆 > 辽宁；重庆 > 天津；重庆 > 河南；重庆 > 山西；重庆 > 西藏；重庆 > 贵州；福建 > 吉林；江西 > 福建；江西 > 浙江；江西 > 吉林
总体	江苏 > 北京 > 陕西；上海 > 北京 > 广东；重庆 > 北京 > 河北；北京 > 浙江；北京 > 吉林；北京 > 西藏；江苏 > 四川；江苏 > 广东；江苏 > 河北；湖北；江苏 > 山东；江苏 > 福建；江苏 > 浙江；江苏 > 吉林；江苏 > 内蒙古；江苏 > 西藏；江苏 > 黑龙江；江苏 > 甘肃；上海 > 陕西；重庆 > 陕西；湖南 > 陕西；河南 > 陕西；上海 > 四川 > 西藏；重庆 > 四川；上海 > 广东；重庆 > 广东；湖南 > 广东；重庆 > 河北；上海 > 河北；湖南 > 河北；湖南 > 河北；上海 > 湖北 > 西藏；重庆 > 湖北；上海 > 山东；上海 > 福建；上海 > 浙江；上海 > 吉林；上海 > 内蒙古；上海 > 云南；上海 > 辽宁；上海 > 江西；上海 > 天津；上海 > 西藏；上海 > 山西；上海 > 贵州；上海 > 广西；上海 > 宁夏；上海 > 甘肃；重庆 > 山东；重庆 > 福建；重庆 > 浙江；重庆 > 吉林；重庆 > 内蒙古；重庆 > 云南；重庆 > 辽宁；重庆 > 天津；重庆 > 江西；重庆 > 山西；重庆 > 西藏；重庆 > 贵州；重庆 > 广西；重庆 > 黑龙江；重庆 > 宁夏；重庆 > 甘肃；山东 > 西藏；福建 > 西藏；云南 > 浙江；辽宁 > 浙江；天津 > 浙江；湖南 > 浙江；河南 > 浙江；辽宁 > 吉林；湖南 > 吉林；河南 > 吉林；内蒙古 > 西藏；云南 > 西藏；辽宁 > 西藏；天津 > 西藏；江西 > 西藏；湖南 > 西藏；河南 > 西藏；贵州 > 西藏；黑龙江 > 西藏；新疆 > 西藏

　　第一，不同行政级别的管理者对省级学位组织参与研究生教育治理"能为本省研究生教育的发展提供充足经费""能积极协调研究生教育相关管理部门""能有效搭建区域内研究生教育交流平台""机构编制合理，工作人员充足""内部职能分工明确，各司其职、各尽其责""经常是上有政策、下有对策，自行变通"的满意度存在差异；对其进行事后分析发现，其他行政级别（除校级、处级、科级以外的行政级别，一般而言为科级以下的行政级别）的管理者的满意度显著高于处级与科级管理者，但就某些方面的满意度而言，科级高于处级。

　　第二，就管理者对省级学位组织的整体满意度而言，参与调查的 29 个省、自治区、直辖市中，西藏满意度最低，浙江、吉林较低，而重庆、湖南、上海、河南的满意度最高。对于省级学位组织具体方面的满意度评价，管理者所在学位授予单位所属的省份，对"能正确领会和及时传达研究生教育相关政策""善于向上级争取各种优惠政策或资金支持""有效管理和指导本省研究生教育工作""为本省创造了良好的研究生教育环境""能够积极协调研究生教育相关部门"等方面的满意度有显著影响，而对其他方面的满意度则无显著影响。进一步，根据满意度差异的事后分析可以发现，对于"能正确领会和及时传达研究生教育相关政策"，河北、内蒙古等省份的学位授予单位的管理者的满意度显著高于广东、陕西、江苏等；重庆、河北等省份的学位授予单位的管理者在"善于向上级争取各种优惠政策或资金支持""有效地管理和指导本省研究生教育工作""为本省创造了良好的研究生教育环境""能够积极协调研究生教育相关部门"等方面的满意度也显著高于其他省份。

5.3　IPA 分析

5.3.1　IPA 分析法及其修正

　　重要性及其表现分析法（Importance-Performance Analysis，IPA）最早出现于 1977 年，此后被普遍运用于服务业研究中。[①] 在对顾客进行问卷调查的基础上，传统的 IPA 分析以重要程度和绩效分别为 X 轴与 Y 轴，得到 4 个象限（图 5 - 4），大多数研究以满意度作为衡量绩效的指标。4 个象限中，Ⅰ象限的重要程度与绩效均为"高"，因而相对应的发展对策为继续努力（keep up the good work）；Ⅱ象限重要程度"低"，而绩效"高"，所以未来无须刻意追求（possible overkill）；Ⅲ象限既不重要，表现也不好，未来可将其纳入低

---

① Martilla, James. Importance-Performance Analysis [J]. Journal of Marketing, 1977 (41), 77 - 79.

优先事项（low priority）；Ⅳ象限则很重要，但表现不好，因此需要得到重点改进（concentrate here）。①

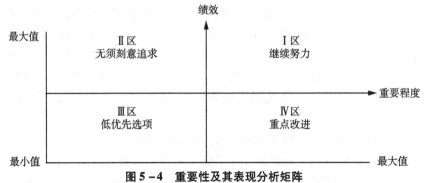

图 5 - 4　重要性及其表现分析矩阵

随着 IPA 分析法逐渐运用到多个研究领域，传统分析模型的局限性逐渐显露，学者也开始对其进行修正，相关研究如 IPA 分析法的修正及其在游客满意度研究中的应用②、基于负面 IPA 的入境游客对华环境风险感知研究等③，这也体现出 IPA 分析法随着研究需要不断演进的过程。

与商业、旅游领域追求利益最大化、满足顾客需求不同，研究生教育的发展不应完全遵循"顾客导向"，仍需要结合研究生教育的规律和本地区对研究生教育的需求，进而制订研究生教育发展方案。鉴此，本研究提出 IPA 分析的修正模型（图 5 -5）。在修正的 IPA 分析框架里，Ⅰ、Ⅱ、Ⅲ、Ⅳ象限分别对应"继续努力""加深认识""认识与行动并重""关注行动"四类发展策略。

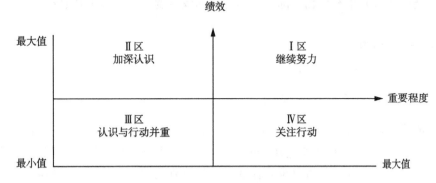

图 5 - 5　研究生教育发展重要性及其表现分析矩阵（修正）

①　程德年，周永博，魏向东，等. 基于负面 IPA 的入境游客对华环境风险感知研究 ［J］. 旅游学刊，2015（1）：54 - 62.

②　陈旭. IPA 分析法的修正及其在游客满意度研究的应用 ［J］. 旅游学刊，2013（11）：59 - 66.

③　程德年，周永博，魏向东，等. 基于负面 IPA 的入境游客对华环境风险感知研究 ［J］. 旅游学刊，2015（1）：54 - 62.

5.3.2　IPA 分析结果

（1）省级学位委员会工作职能重要程度与所受满意度的差异性分析

本研究基于学位授予单位管理者对省级学位委员会工作职能重要性认知程度与满意度的评价结果，进行均值差 t 检验（表 5 - 11）。可见，管理者对省级学位委员会 18 种工作职能的重要程度评价均显著高于满意度评价，显示出研究生教育省级统筹的实际效果与管理者的期望之间仍然存在显著差距。

表 5 - 11　学位授予单位管理者对省级学位委员会工作职能的重要性认知程度与满意度评价

省级学位委员会工作职能	重要程度		满意度		均值差异	t 值	显著性
	均值	标准差	均值	标准差			
1. 制定区域内学位与研究生教育发展规划	3.58	0.60	2.92	0.58	0.66	15.50	0.000
2. 统筹规划区域内学科专业布局	3.46	0.72	2.94	0.57	0.52	14.00	0.000
3. 组织协调区域内"双一流"建设	3.45	0.68	2.88	0.62	0.57	13.56	0.000
4. 组织开展学位论文抽检、评优等	3.25	0.71	3.02	0.52	0.23	5.40	0.000
5. 审核和评估区域内学位授权	3.37	0.68	2.91	0.62	0.46	8.26	0.000
6. 协调指导区域内重点学科建设	3.22	0.75	2.86	0.63	0.36	10.82	0.000
7. 统筹建设区域内各类科研平台	3.30	0.71	2.96	0.61	0.34	11.56	0.000
8. 协调区域内部属高校与省属高校关系	3.13	0.76	2.85	0.63	0.28	10.59	0.000
9. 合理确定区域内研究生招生计划	3.59	0.61	2.76	0.66	0.83	10.55	0.000
10. 组织开展研究生课程建设	3.08	0.82	2.88	0.65	0.20	9.01	0.000
11. 组织开展研究生创新实践活动	3.35	0.55	3.18	0.54	0.17	8.50	0.000
12. 组织开展研究生实践基地建设	3.12	0.75	2.89	0.64	0.23	9.45	0.000
13. 支持开展研究生导师培训与交流	3.18	0.71	2.94	0.62	0.24	14.56	0.000
14. 统筹推进研究生教育国际化	3.25	0.72	2.92	0.63	0.33	14.64	0.000
15. 研究生教育相关政策制定与制度建设	3.23	0.71	2.70	0.70	0.53	13.01	0.000
16. 统筹保障研究生教育经费投入	3.20	0.72	2.66	0.68	0.54	17.68	0.000
17. 推进研究生教育管理信息化	3.37	0.67	2.75	0.71	0.62	14.30	0.000
18. 组织研究生管理干部交流与培训	3.42	0.63	2.75	0.73	0.67	14.68	0.000

注：重要程度：1 = 非常不重要；2 = 不重要；3 = 重要；4 = 非常重要。满意度：1 = 非常不满意；2 = 不满意；3 = 满意；4 = 非常满意。

（2）省级学位委员会工作职能重要程度与所受满意度的 IPA 分析

运用修正的 IPA 分析方法，以培养单位研究生教育管理者对省级学位组织参与研究生教育治理方式的重要性认知为横轴，以这类管理者对治理方式的执行满意度为纵轴，绘制重要性认知—执行满意度矩阵（图 5 - 6）。其中位于 I 区的治理方式包括"制定区域内学位与研究生教育发展规划""统筹规划区域内学科专业布局""组织协调区域内双一流建设""组织开展学位论文抽检、评优等"，这些是管理者认为治理方式中相对重要且比较满意的方式。位于 II 区的治理方式包括"审核和评估区域内学位授权""协调指导区域内重点学科建设""统筹建设区域内各类科研平台""协调区域内部属高校与省属高校关系"，这些是管理者相对满意，但重要性认知相对较低的治理方式。位于 III 区的治理方式有"合理确定区域内研究生招生计划""组织开展研究生课程建设""组织开展研究生创新实践活动""组织开展研究生实践基地建设""支持开展研究生导师培训与交流""统筹推进研究生教育国际化"，这些是管理者的重要性认知不强，且满意度不高的治理方式。位于 IV 区的治理方式为"研究生教育相关政策制定与制度建设""推进研究生教育管理信息化""统筹保障研究生教育经费投入""组织研究生管理干部交流与培训"，这些治理方式是管理者认为较重要，但满意度评价较低的方式。

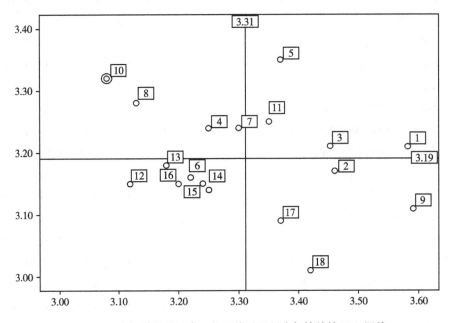

图 5 - 6　省级学位委员会工作职能重要程度与绩效的 IPA 评价

由此可见，该分析结果与学位管理与研究生教育工作的现实比较吻合。相对而言，外延式发展策略大多被认为非常重要，而研究生教育质量提升、内涵发展的受重视程度却普遍较低。

（3）IPA 模型修正及研究生教育省级统筹发展策略分析

在本研究中，作为受访者的管理者是接受省级学位委员会指导并与其具有合作关系的研究生教育治理主体之一，最终的策略制定不应完全建立在受访者评价的基础上，而是应该结合 IPA 分析结果和研究生教育发展的内在逻辑和需要。在研究生教育省级统筹中，18 项工作职能都是有效开展统筹工作的必要方面，均需要得到包括省级学位委员会和学位授予单位研究生教育管理者的重视。考虑到部分职能未得到足够重视，加上部分职能所受满意度较低，本研究提出适用于研究生教育省级统筹领域的修正 IPA 策略。

在这一修正的 IPA 框架中，象限 I 内工作职能的重要程度和绩效所受（满意度）都较高，是比较理想的统筹工作职能，在未来的发展中需要继续保持。

象限 II 内的工作职能虽然绩效较高，但是不被学位授予单位的管理者所重视，所以在未来的发展中，需要围绕这些工作职能，提升学位授予单位管理者对它们的重要性认知程度，尤其是有关研究生教育内涵建设的学科建设、科研平台建设方面，亟待得到重视。

象限 III 内的工作职能是未来研究生教育省级统筹发展的重点，既需要加强重要性认知方面的培训，也需要关注工作执行效果，提升学位授予单位的管理者对其绩效的满意度。且该区域集中了数量最多的工作职能（7 项），其中，如导师队伍建设、课程建设、实践基地建设、推进国际化等，均是提升研究生教育质量的核心和关键，尤其需要被关注。

象限 IV 内工作职能的重要性得到了普遍认同，但是其执行效果不甚理想，所以未来需要关注这些工作的具体行动。在政策制定和制度建设方面，省级学位委员会需要在统筹政府内部横向资源基础上，积极倾听研究生培养单位等相关治理主体的声音，在多边合作、沟通的基础上，制定出更适合区域内研究生教育发展的政策与制度体系；在完善制度体系的基础上，发挥统筹和上传下达的功能，保障研究生教育的经费投入；给予培养单位研究生教育管理者培训和交流的机会，提升其工作能力，这也是加深其对研究生教育省级统筹认识、改善工作效果的重要方式；最后，通过建立、改良管理信息系统来促进研究生教育管理信息化。

IPA 分析表明，学位授予单位的管理者对省级学位委员会在制定研究生教育区域发展规划、组织协调"双一流"建设和开展学位论文抽检与评优的评价方面，相对重视，且评价较高；而对推动研究生教育内涵发展的诸多方面，如组织开展研究生课程建设、支持开展研究生导师培训与交流的重要性认识和效果评价相对较低。然而，实践中的研究生教育省级统筹不应完全按照服务业中 IPA 分析得到的模式发展，而应在保障"继续努力"方面的同时，对其他不同方面分别按照"加深认识""认识与行动并重""关注行动"的策略发展。

5.4 影响省级治理方式执行满意度的因素——定序 Logistic 回归分析

本部分利用问卷资料以及第四章与第五章前两节的分析，用定序 Logistic 回归分析学位授予单位管理者相关信息与其对省级研究生教育治理方式满意度之间的关系。

以学位授予单位的研究生教育管理者对治理方式的满意度为因变量，以其背景因素及其对治理方式的重要性认知程度为自变量，应用定序 Logistic 回归展开分析，结果如表 5 – 12 所示。

表 5 – 12　研究生教育治理影响因素赋值

变量	赋值
对省级治理方式的满意度	非常不满意 = 1，不满意 = 2，满意 = 3，非常满意 = 4
对治理方式的重要性认知程度	非常不重要 = 1，不重要 = 2，重要 = 3，非常重要 = 4
所处省份	北京 = 1，江苏 = 2，陕西 = 3，四川 = 4，广东 = 5，河北 = 6，湖北 = 7，上海 = 8，重庆 = 9，山东 = 10，福建 = 11，浙江 = 12，吉林 = 13，内蒙古 = 14，云南 = 15，辽宁 = 16，天津 = 17，江西 = 18，湖南 = 19，河南 = 20，山西 = 21，西藏 = 22，贵州 = 23，广西 = 24，黑龙江 = 25，宁夏 = 26，新疆 = 27，甘肃 = 28，安徽 = 29
在读博士生数量	4000 人及 4000 人以内 = 0，4000 人以上 = 1
从事研究生教育管理相关工作年限	6 年及 6 年以内 = 0，6 年以上 = 1
所处行政级别	校级 = 1，处级 = 2，科级 = 3，其他 = 4

5.4.1 影响学位授予单位管理者对省级研究生教育治理方式整体满意度的因素

为了了解影响学位授予单位管理者对省级研究生教育治理方式满意度的因素，本研究应用定序 Logistic 回归模型，以管理者对省级治理方式整体满意度为因变量，探索重要性认知程度平均值、省份、学位授予单位在读博士生数量、管理者所处行政级别和从事研究生教育管理相关工作年限对满意度的影响。

根据统计结果（表 5 – 13）可知，模型的似然比检验显示，χ^2 为 64.26，且 P < 0.001，说明该定序回归模型是有意义的，拟合度较好（PseudoR^2 约为

0.03）。影响学位授予单位管理者对省级治理方式执行满意度的独立因素有：
重要性认知程度平均值和省份。具体而言，管理者对省级治理方式重要性的
评价，对满意度评价有显著影响，认知越重要，满意度越低（OR = 1.89，
95% CI = 1.24 - 2.88）；学位授予单位所在省份对满意度有显著影响，其中陕
西、广东、河北、福建、浙江、吉林、内蒙古、辽宁、云南、西藏、宁夏和
新疆境内学位授予单位的管理者相对于北京的学位授予单位的管理者，对省
级治理方式执行的整体满意度更高；而管理者所处的行政级别和所在学位授
予单位的在读博士生数量则与他们对省级治理方式的整体满意度无显著相关。

表 5 - 13　省级治理方式整体满意度影响因素的定序 Logistic 回归分析结果

LRchi2（31）= 64.26；Prob > chi2 = 0.0004；Pseudo R2 = 0.0295

变量	β	SE	Wald 值	P 值	OR 值	OR 95% CI
重要性认知程度平均值	0.64	0.21	9.09	0.003 ***	1.89	1.24 - 2.88
省份						
北京（对照）	0				1	
江苏	- 0.11	0.46	4.91	0.82	0.90	0.37 - 2.21
陕西	- 1.25	0.49	1.33	0.011 **	0.29	0.11 - 0.75
四川	- 0.39	0.52	0.13	0.45	0.68	0.24 - 1.87
广东	- 1.80	0.52	3.83	0.00 ***	0.17	0.06 - 0.46
河北	- 1.66	0.53	3.08	0.00 ***	0.19	0.07 - 0.53
湖北	- 0.50	0.56	0.08	0.37	0.61	0.20 - 1.81
上海	- 0.24	0.51	4.88	0.64	0.79	0.29 - 2.15
重庆	0.19	0.53	9.29	0.72	1.21	0.42 - 3.42
山东	- 0.77	0.56	0.76	0.18	0.46	0.15 - 1.41
福建	- 1.17	0.58	1.32	0.046 **	0.31	0.10 - 0.98
浙江	- 1.76	0.56	7.31	0.00 ***	0.17	0.06 - 0.52
吉林	- 1.77	0.64	1.94	0.00 ***	0.17	0.05 - 0.59
内蒙古	- 1.27	0.64	1.26	0.05 **	0.28	0.08 - 0.98
云南	- 1.07	0.63	0.57	0.091 *	0.34	0.10 - 1.19
辽宁	- 1.16	0.70	0.04	0.096 *	0.31	0.08 - 1.23
天津	0.07	0.72	0.69	0.93	1.07	0.26 - 4.39
江西	- 1.00	0.70	0.47	0.16	0.37	0.09 - 1.46
湖南	0.23	0.64	2.23	0.73	1.25	0.36 - 4.40
河南	0.24	0.67	0.74	0.72	1.27	0.34 - 4.77

续表

变量	β	SE	Wald 值	P 值	OR 值	OR 95% CI
山西	-0.16	0.74	0.62	0.83	0.85	0.20 - 3.67
西藏	-2.03	0.81	0.85	0.012 **	0.13	0.20 - 0.64
贵州	-0.98	0.82	0.71	0.23	0.37	0.07 - 1.87
广西	-1.14	0.92	0.56	0.22	0.32	0.05 - 1.95
黑龙江	-0.20	1.01	0.73	0.84	0.82	0.11 - 5.97
宁夏	-1.70	0.99	1.66	0.09 *	0.18	0.02 - 1.27
新疆	-2.03	0.91	0.63	0.03 **	0.13	0.02 - 0.78
甘肃	-0.84	1.01	0.43	0.41	0.43	0.06 - 3.14
安徽	0.27	1.45	1.73	0.86	1.31	0.08 - 22.71
在读博士生规模						
≤4000（对照）	0				1	
>4000	-0.39	0.22	2.71	0.23	0.88	0.56 - 1.36
所处行政级别						
校级（对照）	0				1	
处级	0.23	0.94	1.68	0.80	0.94	0.20 - 8.01
科级	0.43	0.94	2.01	0.65	1.53	0.24 - 9.67
其他	0.92	0.97	0.95	0.34	2.52	0.38 - 16.90
从事研究生教育管理相关工作年限						
≤6 年（对照）	0				1	
>6 年	-0.13	0.32	1.65	0.55	1.47	0.78 - 2.78

N = 326, *** p≤0.01, ** p≤0.05, * p<0.1

5.4.2 影响省级治理各方式执行满意度的因素

了解学位授予单位管理者对省级治理方式的整体满意度后，为了探索其对各治理方式的满意度，则需要根据他们对 18 种治理方式的执行满意度分别进行回归分析。

与前一节的回归分析方法类似，本研究分别对 18 种治理方式的满意度进行定序 Logistic 回归，回归结果汇总见表 5 - 14。根据分析结果可见：

（1）重要性认知程度对满意度的影响有限，仅对"协调指导区域内重点学科建设"和"统筹建设区域内各类科研平台"有显著影响，且存在的显著区别只体现在"不重要"对应的满意程度显著高于"非常不重要"对应的满意程度。

（2）所处省份不同对其满意度有显著影响。具体而言，以北京为参照组，与北京所属学位授予单位管理者满意度评价有显著差异的省份主要有江苏、重庆、上海、广东、河北等，且对于不同的治理方式，各省份的满意度也有所差异（详见表 5-17 第 4 列）。

（3）在读博士生数量对治理方式执行满意度的影响仅限于"制定区域内学位与研究生教育发展计划"与"研究生教育相关政策制定与制度建设"这两种方式，且满意度的差异均是"规模较大（>4000 人）"的学位授予单位的管理者满意度大于"规模较小（≤4000 人）"的学位授予单位的管理者。

（4）学位授予单位的管理者所处行政级别与其对省级治理各方式的满意度评价无显著相关。

（5）参与调查的管理者从事研究生教育管理相关工作的年限与其对大部分省级治理方式的满意度评价之间无显著相关，而对于"研究生教育相关政策制定与制度建设""支持开展研究生导师培训与交流""统筹推进研究生教育国际化"和"推进研究生教育管理信息化"四种方式而言，"工作时间较长（>6 年）"的管理者满意度高于"工作时间较短（≤6 年）"的管理者。

表 5-14　研究生教育省级治理各方式执行满意度影响因素的定序 Logistic 回归分析结果汇总

省级治理方式满意度	模型检验	重要性认知程度	省份	在读博士生数量	所处行政级别	研究生教育管理相关工作年限
制定区域内学位与研究生教育发展规划	$\chi^2 = 54.32$，P=0.03，伪 $R^2 = 0.11$	无显著影响	江苏<北京<河北；上海<北京<吉林；北京<湖南；北京<西藏	"数量较大"满意度较高	无显著影响	无显著影响
研究生教育相关政策制定与制度建设	$\chi^2 = 82.35$，P=0.00，伪 $R^2 = 0.17$	无显著影响	重庆<北京<陕西；北京<浙江；北京<吉林	"数量较大"满意度较高	无显著影响	"工作时间较长"满意度较高
统筹规划区域内学科专业布局	$\chi^2 = 58.06$，P=0.01，伪 $R^2 = 0.11$	无显著影响	重庆<北京<广东；北京<河北；北京<西藏；北京<广西	无显著影响	无显著影响	无显著影响

省级治理方式满意度	模型检验	重要性认知程度	省份	在读博士生数量	所处行政级别	研究生教育管理相关工作年限
审核和评估区域内学位授权	$\chi^2 = 87.73$，P = 0.00，伪 R² = 0.20	无显著影响	江苏 < 北京 < 福建；重庆 < 北京 < 吉林；北京 < 西藏	无显著影响	无显著影响	无显著影响
组织协调区域内"双一流"建设	$\chi^2 = 52.00$，P = 0.03，伪 R² = 0.11	无显著影响	江苏 < 北京 < 河北；重庆 < 北京 < 广西	无显著影响	无显著影响	无显著影响
合理确定区域内研究生招生计划	$\chi^2 = 81.05$，P = 0.00，伪 R² = 0.15	无显著影响	上海 < 北京 < 广东；重庆 < 北京；天津 < 北京；广西 < 北京	无显著影响	无显著影响	无显著影响
协调指导区域内重点学科建设	$\chi^2 = 62.70$，P = 0.00，伪 R² = 0.12	"不重要"满意度大于"非常不重要"	江苏 < 北京 < 广东；重庆 < 北京 < 河北；北京 < 福建；	无显著影响	无显著影响	无显著影响
统筹建设区域内各类科研平台	$\chi^2 = 79.45$，P = 0.00，伪 R² = 0.16	"不重要"满意度大于"非常不重要"	江苏 < 北京；上海 < 北京；重庆 < 北京；河南 < 北京	无显著影响	无显著影响	无显著影响
统筹保障研究生教育经费投入	$\chi^2 = 70.91$，P = 0.00，伪 R² = 0.13	无显著影响	重庆 < 北京 < 广东；湖南 < 北京 < 浙江；北京 < 宁夏	无显著影响	无显著影响	无显著影响
协调区域内部属高校与省属高校关系	$\chi^2 = 52.80$，P = 0.03，伪 R² = 0.10	无显著影响	北京 < 广东；北京 < 甘肃	无显著影响	无显著影响	无显著影响
组织开展学位论文抽检、评优等	$\chi^2 = 70.26$，P = 0.00，伪 R² = 0.14	"不重要"满意度大于"非常不重要"	江苏 < 北京；重庆 < 北京；辽宁 < 北京；山西 < 北京	无显著影响	无显著影响	无显著影响
组织开展研究生课程建设	$\chi^2 = 70.35$，P = 0.00，伪 R² = 0.13	无显著影响	重庆 < 北京；湖南 < 北京；山西 < 北京	无显著影响	无显著影响	无显著影响

续表

省级治理方式满意度	模型检验	重要性认知程度	省份	在读博士生数量	所处行政级别	研究生教育管理相关工作年限
组织开展研究生创新实践活动	$\chi^2 = 87.63$, P = 0.00, 伪 $R^2 = 0.16$	无显著影响	江苏 < 北京 < 浙江; 上海 < 北京; 江西 < 北京; 重庆 < 北京; 山东 < 北京; 湖南 < 北京	无显著影响	无显著影响	无显著影响
组织开展研究生实践基地建设	$\chi^2 = 48.76$, P = 0.06, 伪 $R^2 = 0.09$	无显著影响	江苏 < 北京 < 浙江; 上海 < 北京; 湖南 < 北京	无显著影响	无显著影响	无显著影响
支持开展研究生导师培训与交流	$\chi^2 = 75.40$, P = 0.00, 伪 $R^2 = 0.15$	无显著影响	上海 < 北京 < 广东; 重庆 < 北京 < 内蒙古; 广西 < 北京	无显著影响	无显著影响	"工作时间较长"满意度较高
统筹推进研究生教育国际化	$\chi^2 = 75.42$, P = 0.00, 伪 $R^2 = 0.14$	无显著影响	北京 < 广东; 北京 < 河北; 北京 < 山东; 北京 < 宁夏; 北京 < 甘肃	无显著影响	无显著影响	"工作时间较长"满意度较高
推进研究生教育管理信息化	$\chi^2 = 47.14$, P = 0.10, 伪 $R^2 = 0.08$	无显著影响	北京 < 广东; 北京 < 福建; 北京 < 浙江	无显著影响	无显著影响	"工作时间较长"满意度较高
组织研究生管理干部交流与培训	$\chi^2 = 77.11$, P = 0.00, 伪 $R^2 = 0.12$	无显著影响	重庆 < 北京 < 陕西; 山西 < 北京 < 内蒙古; 北京 < 四川; 北京 < 广东; 北京 < 河北; 北京 < 湖北; 北京 < 福建; 北京 < 浙江; 北京 < 云南; 北京 < 江西; 北京 < 河南; 北京 < 贵州; 北京 < 宁夏; 北京 < 甘肃	无显著影响	无显著影响	"工作时间较长"满意度较高

N = 326，p < 0.1 为具有显著影响

5.5 影响学位授予单位管理者对省级学位组织满意度的因素——定序 Logistic 回归分析

本部分应用定序 Logistic 回归分析学位授予单位管理者相关信息与其对省级学位组织的满意度之间的关系。

以对省级学位组织满意度为因变量，以学位授予单位管理者的背景因素以及对治理方式的重要性认知程度为自变量，应用定序 Logistic 回归展开分析，结果如表 5 – 15 所示。

表 5 – 15　省级学位组织满意度影响因素赋值

变量	赋值
对省级学位组织满意度	非常不满意 = 1，不满意 = 2，满意 = 3，非常满意 = 4
所处省份	北京 = 1，江苏 = 2，陕西 = 3，四川 = 4，广东 = 5，河北 = 6，湖北 = 7，上海 = 8，重庆 = 9，山东 = 10，福建 = 11，浙江 = 12，吉林 = 13，内蒙古 = 14，云南 = 15，辽宁 = 16，天津 = 17，江西 = 18，湖南 = 19，河南 = 20，山西 = 21，西藏 = 22，贵州 = 23，广西 = 24，黑龙江 = 25，宁夏 = 26，新疆 = 27，甘肃 = 28，安徽 = 29
在读博士生数量	4000 人及 4000 人以内 = 0，4000 人以上 = 1
从事研究生教育管理相关工作年限	6 年及 6 年以内 = 0，6 年以上 = 1
所处行政级别	校级 = 1，处级 = 2，科级 = 3，其他 = 4

5.5.1　影响省级学位组织整体满意度的因素

通过定序 Logistic 回归模型，以管理者对省级学位组织整体满意度为因变量，探索省份、学位授予单位的在读博士生数量、管理者所处行政级别和从事研究生教育管理相关工作年限对满意度的影响。

根据统计结果，模型的似然比检验显示，χ^2 为 95.91，且 P < 0.001，说明该定序回归模型是有意义的，拟合度较好（PseudoR^2 约为 0.05）。根据表 5 – 16 可知，仅有"省份"是影响学位授予单位管理者对省级学位满意度的独立因素。具体而言，陕西、四川、广东、河北、福建、浙江、吉林、西藏和安徽境内学位授予单位的管理者相对于北京的管理者，对省级学位组织的整体满意度更高；而江苏、上海和重庆的学位授予单位的管理者对省级学位组

织的满意度低于北京的管理者。

其他因素，包括学位授予单位的在读博士生数量、学位授予单位研究生教育管理者所处行政级别和其工作年限对满意度无显著影响。

表 5 - 16　省级学位组织的整体满意度影响因素的定序 Logistic 回归分析结果

LRchi2 （31） = 95.91；Prob > chi2 = 0.0000；Pseudo R2 = 0.0509

变量	ß	SE	Wald 值	P 值	OR 值	OR 95% CI
省份						
北京（对照）	0				1	
江苏	0.88	0.48	3.58	0.06*	2.42	0.95 - 6.16
陕西	- 1.10	0.47	3.94	0.02**	0.33	0.12 - 0.83
四川	- 1.03	0.49	3.42	0.04**	0.36	0.14 - 0.93
广东	- 1.20	0.50	3.99	0.02**	0.30	0.11 - 0.80
河北	- 0.98	0.54	2.61	0.07*	0.38	0.12 - 1.09
湖北	- 0.82	0.52	1.49	0.12	0.44	0.16 - 1.22
上海	1.10	0.56	4.35	0.05*	3.01	1.00 - 9.10
重庆	1.72	0.54	12.54	0.00***	5.56	1.94 - 15.94
山东	- 0.55	0.58	0.62	0.34	0.57	0.18 - 1.80
福建	- 1.01	0.58	2.83	0.08*	0.36	0.12 - 1.14
浙江	- 1.83	0.60	8.93	0.00***	0.16	0.05 - 0.52
吉林	- 1.56	0.62	4.24	0.01**	0.21	0.06 - 0.71
内蒙古	- 0.18	0.62	0.001	0.77	0.84	0.25 - 2.80
云南	- 0.36	0.64	0.62	0.57	0.70	0.20 - 2.42
辽宁	- 0.39	0.67	0.12	0.56	0.67	0.18 - 2.52
天津	- 0.64	0.69	0.66	0.35	0.53	0.14 - 2.03
江西	- 0.80	0.71	0.54	0.26	0.45	0.11 - 1.79
湖南	0.18	0.66	0.40	0.79	1.20	0.32 - 4.37
河南	0.58	0.84	0.82	0.49	1.79	0.34 - 9.33
山西	- 0.71	0.74	0.66	0.34	0.49	0.11 - 2.11
西藏	- 3.00	0.86	8.81	0.00***	0.05	0.01 - 0.27
贵州	- 0.89	0.85	0.66	0.29	0.41	0.08 - 2.15
广西	- 1.21	0.92	1.12	0.19	0.30	0.05 - 1.80
黑龙江	- 0.50	0.84	0.09	0.55	0.61	0.12 - 3.12

续表

变量	ß	SE	Wald 值	P 值	OR 值	OR 95% CI
宁夏	− 1.23	0.99	1.40	0.21	0.29	0.04 − 2.03
新疆	0.29	0.99	0.26	0.77	1.34	0.20 − 9.30
甘肃	− 1.70	1.16	3.47	0.14	0.18	0.02 − 1.79
安徽	− 3.16	1.48	3.09	0.03 **	0.04	0.00 − 0.77
在读博士生规模						
≤4000（对照）	0				1	
>4000	− 0.44	0.32	1.56	0.21	0.67	0.35 − 1.26
所处行政级别						
校级（对照）	0				1	
处级	− 1.17	1.03	0.00	0.26	0.31	0.04 − 2.34
科级	− 0.60	1.03	17.11	0.56	0.55	0.07 − 4.12
其他	0.11	1.05	0.50	0.92	1.11	0.14 − 8.72
从事研究生教育管理相关工作时间						
≤6 年（对照）	0				1	
>6 年	− 0.40	0.32	2.24	0.21	0.77	0.50 − 1.20

N = 326, *** $p \leqslant 0.01$, ** $p \leqslant 0.05$, * $p < 0.1$

5.5.2 影响省级学位组织各方面满意度的因素

为了探索学位授予单位管理者对省级学位组织不同方面的满意度，需要对 13 个不同侧面的满意度分别进行回归分析。回归结果汇总见表 5 − 17。根据分析结果可见：

（1）所处省份对满意度有显著影响。具体而言，以北京为参照组，与北京的学位授予单位研究生教育管理者满意度有显著差异的省份主要有江苏、重庆、上海、广东、河北、西藏等，且对于不同的治理方式，各省份的满意度也有差异（详见表 5 − 17 第 3 列）。

（2）管理者所处学位授予单位在读博士生数量，不会影响管理者对省级学位组织的满意度。

（3）除"能为本省研究生教育的发展提供充足经费"方面，校级管理者的满意度低于处级管理者以外，学位授予单位的管理者所处行政级别与其对省级学位组织各方面的评价无显著相关。

（4）管理者从事研究生教育管理相关工作的年限，不影响其对省级学位组织大部分方面的评价，但是对于"有效地管理和指导本省研究生教育工作""内部职能分工明确，各司其职、各尽其责"两方面而言，"工作时间较长（>6年）"的管理者满意度高于"工作时间较短（≤6年）"的管理者；且工作时间较长的管理者更赞同省级学位组织"经常是上有政策、下有对策，自行变通"。

表5－17　省级学位组织各方面满意度影响因素的定序 Logistic 回归分析结果汇总

省级治理方式满意度	模型检验	省份	在读博士生数量	所处行政级别	研究生教育管理相关工作年限
能正确领会和及时传达研究生教育相关政策	$\chi^2 = 48.36$，P＝0.04，伪 $R^2 = 0.10$	上海＜北京＜广东；重庆＜北京＜西藏；北京＜宁夏	无显著影响	无显著影响	无显著影响
善于向上级争取各种优惠政策或资金支持	$\chi^2 = 52.77$，P＝0.02，伪 $R^2 = 0.08$	重庆＜北京＜陕西；江苏＜北京＜四川；北京＜浙江；北京＜吉林	无显著影响	无显著影响	无显著影响
能为本省研究生教育的发展提供充足经费	$\chi^2 = 71.90$，P＝0.00，伪 $R^2 = 0.10$	江苏＜北京＜陕西；上海＜北京＜河北；北京＜四川；北京＜辽宁；北京＜湖南；北京＜山西；北京＜贵州；北京＜安徽	无显著影响	校级＜处级	无显著影响
有效地管理和指导本省研究生教育工作	$\chi^2 = 76.39$，P＝0.00，伪 $R^2 = 0.14$	上海＜北京＜陕西；重庆＜北京＜广东；北京＜浙江；北京＜西藏；北京＜宁夏	无显著影响	无显著影响	工作时间较长的满意度较高
为本省创造了良好的研究生教育环境	$\chi^2 = 82.77$，P＝0.00，伪 $R^2 = 0.14$	重庆＜北京＜陕西；上海＜北京＜广东；北京＜浙江；北京＜吉林；北京＜西藏	无显著影响	无显著影响	无显著影响
能够积极协调研究生教育相关管理部门	$\chi^2 = 81.70$，P＝0.00，伪 $R^2 = 0.14$	上海＜北京＜陕西；重庆＜北京＜四川；北京＜广东；北京＜湖北；北京＜福建；北京＜浙江；北京＜吉林	无显著影响	无显著影响	无显著影响

续表

省级治理方式满意度	模型检验	省份	在读博士生数量	所处行政级别	研究生教育管理相关工作年限
能有效搭建区域内研究生教育交流平台	$\chi^2 = 84.03$，P = 0.00，伪 $R^2 = 0.13$	江苏 < 北京 < 广东；上海 < 北京 < 浙江；重庆 < 北京 < 吉林；湖南 < 北京 < 西藏	无显著影响	无显著影响	无显著影响
机构编制合理，工作人员充足	$\chi^2 = 73.66$，P = 0.00，伪 $R^2 = 0.11$	重庆 < 北京 < 陕西；北京 < 四川；北京 < 河北；北京 < 福建；北京 < 浙江；北京 < 西藏；北京 < 广西	无显著影响	无显著影响	无显著影响
内部职能分工明确，各司其职、各尽其责	$\chi^2 = 69.12$，P = 0.00，伪 $R^2 = 0.12$	重庆 < 北京 < 陕西；北京 < 四川；北京 < 广东；北京 < 福建；北京 < 浙江；北京 < 吉林；北京 < 西藏	无显著影响	无显著影响	工作时间较长的满意度较高
工作程序公开，政策信息透明	$\chi^2 = 54.25$，P = 0.01，伪 $R^2 = 0.10$	上海 < 北京 < 广东；重庆 < 北京 < 河北；北京 < 吉林；北京 < 安徽	无显著影响	无显著影响	无显著影响
经常是上有政策、下有对策，自行变通	$\chi^2 = 45.34$，P = 0.07，伪 $R^2 = 0.06$	北京 < 河北；北京 < 浙江	无显著影响	无显著影响	工作时间较长的认可度较高
工作人员业务素质高，办事能力强	$\chi^2 = 72.69$，P = 0.00，伪 $R^2 = 0.14$	江苏 < 北京 < 西藏；上海 < 北京 < 安徽；重庆 < 北京；山东 < 北京	无显著影响	无显著影响	无显著影响
工作人员服务意识强，服务态度好	$\chi^2 = 68.63$，P = 0.00，伪 $R^2 = 0.13$	江苏 < 北京 < 西藏；上海 < 北京 < 安徽；重庆 < 北京；山东 < 北京；湖南 < 北京；河南 < 北京	无显著影响	无显著影响	无显著影响

N = 326，p < 0.1 为具有显著影响

第6章 研究生教育省级统筹的案例分析

2014 年以来，笔者参与了教育部《学位与研究生教育发展"十三五"规划》的起草、调研与论证工作。2017 年，教育部、国务院学位委员会正式印发了《学位与研究生教育发展"十三五"规划》（以下简称"国家规划"），该规划是"十三五"时期引导我国学位与研究生改革发展的纲领性文件。作为对国家规划的积极响应，部分省份制定了相应的省级学位与研究生教育发展"十三五"规划（以下简称"省级规划"）。省级规划中明确提出了各省学位与研究生教育的发展目标和改革举措，涵盖了研究生教育省级统筹的一些共性做法和特色路径，并且"制定区域内学位与研究生教育发展规划"本身就是省级学位委员会的职能之一，因而可以作为一个观测点，反映我国研究生教育省级统筹的运行情况。本章首先从总体上呈现各省学位与研究生教育发展"十三五"规划的制定、实施情况，并同国家规划展开比较；其次选取若干省份作为案例，从推进"双一流"建设、引导学位授权审核和组织硕士学位论文抽检三个方面，具体介绍案例省份学位委员会如何在本省研究生教育领域中发挥统筹作用。

6.1 省级研究生教育统筹的总体规划

6.1.1 省级研究生教育发展规划的概况比较

截至 2018 年 7 月，全国共有河北省、山西省、江苏省、山东省、贵州省、陕西省和甘肃省 7 个省份出台了专门针对学位与研究生教育发展的"十三五"规划（详见附录 7），其余省份的相关规划则散见于各省的相关政策文件之中，故暂不纳入本章的分析范围。

如表 6-1 所示，从文件名称来看，省级规划与国家规划基本保持一致，山西和贵州则将学科规划也纳入其中。从颁布时间来看，自 2017 年 1 月颁布国家规划后，各省陆续出台相应的省级规划，江苏省行动最为迅速，在不到两个月的时间内就制定出台了《江苏省学位与研究生教育发展"十三五"规划》；贵州省的情况相对特殊，在国家规划印发之前就已制定了《贵州省普通本科高校学科建设与研究生教育发展"十三五"规划》。

表6－1 学位与研究生教育发展"十三五"规划概况一览

适用范围	文件名称	颁布时间	颁布用时
全国	《学位与研究生教育发展"十三五"规划》	2017 年 1 月 17 日	—
河北省	《河北省学位与研究生教育"十三五"发展规划》	2017 年 6 月 6 日	140 天
山西省	《山西省学科学位与研究生教育发展"十三五"规划》	2017 年	—
江苏省	《江苏省学位与研究生教育发展"十三五"规划》	2017 年 3 月 1 日	43 天
山东省	《山东省教育厅关于贯彻落实国家〈学位与研究生教育发展"十三五"规划〉的实施意见》	2017 年 7 月 19 日	183 天
贵州省	《贵州省普通本科高校学科建设与研究生教育发展"十三五"规划》	2016 年 9 月	—
陕西省	《陕西省学位与研究生教育发展"十三五"规划》	2017 年	—
甘肃省	《甘肃省学位与研究生教育发展"十三五"规划》	2017 年	—

注：部分省份规划文件未公开，故表内信息有空缺。

6.1.2 省级研究生教育发展规划的内容比较

进一步从规划内容来看，如表6－2所示，在发展目标方面，国家规划从整体上提出"十三五"时期我国学位与研究生教育的发展方向，省级规划则依据自身实际对总体目标进行丰富与细化。为详细对比国家规划与省级规划的文本内容，本书采用政策文本分析常用的编码法提炼核心维度。

表6-2　学位与研究生教育发展"十三五"规划内容一览

	发展目标（总体）	改革任务	保障措施
国家规划	到2020年，实现研究生教育向服务需求、提高质量的内涵式发展转型，基本形成结构优化、满足需求、立足国内、各方资源充分参与的高素质高水平人才培养体系，国际影响力显著增强，建成亚太区域研究生教育中心，为建设研究生教育强国奠定更加坚实的基础	1. 主动适应需求，动态调整优化结构；2. 改革培养模式，提升创新和实践能力；3. 健全质量评价，完善监督保障体系；4. 扩大国际合作，提升国际影响力；5. 统筹推进"双一流"建设，提升研究生教育整体实力；6. 拓展育人途径，推动培养单位体制机制创新	1. 形成各方合力支持的投入保障机制；2. 强化导师培养责任和能力；3. 构建信息化支撑服务体系；4. 组织实施重大项目；5. 完善工作机制
河北省规划	到2020年，实现我省研究生教育向服务需求、提高质量的发展战略转型，基本建成规模结构更加合理、培养质量显著提高、创新能力和主动适应社会需求能力明显增强、拔尖创新人才持续涌现的研究生教育体系	1. 优化人才培养类型结构；2. 改革招生选拔制度；3. 改革创新人才培养模式；4. 健全导师责权机制；5. 完善质量评价与监督保障体系；6. 扩大国内外合作交流	1. 完善投入保障机制；2. 健全规章制度；3. 构建信息化支撑服务体系；4. 完善激励机制；5. 建立实施机制
江苏省规划	到2020年，以世界一流大学和一流学科建设为统领，建成结构优化、布局科学、协调发展、覆盖面广的高水平学科体系，形成规模合理、满足需求、具有特色、多方资源充分参与的高质量学位与研究生教育体系。江苏学科与研究生教育的综合竞争力与国际影响力显著提升，支撑创新驱动发展战略和人才优先发展战略的能力稳步增强	1. 加强学科建设；2. 统筹学位授权管理；3. 完善研究生培养体系；4. 健全质量保障机制；5. 加强国际联合培养；6. 深化体制机制改革	1. 加强组织落实；2. 完善投入保障机制；3. 组织实施重大项目

续表

	发展目标（总体）	改革任务	保障措施
山东省规划	到 2020 年，基本建成结构优化、布局合理、实力雄厚、适应需求、质量较高的学位与研究生教育体系，使我省研究生教育综合竞争力和国内外影响力明显提升，服务经济文化强省建设的能力明显增强	1. 调整优化结构布局，提升服务需求能力；2. 完善分类培养模式，提升研究生创新和实践能力；3. 健全质量评价，完善监督保障体系；4. 扩大国际合作，提升研究生教育国际竞争力；5. 以学科专业建设为依托，构筑拔尖创新人才培养高地	1. 完善投入保障机制；2. 加强导师队伍建设；3. 构建信息化支撑服务体系；4. 实施项目带动战略
贵州省规划	通过科学规划、重点建设、动态调整，逐步构建与经济发展、社会进步和科技创新相适应的布局合理、特色优势明显的重点学科体系，建成若干国内一流学科、一批区域内一流学科、省级重点学科和学科群，培养一批以高水平学科学术带头人为核心的学术队伍，大力提高科技创新能力和人才培养质量，取得一批具有重大社会影响的学术和科技创新成果，整体提升重点学科的人才培养、科学研究、社会服务、文化传承创新能力，使重点学科成为我省高层次人才培养基地、重大科技创新高地、经济社会发展的助推器和思想智库，实现学科建设的可持续发展。基本建成规模结构适应需要、培养模式各具特色、整体质量不断提升、拔尖创新人才不断涌现的研究生教育体系	1. 分层次建设，全方位推进重点学科建设体系；2. 大力推进一流学科建设，优化省级重点学科布局；3. 加强学科内涵建设，提升学科核心竞争力；4. 努力扩大学位与研究生教育规模；5. 调整优化研究生教育结构，加快推进研究生培养机制改革；6. 加强导师队伍建设，提高导师指导能力；7. 深入实施研究生教育创新计划；8. 改革评价监督机制，扎实做好学位点动态调整工作	1. 大力推进管理机制改革创新；2. 加大建设经费投入，拓宽学科筹资渠道；3. 建立学科建设信息化平台；4. 抓好学科建设分级规划

对发展目标进行编码后发现，国家规划中共提到"规模合理""结构优化""服务经济社会发展""提高质量""培养拔尖创新人才""推进'双一流'建设""增强国际影响力"7 个维度。在这些共性发展目标之外，河北省的发展目标还包括"学科建设"，提出到"十三五"末，建设 30 个左右具有鲜明特色的优势学科（群），进入国内先进行列，若干学科进入世界一流学科行列；以及"导师队伍建设"，提出到"十三五"末，博士生导师由现在的900 多人增加到 1200 人以上，硕士生导师由现在的 1 万人增加到 1.2 万人以上，具有博士学位的导师达到 75% 以上，形成一支规模结构和能力水平适应研究生教育发展的专兼结合导师队伍。贵州省的发展目标还包括"一流学科建设"和"重点学科建设"，提出"十三五"期间将择优遴选 14 个左右优势学科进行重点建设并给予财政专项支持，并紧紧围绕贵州省国民经济和社会发展第十三个五年规划纲要中的重大发展战略和重点发展产业，新增一批省级重点学科，数目达到 200 个。

此外，一个有趣的发现是，省级规划制定的发展目标大多高于国家规划，如国家规划将专业学位硕士研究生的占比定为 60% 左右，具有一定弹性；河北省规划则直接将这一比例定于 60% 以上。国家规划提出，到 2020 年来华留学研究生占在校研究生的比例将达到 3%，同期江苏省规划则将高水平大学研究生中留学生要达到的比例定为 10% 以上。

在改革任务方面，"十三五"期间我国研究生教育省级统筹的改革重点可以概括为"做加法""做减法"和"调结构"三种。"做加法"表现为：①适度扩大学位与研究生教育规模，特别是博士生教育规模。如贵州省提出在"十三五"期间新增博士学位授予单位 1—3 家；江苏省提出继续争取扩大学位授予点规模，到 2020 年，博士和硕士学位授予点增加 20% 左右，其中专业学位授予点增加 30% 左右。②扩大国际交流与合作，鼓励研究生培养单位通过联合培养、海外研修、海外实习、合作科研、吸引国外优秀学者和海外留学生等方式，扩展国际合作的深度与广度，提升我国研究生教育的国际影响力。

"做减法"主要表现为：完善研究生教育质量外部保障和监督体系，落实研究生培养分流淘汰、学位授予点强制退出、导师岗位资格退出等机制。

"调结构"一方面表现为学科结构的调整，各省依据自身学科基础和产业基础，对自然科学类学科和人文社会科学类学科分别制定不同的发展策略，并大力发展交叉学科、新兴学科、面向国家重大战略需求、对接当地产业结构的特色学科等；另一方面表现为培养结构的调整，推进学术学位研究生和专业学位研究生分类培养，并积极发展专业学位硕士生和博士生教育，如江苏省在 2016 年、2017 年的硕士研究生招生计划安排中，招生指标增量基本上全部用于招收专业学位研究生。

在保障措施方面，人力、财力、信息、项目和制度共同构成我国研究生教育省级统筹的五大支撑。

第一，人力资源保障。导师是研究生培养质量的第一责任人，一流的师资队伍和导师的积极参与是研究生教育管理工作得以顺利开展的前提基础。

第二，财力资源保障。如贵州省通过争取国家各类专项经费支持、设立省级学科建设专项经费、规定高等学校配套经费比例和引导学科积极自筹经费等措施，为学科建设和发展提供有力的经费保障；河北省教育厅将协调相关部门加大财政投入、支持研究生教育改革作为工作重点之一，建立健全包括生均综合定额拨款、研究生奖助经费在内的财政拨款体系，并积极探索研究生教育绩效拨款机制；山东省通过逐步加大研究生教育投入力度，以保障该省高校新增博士、硕士学位授予点的经费需求。

第三，信息平台保障。如河北省提出建立高等学校学位与研究生教育信息共享平台和质量监测信息平台，利用信息化手段，构建纵向贯通、横向关联的教育管理信息化系统，并及时公布质量标准，发布质量报告和评估结果，积极接受社会监督；贵州省针对全省博士、硕士学位授权学科，依托第三方机构加快建设该省学科自检平台，并定期采集全省重点学科建设日常数据，形成可全面把握学科发展状态的基础数据库，从而为优化学科布局、加强学科评估和动态调整等提供数据支撑。

第四，重大项目保障。组织实施重大项目是省级部门统筹研究生教育管理的重要方式，在省级规划中，江苏省共提出八大项目（表6-3），山东省提出五大项目（表6-4）带动战略，集中显示了"十三五"时期各省研究生教育领域的行动安排。

表6-3　江苏省"十三五"期间研究生教育领域重大项目

序号	项目名称	项目内容
1	江苏高水平大学建设工程	在持续实施江苏高校优势学科建设工程、品牌专业建设工程、协同创新计划、特聘教授计划等"四大专项"的同时，集中力量对有关高校整体扶优扶强，引导高校找准参照系，争先进位，不断提升办学水平、综合实力和国际知名度
2	江苏高校优势学科建设工程	以"打造高峰、顶天立地、扶优做强、交叉引领"为思路，推进优势学科建设工程，集中力量建设170个左右实力雄厚、特色鲜明、优势突出的高峰学科

序号	项目名称	项目内容
3	江苏省重点学科建设项目	立项建设 300 个左右一级学科省重点学科（含省重点〈培育〉学科、省重点建设学科），引导和支持江苏高校优化学科结构，凝练学科方向，突出学科建设重点，创新学科组织模式，使重点学科成为优势学科的后备力量，构建江苏学科高原
4	研究生培养创新工程	实施以研究生科研创新计划、研究生教育教学改革课题、研究生科研创新实践大赛、研究生学术创新论坛、研究生暑期学校、优秀研究生工作站评选、优秀学位论文评选、研究生教育成果奖评选等为主要内容的"研究生培养创新工程"，为研究生提供学术创新与学术交流的平台，推进教育教学改革，提升研究生培养质量
5	研究生课程及案例库建设计划	鼓励培养单位建设和优化符合教学规律、瞄准国际前沿、突出学习成效的核心课程体系。支持研究生培养单位开展案例教学，建设省级案例教学中心。鼓励案例资源、师资、学术成果和国际合作资源共享。每年根据研究生培养单位开展课程建设和案例库建设情况，按照绩效奖补的方式予以资助
6	研究生导师能力提升计划	组织开展研究生导师岗前培训与工作交流，资助研究生导师、研究生课程主讲教师、研究生教育管理干部到海外高水平大学和科研机构短期研修和培训。鼓励研究生培养单位和企业互派导师、专家进行学习培训，合作开发课程，提高指导能力。深入宣传优秀导师典型事迹，确立良好舆论导向
7	研究生教育中外合作办学计划	配合江苏高校中外合作办学高水平示范性建设工程的实施，开展硕士、博士研究生层次的中外合作办学。到 2020 年，建成 10 个高水平示范性研究生培养层次的中外合作办学机构和项目
8	研究生海外研修计划	加强与"一带一路"沿线国家的教育交流合作，积极搭建国际联合培养平台。建立国家留学基金委公派项目、江苏省专项、学校自筹专项和导师资助为一体的资助体系，支持研究生到海外高水平大学和科研机构进行学术交流和联合培养

表6-4 山东省"十三五"期间研究生教育领域重大项目

序号	项目名称	项目内容
1	研究生教育创新计划	重点实施优秀学位论文奖、研究生教育优秀教学成果奖、研究生优秀科技创新成果奖以及专业学位研究生优秀实践成果奖等项目
2	研究生教育质量提升计划	"三建设、三加强"（建设研究生教育优质课程、专业学位研究生教学案例库、研究生教育联合培养基地；加强学位授权点建设、加强导师培养培训、加强国际交流合作）
3	博士研究生海外研修计划	每年选派一批科研潜质突出、服务经济社会发展需求相关领域的博士生，到国外一流大学和科研机构学习、研究
4	研究生导师能力提升计划	建立健全导师岗位培训制度，对新遴选导师实行"先培训，后上岗"。搭建导师能力提升平台，支持导师开展学术交流、国内外访学和参与行业企业实践
5	研究生培养与学术交流平台建设	支持培养单位开展研究生学术交流，通过举办研究生学术论坛、开设研究生暑期学校、举办短期工作坊，搭建多层次、多学科研究生学术交流平台

第五，体制机制保障。理顺研究生教育领域的相关体制机制是推进省级统筹的关键。围绕"学位授予点""研究生""导师"和"研究生教育管理人员"等要素，各省级规划从健全学位授予点合格评估与动态调整机制、创新研究生培养体制机制、完善研究生教育管理体制和运行机制、支持导师和研究生教育管理人员积极开展研究生教育教学改革研究的激励机制等多个方面构筑制度保障。

6.2 省级研究生教育统筹的具体实施

上一节以四个案例省份所制定的学位与研究生教育发展"十三五"规划为例，分析了省级研究生教育管理部门在"十三五"期间的部署规划，属于应然分析。本节则回归实然分析，选取若干典型案例，聚焦研究生教育省级统筹的实际运行情况，介绍案例省份的实践经验。目前，省级研究生教育统筹的工作重点主要集中在推进"双一流"建设、学位授权审核和硕士学位论文抽检三个方面，以下将分别进行分析。

6.2.1　统筹推进"双一流"建设

继 2015 年国家层面的《统筹推进世界一流大学和一流学科建设总体方案》下发后，各省、自治区、直辖市陆续制定出台本省范围内的"双一流"建设方案（表 6-5），推进"双一流"建设由此进入研究生教育领域的话语体系，成为研究生教育省级统筹的重点工作之一。

表 6-5　省域"双一流"建设方案或相关政策文件汇总[①]

序号	省、自治区、直辖市	"双一流"建设方案名称	发布部门	出台时间
1	北京	高等学校高精尖创新中心建设计划	市教委	2015 年 3 月
2	天津	教育综合改革方案（2016—2020 年）	市教委	2016 年 9 月
3	河北	推进一流大学和一流学科建设的意见	省政府	2016 年 5 月
4	山西	关于实施"1331 工程"统筹推进"双一流"建设的意见	省政府	2017 年 2 月
5	内蒙古	统筹推进国内和世界一流大学一流学科建设的总体方案	自治区政府	2016 年 5 月
6	辽宁	推进世界一流大学和一流学科建设实施方案	省政府	2017 年 1 月
7	吉林	关于加快教育发展的实施意见	省政府	2017 年 3 月
8	黑龙江	高等教育强省建设规划（二期）	省政府	2017 年 2 月
9	上海	高等学校学科发展与优化规划（2014—2020 年）	市教委	2014 年 12 月
10	江苏	高水平大学建设方案	省政府	2016 年 6 月
11	浙江	省重点高校建设计划的意见	省政府	2014 年 10 月
		省重点建设高校的若干意见	省政府	2016 年 3 月
12	安徽	一流学科专业与高水平大学建设五年行动计划	省政府	2016 年 12 月
		地方高水平大学立项建设分类发展的意见	省教育厅	2014 年 12 月
13	福建	建设一流大学和一流学科的实施意见	省政府	2017 年 3 月

① 吴小玮. 省域"双一流"建设政策文本的内容分析 [J]. 中国高教研究，2017（8）：56-60.

续表

序号	省、自治区、直辖市	"双一流"建设方案名称	发布部门	出台时间
14	江西	江西省有特色高水平大学和一流学科专业建设实施方案	省政府	2017 年 6 月
15	山东	关于推进高等教育综合改革的意见	省委、省政府	2016 年 4 月
		推进一流大学和一流学科建设方案	省政府	2016 年 12 月
16	河南	优势特色学科建设工程实施方案	省教育厅	2015 年 12 月
17	湖北	推进一流大学和一流学科建设的实施意见	省政府	2016 年 12 月
18	湖南	推进一流大学与一流学科建设实施方案	省政府	2017 年 2 月
19	广东	关于建设高水平大学的意见	省委、省政府	2015 年 4 月
		高水平大学建设实施方案	省教育厅	2015 年 6 月
20	广西	深化高等教育综合改革的意见	自治区政府	2015 年 2 月
21	海南	推进高水平大学和一流学科建设实施方案	省政府	2017 年 1 月
22	重庆	重庆市人民政府关于加快高校特色发展推进一流大学和一流学科建设的实施意见	市政府	2017 年 5 月
23	四川	深化高等教育综合改革方案	省委、省政府	2016 年 11 月
24	贵州	推进区域内一流大学和一流学科建设的实施意见	省教育厅	2016 年 5 月
25	云南	一流学科建设实施方案	省教育厅	2016 年 9 月
26	西藏	关于深化改革大力推进高等教育发展的实施意见	自治区政府	2017 年
27	陕西	高等学校学科建设发展规划（2016—2020 年）	省教育厅	2015 年 11 月
28	甘肃	推进高水平大学和一流学科建设实施方案	省政府	2016 年 7 月
29	青海	推进一流学科建设的指导意见	省政府	2017 年 1 月
30	宁夏	西部一流大学和一流学科建设方案	自治区政府	2016 年 12 月
31	新疆	"十三五"重点学科建设方案	自治区教育厅	2016 年 8 月

上海市积极对接国家总体部署，从做好顶层设计着手，制定了《上海高等学校学科发展与优化布局规划（2014—2020 年)》《上海高等教育布局结构与发展规划（2015—2030 年)》《上海市深化高校改革建设高水平地方高校试点方案》《关于本市统筹推进一流大学和一流学科建设实施意见》《上海高校高峰高原学科建设第二阶段（2018—2020 年）实施方案》等一系列政策文件，初步构建了该市落实"双一流"战略的实施框架，主要内容包括①：

第一，以"高峰""高原"学科建设计划加快建设一流学科点。2014 年出台的《上海高等学校学科发展与优化布局规划（2014—2020 年)》宣告该市正式启动高等学校高峰学科和高原学科建设计划，建设周期分为 2014—2017 年以及 2018—2020 年两个阶段，以点带面，优化上海高等学校学科布局结构，以促进学科建设水平的整体提升。

其中，"高峰"学科分为四类，分别为：Ⅰ类高峰学科，建设目标是一级学科点保持或建成全国第一，总体实力达到世界一流；Ⅱ类高峰学科，建设目标是一级学科点综合实力趋近全国第一，并在若干学科方向达到世界一流；Ⅲ类高峰学科，建设目标是若干学科方向达到世界先进水平，培育若干具有国际影响力的学术团队；Ⅳ类高峰学科，建设目标是成为支撑国家战略和满足区域经济社会发展的核心学科，通过错位竞争、同城协同，使上海该类学科整体水平进入国内前两名。"高原"学科分为两类，分别为：Ⅰ类高原学科，建设目标是一级学科点进入国内前三名或前 20%，各一级学科点中至少一至两个二级学科或方向达到国际先进、国内一流水平；Ⅱ类高原学科，建设目标是特色学科方向达到国内先进水平。

"高原"学科分为两类实施重点建设。一方面"强枝干、厚基础"，建设特色鲜明、贡献突出的"高原"学科群；另一方面"强优补缺"，优化学科布局结构，凝练学科发展方向，推动"高原"上崛起"高峰"，依托"高峰"学科集聚高层次人才，加强国际合作，打造一流的国际联合实验室。"高峰"学科瞄准世界一流，"高原"学科着眼国内一流。

第二，以二维分类体系构建高等教育分类发展总体格局。2015 年出台的《上海高等教育布局结构与发展规划（2015—2030 年)》建立了该市高校二维分类管理体系，横向按照主干学科门类（本科与研究生）或主干专业大类（专科）建设情况，将高校划分为"综合性、多科性、特色性"三个类别；纵向按照人才培养主体功能和承担科学研究类型等差异性，将高校划分为

---

① 中华人民共和国教育部. 扎实办好中国特色社会主义高校着力推进"双一流"建设［EB/OL］（2017 - 01 - 25）［2019 - 09 - 30］. http：//www. moe. gov. cn/jyb_xwfb/moe_2082/zl_2017n/2017_zl05/201701/t20170125_295698. html.

"学术研究、应用研究、应用技术和应用技能"四种类型,形成"3×4"宫格分类发展框架制度。

第三,以部市共建驻沪部属高校和实施高水平地方高校建设计划"双轮"驱动一流大学建设。一方面,驻沪八所部属高校是上海高等教育的标兵和品牌,上海市安排地方财政配套资金,高度支持驻沪部属高校的改革发展;另一方面,提升上海研究生教育的整体质量,根本上要求加快发展市属高校。为此,上海市出台《上海市深化高校改革建设高水平地方高校试点方案》,实施高水平地方高校建设计划,重点支持若干所地方公办高校加快一流大学建设步伐。

第四,以先行先试、简政放权和放管结合构建"三位一体"的"双一流"建设保障机制。一是把"双一流"建设纳入上海教育综合改革试点范围,积极先行先试;二是把扩大和落实高校办学自主权作为重要外部保障,主动简政放权;三是把健全中国特色现代大学制度作为关键支撑,落实放管结合。

6.2.2 统筹学位授权审核

博士、硕士学位授权审核(以下简称"学位授权审核")是指国务院学位委员会依据法定职权批准可授予学位的高等学校和科学研究机构及其可以授予学位的学科(含专业学位类别)的审批行为,包括新增学位授权审核和学位授权点动态调整两种方式。省级学位委员会的职责是根据国家和本区域经济社会发展对高层次人才需求,确定本地区普通高等学校的博士、硕士和学士三级学位授予单位比例,制定本地区新增学位授予单位规划,确定立项建设单位,按照立项、建设、评估、验收的程序分批安排建设。具体流程为接受国务院学位委员会委托,负责接收新增学位授予单位申请,在专家评议基础上,向国务院学位委员会择优推荐新增博士、硕士学位授予单位、新增博士、硕士学位授权点和自主审核单位。

省学位委员会对学位授权审核的统筹作用主要表现在:

其一,通过制定规划,科学优化区域内高校的学科布局结构。如陕西省学位委员会编制了《陕西省2017—2023年新增博士硕士学位授予权单位立项建设规划》,将25所高校纳入2017—2023年新增博士、硕士学位授予权立项单位的建设范围,并组织各有关高校制定本校的建设规划。

其二,通过制定政策,引导学位授予单位形成常态化的学位授予点动态调整机制。根据国务院学位委员会印发的《博士硕士学位授权审核办法》,并结合国家和本省经济社会发展需求,陕西省学位委员会制定了《陕西省2017年博士硕士学位授权审核工作方案》和《2017年陕西省新增博士硕士学位授权点申报指南》，引导学位授予单位加强自律，内涵建设，特色发展，服务需求。自 2016 年开展学位授权点动态调整工作以来，陕西省学位委员会引导学位授予单位紧密对接省内重大战略、产业需求，主动撤销学位授权点 46 个，2017 年共有 3 所高校增列硕士学位授权点 10 个，6 所高校撤销硕士学位授权点 32 个。目前该省已出台《关于做好 2018 年度博士硕士学位授权学科和专业学位授权类别动态调整工作的通知》，通过调动学位授予单位动态调整授权点的积极性，引导其自主开展学位授权点动态调整，主动撤销与本单位办学目标定位不匹配、与区域经济社会发展需求脱节以及人才培养质量较差、质量保证体系不完备的授权点。

其三，通过合格评估，坚守学位授权点质量底线。如山西省在第一阶段学位授予单位自评总结（2017 年 6 月至 2017 年 12 月）的基础上，坚持以"质量标准"为核心，以"以评促改、以评促建"为原则，组织开展省学位办指导性评估（2018 年 1 月至 6 月）。根据《山西省人民政府学位委员会关于做好学位授权点合格评估工作的通知》，山西省学位办将根据各学位授予单位的自我评估情况，汇集整理各单位中评估结果排名靠后的学位授权点材料，通过通信评议、会议评审或实地评审的方式进行指导性评估，评估结果包括"合格""整改""建议学位授予单位自主调整"三类，形成的《山西省学位授权点评估结果反馈意见》及具体整改要求将以适当形式反馈各学位授予单位。在各学位授予单位根据省学位办预评估反馈意见完成限期整改工作后，还须接受评估验收。其中，博士学位授权点接受国务院学位委员会评估验收；硕士学位授权点则接受省学位委员会评估验收。对评估结果为不合格的学位授权点，将撤销其学位授予权，并不得在五年内重新增列，所撤销的学位授权点指标将由省学位委员会统筹，在全省各学位授予单位中组织增列。

6.2.3 组织硕士学位论文抽检

根据国务院学位委员会和教育部联合印发的《博士硕士学位论文抽检办法》，硕士学位论文抽检由各省级学位委员会组织实施，学位论文抽检工作每年进行一次，抽检范围为上一年度授予学位的学位论文，并规定硕士学位论文的抽检比例为 5% 左右。抽检程序为：省级学位委员会办公室根据上一年度该地区授予硕士学位的全部论文名单，随机产生抽检论文名单，各学位授予单位按照该抽检论文名单，向省级学位委员会办公室提交抽检学位论文。每篇硕士学位论文聘请三位同行专家进行评审。三位专家中有两位以上（含两位）的专家评议意见为"不合格"的学位论文，将认定为"存在问题的学位论文"。三位专家中有一位专家评议意见为"不合格"的学位论文，将再送两位同行专家进行复评。复评中出现一位及一位以上专家评议意见为"不合格"，则该篇论文被认定为"存在问题的学位论文"，具体见图6－1。

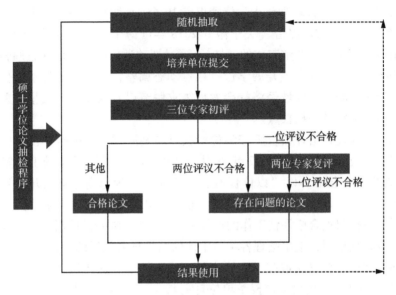

图6－1 硕士学位论文抽检程序

资料来源：北京大学课题组：《全国硕士学位论文质量抽检年度报告（2015年）》，内部资料。

北京市硕士学位论文抽检工作的主要目标是，通过随机抽检了解北京市硕士研究生培养质量的现状，促进培养单位逐步建立与完善研究生培养的自我约束、自我监督体系，营造一个全方位关注研究生培养质量的良好氛围，促进北京市硕士研究生质量的进一步提升。抽检遵循"随机抽取、均衡比例、科学公正"的原则进行。抽检论文涉及北京市所有硕士学位授予单位和全部硕士授权学科，每个学位授权点均有一定比例论文被抽检。对于授予学位人数较少的学位点，将综合考虑连续几年内抽检的论文数达到一定比例；对于新增的学位点以及之前抽检存在问题的学位点，在后期抽检中将适当增加抽检比例。

2016年北京市硕士学位论文抽检工作分通讯评议和复评两个阶段进行，通讯评议和复评工作均委托教育部学位与研究生教育发展中心组织实施，共制定人文社会科学类和自然科学类两套论文评价标准。2016年北京地区共授予硕士学位44306人（不含留学生），同年共抽检硕士学位论文2457篇，抽检率为5.55%，涉及央属高校37家、市属高校20家和科研院所64家，涵盖13个学科门类。共聘请同行评议专家7681人次，初评回收意见总数为7371篇次，复评回收意见总数为310篇次，回收比例均为100%。综合初评和复评结果，"存在问题学位论文"共 29 篇，抽检总体合格率为 98.82%，平均分 ≥ 90 的优秀论文共 170 篇，优秀论文占抽检论文总数比例为 6.92%。

　　为客观呈现北京市硕士学位论文抽检结果，系统分析硕士学位论文质量，了解北京市硕士培养质量现状，北京市委托相关单位对硕士学位论文抽检结果展开深度研究分析，总结抽检过程中的经验和问题，在此基础上编制《北京地区 2016 年硕士学位论文抽检结果分析报告》并面向社会公布，接受公众监督。

第7章 研究生教育省级统筹的对策建议

本章在前文论述的基础上，结合文本分析、定量分析与案例分析结果，集中阐述本研究的主要结论，包括研究生教育治理中省级统筹存在的问题和对未来省级统筹发展的建议。最后，反思本研究的不足与局限，并提出未来研究生教育省级统筹研究中若干有待改进之处。

7.1 研究生教育治理中省级统筹存在的问题

7.1.1 研究生教育省级统筹的定位模糊

目前，我国没有形成有关研究生教育省级统筹的实体法律，而是通过政策文件的形式对其进行规定。各省级学位委员会的定位、官方职能介绍等，基本是基于《关于加强省级学位委员会建设的几点意见》和《关于加强省级人民政府对学位与研究生教育工作统筹的意见》，而各省级学位委员会也在这两个文件的基础上，依据本地区实际情况对各自具体工作职责进行了规定，但是规定较为模糊，且并没有完全得到学位授予单位研究生教育管理者的认同和理解。

聚类分析表明，在治理方式的认知重要性上，"制定区域内学位与研究生教育发展规划""统筹规划区域内学科专业布局""研究生教育相关政策制定与制度建设"和"统筹保障研究生教育经费投入"为高度重要治理方式，"组织开展研究生课程建设""组织开展学位论文抽检、评优等""协调指导区域内重点学科建设"等为中度重要方式，"协调区域内部属高校与省属高校关系"为低度重要方式。

根据 IPA 分析结果，学位授予单位的研究生教育管理者对省级统筹方式的评价可以分为四类，即"继续努力"（Ⅰ区）、"不宜刻意追求"（Ⅱ区）、"低优先事项"（Ⅲ区）和"重点改进"（Ⅳ区）。其中第Ⅱ、Ⅲ区的治理方式被认为是不重要的治理方式，包括"审核和评估区域内学位授权""协调指导区域内重点学科建设""统筹建设区域内各类科研平台""协调区域内部属高校与省属高校关系""合理确定区域内研究生招生计划""组织开展研究生课程建设""组织开展研究生创新实践活动""组织开展研究生实践基地建设""支持开展研究生导师培训与交流""统筹推进研究生教育国际化"等，而其中的部分治理方式应是省级学位委员会参与研究生教育治理的手段，并被明文写入相关政策文本当中，如"审核和评估区域内学位授权"等。同时，位于第Ⅳ区的治理方式被认为很重要，但其执行满意度则不够理想，包括"研究生教育相关政策制定与制度建设""推进研究生教育管理信息化""统筹保障研究生教育经费投入""组织研究生管理干部交流与培训"，这可能是由于定位不明确，因而省级学位委员会在具体工作开展中对这些方式不够重视，或是未能得到国务院学位委员会及省级人民政府的相应授权，进而影响了省级统筹的发挥。

差异性分析的结果则显示，行政级别的不同、所在学位授予单位在读博士生数量的差异和个人相关工作年限的差别，都会影响其对部分治理方式重要度的评价，如处级管理者相对于科级管理者，认为"统筹规划区域内学科专业布局"更为重要。

可见，各学位授予单位的研究生教育管理者对省级学位委员会参与研究生教育治理的理解尚未达成共识，而其对省级学位委员会职能和治理方式的模糊，也影响了各学位授予单位与省级学位委员会更好地配合，进而阻碍了研究生教育的发展。因此，进一步明确省级学位委员会的定位和职能范围，明确治理方式，是发展研究生教育省级统筹需要完成的重要内容。

7.1.2　研究生教育省级治理方式亟待调整

省级学位委员会作为省级政府参与研究生教育治理的主要机构，经过了20多年的发展，积累并形成了一套治理方式。通过对省级学位委员会主要职责官方描述的分析可见，研究生教育外延的发展是各省级学位委员会参与本地区研究生教育治理的重点，如"规划本省研究生教育发展战略""统筹学位与研究生教育工作""保障学位授予质量""开展重点学科建设和学位授权审批"。这与我国研究生教育发展所处的现状有关。我国恢复研究生教育以来，无论是国家的研究生教育发展战略还是各省份的研究生教育发展战略，均主要关注研究生教育规模的扩大，这也与研究生教育本身的发展规律一致，因而研究生教育省级统筹工作也多集中于学位授权、学位点和学科建设。在省级学位委员会的工作中，"普通高校学位管理""本地区学位统筹管理"等得到了最多省份的重视，而关于研究生教育内涵发展的职能，如"高层次人才培养、遴选和引进规划"，只有 17.40% 的省份将其纳入了学位委员会的主要职能。

同样，对于省域内学位授予单位的研究生教育管理者而言，高度重要的治理方式有"制定区域内学位与研究生教育发展规划""统筹规划区域内学科专业布局""研究生教育相关政策制定与制度建设""统筹保障研究生教育经费投入"，这些均集中于研究生教育规模的扩大和发展。可见，学位授予单位的研究生教育管理者对省级学位委员会治理的理解也仍停留在外延发展方面。

然而，经过近四十年的发展，我国研究生教育的外延发展已经较为成熟。为了适应新的发展要求，使研究生教育更好地服务于国家发展需求，国家提出了"双一流"建设的战略要求，这也需要新时期的研究生教育更加注重内涵发展，着力于提高研究生教育质量。这就要求省级学位委员会在参与研究生教育治理的过程中，更多地重视提升研究生教育质量，发展研究生教育内涵。但目前的省级治理方式还着眼于研究生教育的外延发展，未能根据国家研究生教育发展战略的调整而改变，难以适应新时期研究生教育发展的要求。

7.1.3 研究生教育治理省级统筹省间发展不均衡

无论是研究生教育省级统筹的发展历程还是省级统筹现状，都在一定程度上体现了我国研究生教育省级统筹省间发展不均衡的现象，这种不均衡尤其体现在省级学位组织的机构设置、工作职责、资源现状和工作成效上。

各省研究生教育发展的不均衡已成为研究生教育恢复之后我国研究生教育的一个重要特点，也影响了省级学位委员会的发展。不同省份省级学位委员会的成立时间、拥有的权限各不相同，间接导致了省级统筹的不均衡发展。部分省份早在 1991 年即在国务院学位委员会的同意下试点成立省级学位委员会，而更多省份则直到 1997 年允许自行设置省级学位委员会后，才成立了省级学位委员会。一方面，最早试点的省份本身具有较大规模与较高水平的研究生教育，加上六年的发展，让这些省级学位委员会有更多机会积累工作经验，形成更为成熟的工作方式；另一方面，由国务院学位委员会批准设立的省级学位委员会在工作权限上也较自行设立的省级学位委员会更大，不仅有利于省域内研究生教育统筹工作的开展，也推进了这部分省级学位委员会工作的日趋成熟。

各省级学位委员会的机构设置、工作职能也存在一定程度的差异。自1991 年第一批省级学位委员会成立以来，31 个省、自治区、直辖市均设立了省级学位委员会，并以省级学位委员会办公室作为其日常办事机构。然而，各省级学位委员会的机构设置和工作职能各不一样。根据前文的分析，仅有三个省、自治区、直辖市拥有独立设置的省级学位委员会，且各省级学位委员会的主要工作职责也各有侧重，总体而言，独立设置的省级学位委员会拥有的权限更大，发挥的治理职能也更为全面。

各省域内学位授予单位的管理者对本省的省级学位委员会的评价也各有不同。方差分析和事后分析结果表明，不同省份间学位授予单位的管理者对省级研究生教育治理的满意度有显著差异。整体而言，上海市、重庆市、江苏省、天津市、湖南省的满意度较高，黑龙江省等省份的满意度较低；对不同省份省级学位委员会的评价也有所不同，与治理满意度类似，江苏省、重庆市、湖南省等省份的满意度较高，而西藏自治区等省份的满意度较低。此外，定序 Logistic 回归的结果也表明，省份对满意度评价有显著影响。

因此，如何推进各省份省级统筹的均衡发展，尤其是使其满足本地区研究生教育发展的需要，更好地服务与配合各学位授予单位，是发展和推进研究生教育治理中省级统筹需要高度关注的问题。

7.1.4　研究生教育省级统筹与本省社会经济发展脱节

在社会经济发展中，研究生教育扮演着重要角色，尤其是在为社会经济的发展提供高水平人才方面。与全国的研究生教育发展战略不同，研究生教育省级发展规划需要同本省宏观发展战略与实际情况相适应，满足省域内高水平人才需求，推动本省社会经济发展。为了实现这一点，省级学位委员会在研究生教育治理中，也需要考虑本地区实际情况，有针对性地开展省级统筹。

根据各省的省级学位委员会官方职能描述，各省主要工作职能具有较高程度的一致性，多集中于《关于加强省级人民政府对学位与研究生教育工作统筹的意见》所规定的四个方面的职能，且规定较为宏观、笼统，而针对本省特殊情况制定的职能却没有任何体现，这说明省级学位委员会还未能意识到研究生教育省级统筹在配合区域发展战略规划方面的重要性。此外，各个学位授予单位对研究生教育省级统筹的期待也更多停留在传统的研究生教育规划、学位授权审批、学位授予管理、质量监管等方面。

然而，研究生教育省级统筹在经历了协助国务院学位委员会开展学位工作管理的初期发展阶段之后，因为较之于县、市拥有更大的统筹权力，而在推动区域内研究生教育发展、配合本地区社会经济发展方面扮演着越来越全面和重要的角色。但无论是定位还是治理方式，目前的研究生教育省级统筹还难以满足本省社会经济发展的需要。

7.1.5　研究生教育省级统筹对培养单位的"下位需求"重视不足

作为连接国家宏观布局与培养单位微观落实的中层治理组织，省级学位委员会天然具有面向国家负责的"上位功能"和面向培养单位负责的"下位功能"，理应同时考虑国家层面的"上位需求"以及培养单位层面的"下位需求"。具体而言，省级统筹既要认真贯彻落实国家的路线、方针、政策，积极回应国家对我国学位与研究生教育发展的总体战略规划，又须深入考察培养单位研究生教育的发展现状，充分调动培养单位参与研究生教育治理的积极性，服务于本省域范围内研究生培养单位的良性、健康发展。

对省级学位与研究生教育"十三五"规划的文本分析表明，省级规划与国家规划在内容架构上保持高度的一致性，发展目标、改革任务和保障措施均基本按照国家规划展开。在国家的大力推动下，"双一流"建设已经成为我国研究生教育未来一段时期内的重点战略部署，各省也在国家方案出台后相继公布本省的"双一流"建设方案，统筹推进"双一流"建设迅速成为省级学位委员会的工作重点之一。以上均反映出目前我国的研究生教育省级统筹更多关注来自国家的"上位需求"，表现出明显的向上负责特征，但对于来自培养单位的"下位需求"则关注不足，难以有效发挥培养单位在研究生教育治理体系中的基础作用。

治理的重要特征就在于赋予下级组织更大的自主权，从而构建多元主体间持续的协商对话。在研究生教育治理语境下，要协调好国家、省域与培养单位三者的关系，其中，省级学位委员会肩负着上传下达的中枢作用，要兼顾上位和下位两种需求，特别是考虑如何进一步调动培养单位的自主性，保障研究生教育治理体系的良性运行。

7.2 发展研究生教育治理中省级统筹的建议

随着研究生教育治理体系的逐渐发展，省级政府发挥着越来越重要的作用，也对省级统筹能力提出了更高的要求。如何进一步发挥研究生教育省级统筹权成为推进研究生教育发展的重要问题。为了解决研究生教育省级统筹目前存在的问题，本研究提出了以下主要建议。

7.2.1 立法明确内涵，建立研究生教育省级统筹长效机制

研究发现，首先，目前我国还没有涉及研究生教育省级统筹的实体法律，这让省级政府在参与研究生教育治理时面临职责不明、定位模糊的困难。如某省教育部门负责人所述，"在制定权力清单时，我们遇到了找不到实体法律依据的困难，最后只能在宪法中寻找相关的法律条文"，因而各省、自治区、直辖市在制定主要工作职责时，也只能根据政策文件做出笼统的规定。其次，学位授予单位的管理者也没有形成对研究生教育省级统筹内涵的明确认识，所以不同背景的管理者对省级统筹的理解模糊，且各有不同，未能形成较为

一致的认识。

因此，建议修订《中华人民共和国学位条例》并出台《中华人民共和国学位法》的立法过程中，有效缓解省级学位委员会无法可依的局面，明确省级学位委员会的具体职责，至少可在法律中明确规定学士学位授予单位和授权点由省级学位委员会审批，以及省级学位委员会在硕士、博士学位授权审核中审议、初审的权力和责任，对学位授权审核中加强省级统筹的现行做法进行法律确认。省级学位委员会的主要职责可以包括：①根据经济、社会和文化发展状况，制定本地区学位工作的改革与发展规划；②审批本地区学士学位授予单位及学位授权点；③根据国务院学位委员会的授权，组织审核本地区的博士、硕士学位授予单位及学位授权点；④指导、监督与管理本地区学位授予单位的学位授予工作等。

通过法律形式明确省级统筹的内涵，让省级政府在参与研究生教育治理时有法可依、有章可循，这是保障省级统筹顺利开展的前提；在拥有了法律依据的基础上，各省级政府需要明确本省学位委员会在参与研究生教育治理过程中的定位，包括工作目标、主要工作职责、治理方式等，建立省级统筹的工作机制，并予以相应的配套资源，尤其是长期的资金支持，如上海市政府进行的"将教育专项经费投入转变成为常规性投入"的改革举措。在实践中创造这一条件，要求省级政府主动推动有关研究生教育省级统筹的改革。考虑到改革可能遇到的阻碍和难以摆脱的路径依赖，中央政府需要给予相应的支持和配合，推动省级政府完善和发展研究生教育省级统筹。

7.2.2　调整治理方式，实现研究生教育内涵式发展

如今，我国研究生教育已经从单纯的规模发展进入了深化内涵、提升质量的时期，国家提出了"双一流"建设的宏观战略，研究生教育的治理也应从主要关注规模、布局等外延的发展，转变为强调学科、师资质量和培养模式等内涵式发展。同时，随着研究生教育治理体系的发展与成熟，省级政府扮演的角色也越来越重要，省级政府参与研究生教育治理的方式也应该做出相应的调整。然而目前的研究生教育省级治理方式仍然与省级统筹发展初期的方式一致，并未随着新时期的需要进行调整。

因此，为了更好地发展研究生教育，省级学位委员会需要根据新时期的形势和要求，调整参与治理的方式。具体而言，应从只关注学位授权点和学科建设、学位论文的抽查与评优、学位授予工作的管理等，转向更多关注诸如课程建设、教师管理与培训、研究生实践基地建设等推进研究生教育内涵发展的工作。为了实现这些目标，省级学位委员会需要更加强调并采用"组织开展研究生创新实践活动""组织开展研究生实践基地建设""支持开展研

究生导师培训与交流"等治理方式，使其成为治理的主要手段。同时，在治理方式的自我调整之外，还需要同区域内学位授予单位的研究生教育管理者互相配合，深化他们对研究生教育内涵发展的重视程度，在学位授予单位的支持与配合下，更好地构建多元治理体系，并推进研究生教育的内涵式发展。

7.2.3 因地制宜，推进省际研究生教育省级统筹协调发展

不同省份的研究生教育发展程度各不相同，省级统筹的范围和能力也有所区别。一些发展较为成熟的省份的省级统筹能够满足本省研究生教育工作的需要，而另一些省级政府则难以支持本省研究生教育工作的开展与发展需求。在服务与配合省域内学位授予单位进行研究生教育治理过程中，部分省份的学位授予单位对本省学位委员会及其治理效果的满意度偏低，说明省级统筹不仅没能有效发挥推进研究生教育发展的作用，还在一定程度上阻碍了研究生教育治理体系的发展与成熟。

不同地区的研究生教育的发展程度与水平各异，因而省级统筹的发展也不能一概而论，需要结合本地区的实际情况，因地制宜。同时，中央政府也需要配合省级学位委员会发展各省的研究生教育省级统筹，保障省级统筹顺利开展的各项资源，调整省级统筹治理方式，找到适合本省研究生教育的发展之道。

7.2.4 省级统筹突出特色，配合、支持本省社会经济发展

研究表明，目前研究生教育省级统筹的重点放在如学位授权审批、质量保障等方面，在配合和支持本省社会经济发展方面发挥的作用不足。然而，研究生教育作为教育的最高阶段，承担着培养高水平人才、促进科学技术发展、配合产业界进行技术创新等职能。因此，突出特色，更好地配合和支持本省社会经济发展，是省级学位委员会在发展本省研究生教育时需要重点考虑的方面。

具体而言，各省级学位委员会应该结合本地区社会经济发展的特色，重点发展与之相适应的研究生教育。如研究生教育发展较为成熟的上海市，其研究生教育规模已经能够在一定程度上满足当地人才市场和经济发展的需求，因而可以更加重视部分专业的发展和人才的培养，如海洋科技学科。上海作为中国大陆最大的经济港口，也是我国重要的对外开放城市，在发展海洋科技方面有着大量的人才需求，要求当地学位授予单位能够为其提供大量具有相关专业背景的高水平人才，这就需要上海市学位委员会在学科布局的调整上发挥省级统筹的作用，给予海洋科技学科更多支持，以配合上海宏观社会经济的发展。同样，不同省、自治区、直辖市都有其各具特色的社会和产业

结构，省级学位委员会需要找准其自身特色，并在这些方面给予相应的配合和支持。

7.2.5　重心下移，发挥研究生教育省级统筹"下位功能"

由于制度惯性，目前我国的研究生教育省级统筹更多发挥的是向上负责的"上位功能"，工作重心集中在如何贯彻落实国家的总体布局规划，一定程度上忽视了本省域范围内研究生培养单位的内生需求，未能切实发挥好服务、支撑培养单位良性发展的"下位功能"，这也有悖于治理理论向下赋权、多元共治的基本原则。因此，进一步下移工作重心，充分调动培养单位参与研究生教育治理的积极性，重视发挥面向培养单位的"下位功能"，成为我国构建可持续的研究生教育治理体系的必然要求。

例如，在学位授权审核方面，要实现学位授权点动态调整的常态化，关键是调动学位授予单位自主调整的积极性，尊重其调整本单位学位授权点的自主权。省级学位委员会可通过制定规划、出台政策、底线评估等方式引导学位授予单位主动撤销和自主增列授权点，在加强事前规划、事后监管的基础上，简化动态调整学位授权点的审批程序，只需汇总后报国务院学位委员会批准，而无须组织省级审查。

在组织硕士学位论文抽检方面，省级学位委员会应明确抽检工作的"提升"导向，创新抽检结果公布方式，对问题突出的培养单位发出预警或进行质量约谈，引导培养单位树立质量自律和责任自主意识，贯通研究生教育质量的内外部保障，形成合力，共同促进研究生教育治理体系的平稳、有序运行。

主要参考文献

专　　著

[1] Van Vught F A. Autonomy and accountability in government/university relationship [M]. Oxford：IAU Press, 1994.

[2] Bolman, L G , Deal, T E. Reframing organizations [M]. San Francisco：Jossey-Bass Publishers, 1991.

[3] 毛泽东. 毛泽东文集：第七卷 [M]. 北京：人民出版社, 1999.

[4] 问清松. 省级地方学位委员会功能作用研究 [M]. 湖北：湖北人民出版社, 2009.

[5] 俞可平. 治理与善治 [M]. 北京：社会科学文献出版社, 2009.

[6] 全球治理委员会. 我们的全球伙伴关系 [M]. 香港：牛津大学出版社, 1995.

[7] 中国社会科学院语言研究所词典编辑室. 现代汉语词典：2002 年增补本 [M]. 北京：商务印书馆, 2003.

[8] 盛明科. 公共服务均等化视角下省级政府教育统筹发展效果评价研究 [M]. 北京：中国社会科学出版社, 2016.

[9] 夏征农，陈至立. 大辞海：教育卷 [M]. 上海：上海辞书出版社, 2014.

[10] 茶世俊. 研究生教育制度渐进变迁 [M]. 北京：北京大学出版社, 2010.

[11] 乔晓阳. 立法法讲话 [M]. 北京：中国民主法制出版社, 2000.

[12] 王丽萍. 联邦制与世界秩序 [M]. 北京：北京大学出版社, 2000.

[13] 伊拉扎. 联邦主义探索 [M]. 彭利平，译，上海：上海三联书店 2004.

[14] 罗西瑙. 没有政府统治的治理 [M]. 英国：剑桥大学出版社, 1995.

[15] 布鲁贝克. 高等教育哲学 [M]. 王承绪，郑继伟，张维平，等译. 杭州：浙江教育出版社, 2001.

[16] 罗素. 社会改造原理 [M]. 张师竹，译. 上海：上海人民出版社, 2001.

[17] 杜威. 人的问题 [M]. 傅统先，邱椿，译. 上海：上海人民出版社, 1987.

[18] 克拉克. 高等教育系统——学术组织的跨国研究 [M]. 王承绪，徐辉，殷企平，等译. 杭州：杭州大学出版社, 1994.

[19] 范德格拉夫，等. 学术权力——七国高等教育管理体制比较 [M]. 王承绪，张维平，徐辉，等译. 杭州：浙江教育出版社, 2001.

[20] 张维庆. 邓小平著作思想生平大事典［M］. 太原：山西人民出版社，1993.

[21] 袁本涛，王传毅. 我国研究生教育结构调整问题研究［M］. 北京：经济科学出版社，2015.

[22] 谢维和，王孙禺. 学位与研究生教育：战略与规划［M］. 北京：教育科学出版社，2011.

期刊与专著中的论文

[1] Berdahl R. Academic freedom, autonomy and accountability in British universities［J］. Studies in Higher Education, 1990, 15 (2): 169 – 180.

[2] Boer H, File J. Higher education governance reforms across Europe［M］//Pierre, J, Peters, GB. Governance, Politics and the State, 2000.

[3] Chevaillier, T. French academics: Between the professions and the civil service［J］. Higher Education, 2001, 41 (1 – 2): 49 – 75.

[4] Askling, B. Higher education and academic staff in a period of policy and system change［J］. Higher Education, 2001, 41 (1 – 2): 157 – 181.

[5] Thomas, H. Higher education governance and management: An australian study. Comparative Education［J］, 1998: 34 (3): 355 – 356.

[6] Shore, C. Audit culture and Illiberal governance Universities and the politics of accountability［J］. Anthropological Theory, 2008, 8 (3), 278 – 298.

[7] Dvorak J, Dilts J P. Academic freedom vs. administrative authority［J］. Journalism Educator, 1992, 47 (3): 2 – 12.

[8] Martilla, J A., James, JC. Importance-performance analysis［J］. Journal of Marketing, 1977 (41): 77 – 79.

[9] 张明礼，问青松. 以评估促建设 以建设求发展——关于学位授予单位整体条件省级评估的探讨［J］. 学位与研究生教育，2002 (11): 25 – 26.

[10] 朱贺玲，袁本涛. 新公共管理及其对大学治理的影响——德、英、美三国的经验［J］. 中国高教研究，2018 (3): 24 – 30.

[11] 葛锁网. 改革高等教育管理体制 加强省级政府的决策权、统筹权［J］. 江苏高教，1993 (5): 3 – 8.

[12] 陈彬，袁祖望. 试论"加强省政府高等教育统筹权"的基本内涵［J］. 高教探索，2000 (3): 28 – 32.

[13] 束金龙，廖文武. 省级统筹下的上海研究生教育发展与质量保障体系建设思考［J］. 学位与研究生教育，2015 (1): 38 – 43.

[14] 刘杨. 宪法对国家结构形式的表述［J］，南昌大学学报（人文社会科学版）. 2005 (4): 73 – 77.

[15] 瓦茨. 联邦分权的模式［J］. 何吉贤，译. 国际社会科学杂志（中文版），2002 (1): 23 – 32.

[16] 斯托克. 作为理论的治理：五个论点［J］. 国际社会科学（中文版），1999 (3):

23 - 32.

[17] 袁本涛, 孙健. 治理视域下我国研究生教育结构调整问题研究 [J]. 高等教育研究, 2011 (11): 38 - 42.

[18] 王中华. 研究生教育之乱象与治理 [J]. 研究生教育研究, 2012 (1): 14 - 20.

[19] 韦帮得, 李杨. 教育管理与教育治理——研究生教育管理与治理的隐性缺陷及解决策略 [J]. 法制与经济 (中旬), 2010 (6): 142 - 143.

[20] 彭国甫, 梁丽芝. 治理视野中的研究生教育质量保障机制的完善 [J]. 学位与研究生教育, 2007 (1): 39 - 44.

[21] 金生鈜. 论教育权力 [J]. 北京大学教育评论, 2005, 3 (2): 46 - 51.

[22] 胡锐军. 教育权力失范的伦理矫治 [J]. 国家教育行政学院学报, 2006 (11): 51 - 57.

[23] 刘世清. 论公共教育权力腐败的伦理分析及其治理 [J]. 教育学报, 2010 (3): 93 - 97.

[24] 董娟. 困境与选择: 集权与分权间的垂直管理——以当代中国政府的垂直管理为考察对象 [J]. 理论与现代化, 2009 (4): 69 - 74.

[25] 刘建明, 马国钧. 重构中国的权力体系及其运行机制——对当代中国社会矛盾的分析 [J]. 当代世界与社会主义, 2012 (4): 122 - 127.

[26] 李素芹. 我国学位工作三级管理体制中的政府权力解读 [J]. 中国高教研究, 2010 (12): 44 - 47.

[27] 于胜刚. 守卫底线——关于高校学术事务评价制度的冷思考 [J]. 学术论坛, 2010 (1): 189 - 192.

[28] 别敦荣. 学术管理、学术权力等概念释义 [J]. 清华大学教育研究, 2000 (2): 44 - 47.

[29] 周光礼. 问题重估与理论重构——大学"学术权力"与"行政权力"二元对立质疑 [J]. 现代大学教育, 2004 (4): 31 - 35.

[30] 陶增骈. 关于加强省级政府对高等教育统筹管理的问题 [J]. 现代教育管理, 1993 (4): 10 - 15.

[31] 陈彬, 袁祖望. 试论"加强省政府高等教育统筹权"的基本内涵 [J]. 高教探索, 2000 (3): 28 - 32.

[32] 程样国, 黄长才. 论扩大省级政府高等教育管理权限的几个问题 [J]. 南昌大学学报 (人文社会科学版), 2001 (4): 156 - 160.

[33] 翟亚军, 王战军. 省级政府学位与研究生教育管理职能的历史演进及未来走向 [J]. 学位与研究生教育, 2012 (4): 64 - 67.

[34] 马廷奇. 省级统筹与高等教育治理体系建设 [J]. 国家教育行政学院学报, 2015 (8): 2 - 8.

[35] 黄宝印. 我国研究生教育恢复招生培养 40 周年 [J]. 中国研究生, 2018 (7): 11 - 15.

[36] 王顶明, 杨佳乐, 黄颖. 我国研究生教育结构的现状、问题与优化策略 [J]. 研究生教育研究, 2019 (2): 1 - 5.

[37] 王传毅，陈东，李旭. 中国研究生教育发展之态势——基于核心指标的国际比较 [J].
教育发展研究，2013（23）：26-32.

[38] 王传毅，赵世奎. 21世纪全球博士教育改革的八大趋势 [J]. 教育研究，2007
（2）：142-151.

[39] 程德年，周永博，魏向东，等. 基于负面 IPA 的入境游客对华环境风险感知研究
[J]. 旅游学刊，2015（1）：54-62.

[40] 陈旭. IPA 分析法的修正及其在游客满意度研究的应用 [J]. 旅游学刊，2013
（11）：59-66.

[41] 吴小玮. 省域"双一流"建设政策文本的内容分析 [J]. 中国高教研究，2017
（8）：56-60.

学位论文

[1] 刘莹莹. 治理理论视角下政府与大学关系研究 [D]. 上海：华东师范大学，2007.

[2] 余桂华. 我国研究生招考方式改革研究 [D]. 武汉：华中科技大学，2009.

[3] 潘武玲. 我国研究生教育治理评价体系研究 [D]. 上海：华东师范大学，2004.

[4] 刘恩允. 治理理论视域下的我国大学院系治理研究 [D]. 兰州：兰州大学，2014.

[5] 蔡春. 在权力与权利之间：秩序自由主义教育研究 [D]. 广州：华南师范大学，2004.

[6] 段宇波. 我国社会转型时期行政权力体系的秩序重建 [D]. 太原：山西大学，2007.

[7] 石琳. 我国研究生教育评价主体的权力博弈研究 [D]. 兰州：兰州大学，2011.

[8] 吴怡英. 博士、硕士学位点授权审核制度的沿革分析 [D]. 苏州：苏州大学，2010.

[9] 万明. 我国研究生教育体制改革研究 [D]. 合肥：中国科学技术大学，2013.

[10] 黄帅. 我国研究生教育中学术权力与行政权力的定位及相互关系的初步研究——以
复旦大学为例 [D]. 上海：复旦大学，2012.

[11] 关海棠. 宪政架构下的地方分权研究 [D]. 长春：吉林大学，2013.

电子文献

[1] 教育部办公厅. 教育部办公厅关于统筹全日制和非全日制研究生管理工作的通知
[EB/OL].（2018-06-01）[2019-10-06]. http：//www. moe. gov. cn/srcsite/A22/
moe_826/201609/t20160914_281117. html.

[2] 中华人民共和国教育部. 扎实办好中国特色社会主义高校着力推进"双一流"建设
[EB/OL]（2017-01-25）[2019-10-06]. http：//www. moe. gov. cn/jyb_xwfb/moe
_2082/zl_2017n/2017_zl05/201701/t20170125_295698. html.

附录1 我国研究生教育省级统筹与服务质量调查问卷

我国研究生教育省级统筹与服务质量调查问卷 Ⅰ

尊敬的领导：

您好！

为全面了解省级政府在研究生教育管理中的地位与作用，以及您对研究生教育质量的主观评价，受国务院学位办委托，"中国学位与研究生教育发展年度报告"课题组现开展调研。您是本次调研的重要对象，您提供的信息对本课题非常重要，请您帮助我们认真填写本问卷。本问卷为匿名问卷，调研结果仅用于科研统计分析，不会泄露任何个人信息，请您放心填答。真诚地感谢您的支持和配合。

"中国学位与研究生教育发展年度报告"课题组
2015 年 3 月

1. 省（区、市）学位委员会办公室在贵省（区、市）教育厅的机构设置情况：

    A. 独立设置   B. 与高教处共设

    C. 与科技处共设   D. 与学位管理与研究生教育处共设

    E. 其他_____

2. 贵省（区、市）学位委员会（以下称"地方学位委员会"）的主要职能（可多选）：

    A. 普通高校学位管理   B. 普通高校研究生教育管理

    C. 重点学科建设管理   D. 高层次人才培养、遴选和引进规划

    E. 本地区学位统筹管理   F. 本地区研究生教育统筹管理

G. 其他_____

3. 您认为目前我国学位与研究生教育在布局与结构上的合理程度如何？（打√，下同）

	很不合理	不合理	一般	合理	非常合理
博士学位授权单位布局					
硕士学位授权单位布局					
专业学位授权单位布局					
博士学位授予点布局					
硕士学位授予点布局					
专业学位授予点布局					
学科结构					
层次结构					
类型结构					
区域结构					

4. 请您根据实际情况对下述内容进行评价：

	很好	好	一般	差	很差
地方学位委员会规划本地区研究生教育规模的功能发挥					
省（区、市）学位与研究生教育规划实施情况					
地方学位委员会调整本地区研究生教育结构的功能发挥					
地方学位委员会统筹地方学位与研究生教育的作用发挥					
省（区、市）重点学科建设规划实施情况					
地方学位委员会统筹部（委）属高校学位与研究生教育方面的作用发挥					
地方学位委员会在发挥部（委）属高校对地方高等教育的带动与辐射作用方面的成效					
地方学位委员会在促进部（委）属高校服务地方经济社会发展方面的效果					
地方学位委员会运用学科评估、研究生教育评估结果进行分类指导的作用					

5. 请您对贵省（区、市）研究生教育质量进行评价：

	非常满意	满意	一般	不满意	非常不满意
研究生生源质量					
研究生培养质量					
导师队伍质量					
研究生就业质量					
学术研究环境					

6. 请您对下列研究生教育质量保障因素的重要性进行评价：

	非常重要	重要	一般	不重要	非常不重要
理念与责任					
教育设施与经费投入					
导师队伍素质					
培养单位的质量保障					
地方学位委员会的检查监督					

7. 请您对下列学位与研究生教育质量管理措施的必要性进行评价：

	非常必要	必要	一般	不必要	非常不必要
完善学位授权审核办法					
实行学位点强制退出机制					
专项评估					
毕业设计（论文）抽查					
专项奖励					

8. 请您根据实际情况对下述内容进行评价：

	很充足/很满足	充足/满足	基本充足/基本满足	不充足/不满足	严重不足
贵省（区、市）研究生教育财政拨款					
贵省（区、市）省级重点学科建设的经费					

续表

	很充足/ 很满足	充足/ 满足	基本充足/ 基本满足	不充足/ 不满足	严重 不足
贵省（区、市）高层次人才队伍满足本省（区、市）教育和社会发展需要的状况					
地方学位委员会办公室的工作经费					
地方学位委员会在提供本省学位与研究生教育信息方面的情况					
贵省（区、市）研究生教育满足本地经济社会发展需要的状况					

9. 地方学位委员会主要运用哪些机制管理学位与研究生教育？（可多选）

A. 政策　　　　　　　　　B. 立法

C. 经费　　　　　　　　　D. 评估

E. 其他＿＿＿＿＿＿＿＿＿＿＿＿

10. 您认为教育部和其他行业教育主管部门应该给地方学位委员会下放的主要权限是（可多选）：

A. 学位授权审核权　　　　B. 学科统筹权

C. 招生计划权　　　　　　D. 研究生教育发展规模决定和规划制定权

E. 评估权　　　　　　　　F. 其他＿＿＿＿＿＿＿＿＿＿＿＿

11. 您认为地方学位委员会在发挥自身功能和作用方面突出的问题和困难是（可多选）：

A. 中央与地方学位委员会定位不明确，职责不明，难以开展工作

B. 经费不够充裕

C. 缺乏上级政府的合理授权

D. 缺乏发挥作用的法律法规依据

E. 是权威机构，但没有管理的职能

F. 机构人事编制缺乏

12. 您对进一步发挥地方学位委员会功能和作用的宝贵建议：

＿＿＿＿＿＿＿＿＿＿＿＿＿＿＿＿＿＿＿＿＿＿＿＿＿＿＿＿＿＿＿

本次问卷到此结束，再次感谢您的支持与配合！

我国研究生教育省级统筹与服务质量调查问卷 Ⅱ

尊敬的老师：

您好！

为了解省级学位与研究生教育管理部门在区域研究生教育统筹规划、组织管理与协调指导过程中的作用与服务质量，"中国学位与研究生教育发展年度报告"课题组特组织开展本次问卷调查。鉴于您在研究生教育管理领域的卓越表现，课题组真诚邀请您参与本次调研。我们将严格遵循国家相关法律和科研伦理，对您提供的相关信息保密，请您放心填答。非常感谢您的支持和配合！

"中国学位与研究生教育发展年度报告"课题组

2016 年 5 月

1. 您认为省级学位与研究生教育管理部门以下各项职能的重要性如何？

	非常重要	重要	不重要	非常不重要
制定区域内学位与研究生教育发展规划				
研究生教育相关政策制定与制度建设				
统筹规划区域内学科专业布局				
审核和评估区域内学位授权				
组织协调区域内"双一流"建设				
合理确定区域内研究生招生计划				
协调指导区域内重点学科建设				
统筹建设区域内各类科研平台				
统筹保障研究生教育经费投入				
协调区域内部属高校与省属高校关系				
组织开展学位论文抽检、评优等				
组织开展研究生课程建设				
组织开展研究生创新实践活动				
组织开展研究生实践基地建设				
支持开展研究生导师培训与交流				

续表

	非常重要	重要	不重要	非常不重要
统筹推进研究生教育国际化				
推进研究生教育管理信息化				
组织研究生管理干部交流与培训				

2. 您对省级学位与研究生教育管理部门履行以下各项职能的满意度如何？（若无此项职能，请选无法评价）

	非常重要	重要	不重要	非常不重要	无法评价
制定区域内学位与研究生教育发展规划					
研究生教育相关政策制定与制度建设					
统筹规划区域内学科专业布局					
审核和评估区域内学位授权					
组织协调区域内"双一流"建设					
合理确定区域内研究生招生计划					
协调指导区域内重点学科建设					
统筹建设区域内各类科研平台					
统筹保障研究生教育经费投入					
协调区域内部属高校与省属高校关系					
组织开展学位论文抽检、评优等					
组织开展研究生课程建设					
组织开展研究生创新实践活动					
组织开展研究生实践基地建设					
支持开展研究生导师培训与交流					
统筹推进研究生教育国际化					
推进研究生教育管理信息化					
组织研究生管理干部交流与培训					

3. 请您根据实际情况，对省级学位与研究生教育管理部门的下列表现进行评价：

	非常符合	符合	不符合	非常不符合
能正确领会和及时传达研究生教育相关政策				
善于向上级争取各种优惠政策或资金支持				
能为本省研究生教育的发展提供充足经费				
有效地管理和指导本省研究生教育工作				
为本省创造了良好的研究生教育环境				
能够积极协调研究生教育相关管理部门				
能有效搭建区域内研究生教育交流平台				
机构编制合理，工作人员充足				
内部职能分工明确，各司其职、各尽其责				
工作程序公开，政策信息透明				
经常是上有政策、下有对策，自行变通				
工作人员业务素质高，办事能力强				
工作人员服务意识强，服务态度好				

4. 贵单位目前拥有在读博士生_____人，硕士生_____人。

5. 您目前已从事研究生教育管理相关工作_____年。

6. 您目前在贵单位的行政级别为：

A. 校级　　　　　　　　B. 处级

C. 科级　　　　　　　　D. 其他

本次问卷到此结束，再次感谢您的支持与配合！

附录 2 调查问卷的验证性因子分析结果

附录 2.1 调查问卷 I 验证性因子分析结果

A. Kaiser-Meyer-Olkin 度量 $= 0.704$，卡方 $= 248.159$，$df = 45$，$p = 0.000$
B. Kaiser-Meyer-Olkin 度量 $= 0.696$，卡方 $= 137.404$，$df = 45$，$p = 0.000$
C. Kaiser-Meyer-Olkin 度量 $= 0.709$，卡方 $= 53.293$，$df = 21$，$p = 0.000$
D. Kaiser-Meyer-Olkin 度量 $= 0.558$，卡方 $= 23.036$，$df = 3$，$p = 0.000$

表 附 -1 问卷 I 验证性因子分析结果

潜变量	测量指标	因子载荷	P 值
研究生教育布局与结构合理程度	A1 博士学位授权单位布局合理程度	0.942	***
	A2 硕士学位授权单位布局	0.877	***
	A3 专业学位授权单位布局	0.872	***
	A4 博士学位点布局	0.898	***
	A5 硕士学位点布局	0.902	***
	A6 专业学位点布局	0.949	***
	A7 学科机构	0.809	***
	A8 层次结构	0.897	***
	A9 类型结构	0.830	***
	A10 区域结构	0.826	***
省级统筹效果评价	B1 地方学位委员会提供本省学位与研究生教育信息方面的情况	0.439	***
	B2 地方学位委员会规划本地区研究生教育规模的功能发挥	0.824	***

续表

潜变量	测量指标	因子载荷	P 值
省级统筹效果评价	B3 省、自治区、直辖市学位与研究生教育规划实施情况	0.534	***
	B4 地方学位委员会调整本地区研究生教育结构的功能发挥	0.826	***
	B5 地方学位委员会统筹地方学位与研究生教育的作用发挥	0.820	***
	B6 省、自治区、直辖市重点学科建设规划实施情况	0.780	***
	B7 地方学位委员会统筹部（委）属高校学位与研究生教育方面的作用发挥	0.655	***
	B8 地方学位委员会在发挥部（委）属高校对地方高等教育的带动与辐射作用方面的成效	0.759	***
	地方学位委员会在促进部（委）属高校服务地方经济社会发展方面的效果	0.783	
	地方学位委员会运用学科评估、研究生教育评估结果进行分类指导的作用	0.802	
研究生教育质量评价	C1 研究生生源质量	0.418	***
	C2 研究生培养质量	0.809	***
	C3 导师队伍质量	0.558	***
	C4 研究生就业质量	0.829	***
	C5 学术研究环境	0.655	***
	C6 省、自治区、直辖市高层次人才队伍满足本省教育和社会发展需要的状况	0.852	***
	C7 省、自治区、直辖市研究生教育满足本地经济社会发展需要状况	0.546	***
研究生教育经费状况	D1 省、自治区、直辖市研究生教育财政拨款	0.864	***
	D2 省、自治区、直辖市省级重点学科建设的经费	0.791	***
	D3 地方学位委员会办公室的工作经费	0.382	***
参考值		>0.5	<0.01

附录 2.2　调查问卷 II 验证性因子分析结果

A.　Kaiser-Meyer-Olkin 度量 = 0.923，卡方 = 2944.262，df = 153，p = 0.000
B.　Kaiser-Meyer-Olkin 度量 = 0.924，卡方 = 3333.122，df = 153，p = 0.000
C.　Kaiser-Meyer-Olkin 度量 = 0.917，卡方 = 2749.263，df = 78，p = 0.000

表 附 -2　问卷 II 验证性因子分析结果

潜变量	测量指标	因子载荷	P 值
重要性认知程度	A1 制定区域内学位与研究生教育发展规划	0.693	***
	A2 研究生教育相关政策制定与制度建设	0.609	***
	A3 统筹规划区域内学科专业布局	0.632	***
	A4 审核和评估区域内学位授权	0.475	***
	A5 组织协调区域内"双一流"建设	0.591	***
	A6 合理确定区域内研究生招生计划	0.603	***
	A7 协调指导区域内重点学科建设	0.683	***
	A8 统筹建设区域内各类科研平台	0.689	***
	A9 统筹保障研究生教育经费投入	0.388	***
	A10 协调区域内部属高校与省属高校关系	0.347	***
	A11 组织开展学位论文抽检、评优等	0.543	***
	A12 组织开展研究生课程建设	0.629	***
	A13 组织开展研究生创新实践活动	0.767	***
	A14 组织开展研究生实践基地建设	0.612	***
	A15 支持开展研究生导师培训与交流	0.626	***
	A16 统筹推进研究生教育国际化	0.610	***
	A17 推进研究生教育管理信息化	0.557	***
	A18 组织研究生管理干部交流与培训	0.471	***
执行满意程度	B1 制定区域内学位与研究生教育发展规划	0.504	***
	B2 研究生教育相关政策制定与制度建设	0.485	***
	B3 统筹规划区域内学科专业布局	0.697	***
	B4 审核和评估区域内学位授权	0.680	***

续表

潜变量	测量指标	因子载荷	P值
执行满意程度	B5 组织协调区域内双一流建设	0.576	***
	B6 合理确定区域内研究生招生计划	0.463	***
	B7 协调指导区域内重点学科建设	0.622	***
	B8 统筹建设区域内各类科研平台	0.546	***
	B9 统筹保障研究生教育经费投入	0.497	***
	B10 协调区域内部属高校与省属高校关系	0.356	***
	B11 组织开展学位论文抽检、评优等	0.277	***
	B12 组织开展研究生课程建设	0.617	***
	B13 组织开展研究生创新实践活动	0.620	***
	B14 组织开展研究生实践基地建设	0.534	***
	B15 支持开展研究生导师培训与交流	0.721	***
	B16 统筹推进研究生教育国际化	0.654	***
	B17 推进研究生教育管理信息化	0.684	***
	B18 组织研究生管理干部交流与培训	0.599	***
对省级学位委员会的评价	C1 能正确领会和及时传达研究生教育相关政策	0.492	***
	C2 善于向上级争取各种优惠政策或资金支持	0.555	***
	C3 能为本省研究生教育的发展提供充足经费	0.615	***
	C4 有效地管理和指导本省研究生教育工作	0.717	***
	C5 为本省创造了良好的研究生教育环境	0.692	***
	C6 能够积极协调研究生教育相关管理部门	0.715	***
	C7 能有效搭建区域内研究生教育交流平台	0.664	***
	C8 机构编制合理，工作人员充足	0.612	***
	C9 内部职能分工明确，各司其职、各尽其责	0.519	***
	C10 工作程序公开，政策信息透明	0.630	***
	C11 经常是上有政策、下有对策，自行变通	0.619	***
	C12 工作人员业务素质高，办事能力强	0.734	***
	C13 工作人员服务意识强，服务态度好	0.686	***
参考值		>0.5	<0.01

附录3 各省级学位委员会主要职责

表 附 -3 各省、自治区、直辖市学位委员会主要工作职责

省、自治区、直辖市	主要工作职责
天津市	天津市学位委员会是主管天津地区学位工作的机构，业务上接受国务院学位委员会的领导。主要职责是贯彻《中华人民共和国学位条例》及国务院学位委员会的工作要求，统筹规划天津地区的学位工作；统一管理学生、硕士、博士三级学位的授予工作；审批学士学位授权单位及学士、硕士学位授权学科、专业；检查和评估各级学位授予质量；组织起草天津地区学位工作方面的地方性法规、规章草案及管理办法；协调解决学位工作中有关问题
新疆维吾尔自治区	承担全区研究生教育和学位工作，拟订全区研究生教育与学位工作改革与发展规划；指导、协调高校重点学科建设，联系高校"211 工程"建设及对口援疆学科建设等有关工作；组织开展研究生培养与学位授予质量的评估检查工作
甘肃省	负责全省学位与研究生教育工作；协调并指导高校国家和省级重点学科的审批和建设工作；负责教育系统高层次人才工作；承办省学位委员会的具体工作。①统筹管理全省学位与研究生教育工作；②协调指导重点学科建设工作；③按照国家部署，对有关学位点、学位授予单位的设置及调整进行审核、报批；④组织开展学位授予质量与研究生培养质量的评估检查工作；⑤组织实施长江学者奖励计划等高层次人才遴选推荐工作；⑥负责学位信息年报与研究生学籍学历电子注册工作
上海市	综合管理市属各类高校，指导、协调中央部委在沪高校工作；制定本市高等教育发展规划和年度计划，协调和指导高等教育改革和发展中的重大问题；负责审批高校专业设置，指导高校教育教学改革、学科建设、教材建设、课程建设、教学仪器、实验设备及图书馆建设；协调"211 工程"建设工作；承担上海市学位委员会办公室工作，负责研究生的管理和硕士点的设置工作

续表

省、自治区、 直辖市	主要工作职责
宁夏回族 自治区	协调和指导解决高等教育改革和发展中的重大问题；宏观管理高等学校的教学工作，负责审核、审议高校专业设置，指导高校学科专业建设、教材建设、课程建设、实验实训条件建设等教育教学基本建设和教育教学改革工作；承担高等学校教学评估的相关工作，指导各类高等继续教育和远程教育工作；规划指导高校人文社会科学和自然科学的研究；协调指导高等学校承担国家和自治区各类科技创新项目，指导高校科技创新平台建设，促进科研成果转化；承担自治区人民政府学位委员会办公室日常工作，负责硕士、学士学位授权的评审工作和研究生教育工作
青海省	承担高等教育教学的管理工作，指导高等教育学校基本建设和改革工作，指导改进高等教育评估工作，拟订高等学校学科专业目录、教学指导文件，指导各级各类高等学校继续教育和远程教育工作。承担各类高等学校学籍学历管理工作和学历证书的认定工作。承担省学位委员会办公室的日常工作
海南省	统筹管理各类高等教育，负责高等学校设置和高等教育管理体制改革工作；承担高等教育教学宏观管理，指导高等教育教学基本建设和改革，组织并实施各类高等教育评估工作，指导高等继续教育和远程教育工作；指导高校哲学社会科学研究和科学技术工作，指导高校实验室、工程技术中心等科技创新平台的发展建设，组织高校各类科研项目的申报和实施，指导高校信息化建设和产学研工作；指导与管理全省学位与研究生教育工作，指导高等学校重点学科的建设和管理，承办省学位委员会的具体工作；负责高校图书馆及教材建设工作；负责高等学校学籍学历管理工作；负责高等学校师资培训工作；指导协调高校人才工作
西藏自治区	统筹管理普通高等教育、研究生教育社会力量举办的高等教育工作。指导高等学校教育教学改革和高等教育评估。宏观指导高等学校的高新技术应用研究与推广、科技成果转化和"产学研"结合等工作。统筹规划、管理学位工作，负责实施国家的学位制度。
北京市	负责北京地区高等学校科学研究和技术创新工作。指导高等学校实施重大科研项目；指导协调高等学校重点实验室、工程研究中心、大学科技园、技术转移中心、北京市哲学社会科学研究基地、重点科研基地的建设，推进"产学研"结合，促进科技产业发展；制定校办产业发展政策；指导本市教育系统信息化工作；协调北京市与在京中央部委院校共建项目的管理工作；负责北京地区学位管理、研究生培养和质量监控工作，指导重点学科、研究生培养基地、市属普通高等学校"211 工程"建设；承担北京市学位委员会办公室工作

续表

省、自治区、直辖市	主要工作职责
安徽省	统筹规划和指导高等学校自然科学、哲学社会科学研究工作；组织协调高等学校承担国家和省重大科研项目实施；指导高等学校重点学科、重点实验室、工程研究中心、大学科技园、哲学社会科学研究基地及"211工程"建设；指导高等学校高新技术产业发展、"产学研"合作和知识产权工作；规划、指导全省教育信息化工作；统筹管理全省研究生教育，指导高等学校和科研单位研究生培养工作；承担和指导学位授予单位和学位点的审批、审核工作，承担省学位委员会办公室的日常工作
贵州省	规划指导高等院校科学技术工作，拟订全省学位与研究生教育工作的改革与发展规划；统筹指导高等院校参与创新体系建设、承担科技重大专项等各类科技计划，统筹指导高等院校学位管理和研究生培养的有关工作；协调、指导高等院校科技创新平台的发展建设，指导"产学研"结合等工作；承办国务院学位委员会交办的具体工作
吉林省	规划、指导高等学校科学技术和人文社会科学研究工作；协调、指导学校参与国家、省创新体系建设，协调、指导高校承担国家、省科技重大专项等各类科技计划及重大人文社会科学研究项目的实施工作；指导高等学校科技创新平台的发展建设；指导高校教育信息化和"产学研"结合等工作；协调高校出版物的监督管理工作。组织吉林省学位授予单位实施《中华人民共和国学位条例》；拟定全省学位与研究生教育工作的改革与发展规划；指导与管理研究生培养和学科建设的有关工作；承担国家、省重点学科的建设与管理工作；负责"211工程""985工程"的实施与协调工作；承办省学位委员会办公室的具体工作
广东省	规划、指导和协调教育系统的科研工作；组织实施科研项目及科研创新平台建设；指导"产学研"结合与相关科技产业工作；开展科技信息交流及科研统计工作；指导高校做好知识产权保护工作；承担全省学位与研究生教育统筹管理工作；组织拟订全省学位与研究生教育工作的改革与发展规划；承担"211工程""985工程"及高校重点学科的实施和协调工作；承办省学位委员会的具体工作
四川省	指导高等学校科技体制改革和教育系统科研工作，指导高等学校参与国家和省创新体系建设以及各类科技计划的实施，指导高等学校科技创新平台发展建设和知识产权保护，指导教育信息化建设和"产学研"结合等工作；组织实施《中华人民共和国学位条例》，规划全省学位与研究生教育工作，指导与管理研究生培养和重点学科建设，承办省政府学位委员会的具体工作

续表

省、自治区、直辖市	主要工作职责
云南省	科技产业工作：制定全省高校科学技术发展规划并指导、组织实施；组织、协调全省高校国家和省部级科技项目的申报实施；推进高校哲学社会科学繁荣计划的实施；协调、指导全省高校在国家和省部级重点实验室、工程研究中心、人文社会科学重点研究基地、科技创新团队建设、2011协同创新计划实施、重点学科建设及科技成果转化、大学园区、高新技术产业发展和"产学研"结合等方面的建设和管理；协调高校有关知识产权和专利申请；加强高等学校科学道德和学风建设。学位与研究生教育工作：负责制定全省学位与研究生教育发展规划，推进高水平大学建设；指导管理全省学位与研究生教育（省级优秀硕士、博士学位论文评审）；博士、硕士学位点授权审核；学位证书管理；研究生教育质量评估与监控；新增学士学位授予单位及学科专业授权审核；研究生学籍（学历、学位）及学士学位电子注册；成人本科毕业生申请学士学位外语水平考试；研究生教育创新计划，实施高层次创新人才联合培养基地建设；等等。省院省校教育合作工作：组织实施省院省校教育各类合作项目管理（资助教师进修/访学、攻读硕士/博士、人文社会科学项目研究、国内国际学术交流等）
河北省	统筹规划全省（含驻冀中直单位）的学位管理与研究生教育工作；负责学士、硕士、博士三级学位的授予及信息管理、认证工作；负责新增博士、硕士和学士学位授予单位及授权学科、专业的规划、立项、中期检查、验收评估和授予工作；研究制定全省学位管理有关政策；协调解决学位与研究生教育工作中的重大问题；组织开展各级学位授予质量的检查评估和研究生培养；承办国务院学位委员会授权或委托的其他工作
内蒙古自治区	统筹规划和管理学位工作，负责增设学位授予单位和增设学位授权学科、专业的报批、审核工作
山西省	负责全省学位与研究生教育工作，拟定全省学位与研究生教育工作的改革与发展规划；指导与管理研究生培养有关工作；指导学位授予单位的人才培养和质量评估工作；承担普通高等学校重点学科和重点大学建设与协调工作；承办山西省人民政府学位委员会的日常工作；承担业务和职责范围内的安全管理工作
辽宁省	无
黑龙江省	组织实施《中华人民共和国学位条例》；拟订全省学位与研究生教育发展规划；负责全省研究生的培养指导、学籍管理和思想政治教育工作；承担国家重点学科建设的有关指导与管理工作；承担省重点学科及其带头人队伍的建设与管理工作；承担省学位委员会的具体工作

续表

省、自治区、直辖市	主要工作职责
山东省	①统筹全省学位建设与管理工作；承担省政府学位委员会的日常工作；②负责全省学位与研究生教育工作；③负责拟订学位与研究生教育质量标准，组织开展学位与研究生教育质量评估工作；④负责全省非全日制研究生、同等学力人员在职申请学位，研究生课程班管理工作；⑤指导全省研究生教育科学研究、改革与创新工作；⑥参与高等学校教学管理工作；⑦完成领导交办的其他事项
重庆市	承担高校学位与研究生教育的管理指导工作；拟订学位与研究生教育发展规划、学科建设规划；负责博士、硕士学位授予单位、授权点和授权学科专业的相关工作；负责高校重点学科建设管理工作；负责研究生培养质量和学籍的管理及学位授权点的检查评估；指导、协调高校"211工程""985工程"建设；承办市学位委员会的具体工作
陕西省	组织实施《中华人民共和国学位条例》；拟订全省学位工作计划并组织实施；评审学位授予权；检查、评价学位授予质量；管理学士、硕士、博士学位工作；编制研究生教育规划，参与制订研究生年度招生计划；指导研究生的培养和招生制度改革及学科建设的有关工作；承担"211工程""985工程"的实施和协调工作；负责高校、科研机构重点学科建设规划和学术学科带头人、两院院士的选拔培养工作；承办省政府学位委员会的具体工作
江西省	统筹管理全省高校的学位与研究生教育工作；参与制定全省学位与研究生教育工作改革与发展规划并指导组织实施；组织开展学位质量评估、检测工作；负责全省高校重点学科建设工作；组织协调"211工程"的实施工作
湖南省	负责全省学位与研究生教育工作；负责全省学位授予工作，实施国家的学位制度
河南省	负责全省高等学校和科研机构的学位管理工作，统筹规划全省学位与研究生教育的发展和建设，指导全省研究生的培养教育工作；组织同等学力和在职人员申请学位的相关统筹工作，开展学位与研究生教育质量评估及学位认证工作，承办河南省学位委员会的具体工作
湖北省	拟订全省研究生教育和学位工作发展规划；指导与管理全省研究生培养和学科建设的有关工作；对有关学位、学位授予机构的设置及调整进行审核；负责组织硕士和博士学位与研究生教育以及学士学位授予质量的检查与评估；参与拟订全省研究生的年度招生计划；承担省人民政府学

续表

省、自治区、直辖市	主要工作职责
	位委员会的日常工作。①制定全省研究生教育和学位工作发展规划；②参与制订研究生的年度招生和培养管理工作计划；③对有关学位点、学位授予机构的设置及调整进行审核、报批；④负责组织硕士和博士学位与研究生教育以及学士学位授予质量的检查与评估；⑤负责学科建设；⑥负责学位认证；⑦承担省人民政府学位委员会的日常工作
广西壮族自治区	组织实施《中华人民共和国学位条例》；拟订全区学位与研究生教育工作的改革与发展规划；指导与管理研究生培养和学科建设的有关工作；承担自治区学位委员会的具体工作
江苏省	统筹管理全省研究生教育和学位工作；负责拟订全省研究生教育与学位工作改革与发展规划；协调、指导高校重点学科建设工作，联系高校"211工程""985工程"建设有关工作；负责学士学位授予单位和授予专业的审批以及硕士学位授予单位与硕士点、博士学位授予单位与博士点设置的审核、报批工作；负责研究生课程进修班的管理工作；组织开展学位授予质量与研究生培养质量的评估检查工作；参与研究生招生制度改革、高校教师队伍规划建设和研究生德育工作；承担省学位委员会办公室的具体工作；完成省学位委员会和厅领导交办的其他工作
浙江省	负责高校科研工作；协调并指导高校高新技术产业发展和"产学研"结合等工作；负责高等学校师资队伍建设和职称评审工作；负责学科、重点实验室、工程技术研究中心的建设、管理工作；指导、管理全省研究生培养工作，承担省学位委员会的日常工作
福建省	高等教育处（省学位委员会办公室）指导高等教育教学改革、教学管理和相关考试工作；指导高等学校学科专业建设和专业结构调整工作；会同有关部门规划、指导高等学校的建设，组织实施相关重点建设项目；指导、组织高等学校教育质量与教学工作评估；指导高等学校图书馆、实验室、实训基地和教材建设工作；指导各类高等继续教育和远程教育工作；指导、管理研究生培养和学科建设工作；承担省学位委员会的日常工作

附录4 学位授予单位研究生教育管理者对省级统筹的评价

表 附－4 学位授予单位研究生教育管理者对省级治理方式的重要性评价

项目	频数	均值	方差	最小值	最大值
制定区域内学位与研究生教育发展规划	326	3.58	0.60	1	4
研究生教育相关政策制定与制度建设	326	3.46	0.72	1	4
统筹规划区域内学科专业布局	326	3.45	0.68	1	4
审核和评估区域内学位授权	326	3.25	0.71	1	4
组织协调区域内"双一流"建设	326	3.37	0.68	1	4
合理确定区域内研究生招生计划	326	3.22	0.75	1	4
协调指导区域内重点学科建设	326	3.30	0.71	1	4
统筹建设区域内各类科研平台	326	3.13	0.76	1	4
统筹保障研究生教育经费投入	326	3.59	0.61	1	4
协调区域内部属高校与省属高校关系	326	3.08	0.82	1	4
组织开展学位论文抽检、评优等	326	3.35	0.55	1	4
组织开展研究生课程建设	326	3.12	0.75	1	4
组织开展研究生创新实践活动	326	3.18	0.71	1	4
组织开展研究生实践基地建设	326	3.25	0.72	1	4
支持开展研究生导师培训与交流	326	3.23	0.71	1	4
统筹推进研究生教育国际化	326	3.20	0.72	1	4
推进研究生教育管理信息化	326	3.37	0.67	1	4
组织研究生管理干部交流与培训	326	3.42	0.63	1	4

表 附 -5　学位授予单位研究生教育管理者对省级治理方式的执行满意度评价

项目	频数	均值	方差	最小值	最大值
制定区域内学位与研究生教育发展规划	280	2.92	0.58	2	4
研究生教育相关政策制定与制度建设	289	2.94	0.57	1	4
统筹规划区域内学科专业布局	275	2.88	0.62	1	4
审核和评估区域内学位授权	291	3.02	0.52	2	4
组织协调区域内"双一流"建设	257	2.91	0.62	1	4
合理确定区域内研究生招生计划	281	2.86	0.63	1	4
协调指导区域内重点学科建设	281	2.96	0.61	1	4
统筹建设区域内各类科研平台	261	2.85	0.63	1	4
统筹保障研究生教育经费投入	275	2.76	0.66	1	4
协调区域内部属高校与省属高校关系	258	2.88	0.65	1	4
组织开展学位论文抽检、评优等	313	3.18	0.54	1	4
组织开展研究生课程建设	286	2.89	0.64	1	4
组织开展研究生创新实践活动	289	2.94	0.62	1	4
组织开展研究生实践基地建设	291	2.92	0.63	1	4
支持开展研究生导师培训与交流	262	2.70	0.70	1	4
统筹推进研究生教育国际化	257	2.66	0.69	1	4
推进研究生教育管理信息化	276	2.75	0.71	1	4
组织研究生管理干部交流与培训	289	2.75	0.73	1	4

表 附 -6　学位授予单位研究生教育管理者对省级学位委员会的评价

项目	频数	均值	方差	最小值	最大值
能正确领会和及时传达研究生教育相关政策	326	3.20	0.51	1	4
善于向上级争取各种优惠政策或资金支持	326	2.83	0.65	1	4
能为本省研究生教育的发展提供充足经费	326	2.73	0.70	1	4
有效地管理和指导本省研究生教育工作	326	2.99	0.56	1	4
为本省创造了良好的研究生教育环境	326	2.96	0.62	1	4
能够积极协调研究生教育相关管理部门	326	2.95	0.61	1	4
能有效搭建区域内研究生教育交流平台	326	2.84	0.66	1	4
机构编制合理，工作人员充足	326	2.54	0.72	1	4

续表

项目	频数	均值	方差	最小值	最大值
内部职能分工明确，各司其职、各尽其责	326	2.89	0.63	1	4
工作程序公开，政策信息透明	326	2.98	0.57	1	4
经常是上有政策、下有对策，自行变通	326	2.25	0.72	1	4
工作人员业务素质高，办事能力强	326	3.05	0.55	1	4
工作人员服务意识强，服务态度好	326	3.07	0.55	1	4

附录5 学位授予单位研究生教育管理者评价的省间差异

表 附-7 不同省份学位授予单位研究生教育管理者对省级
治理方式重要性认知程度的差异性分析

省份		统筹规划区域内学科专业布局	组织开展研究生课程建设	统筹推进研究生教育国际化
F 值		1.45*	1.63**	1.55**
北京	M	3.28	3.03	3.20
	SD	0.82	0.66	0.69
江苏	M	3.68	3.14	3.14
	SD	0.48	0.83	0.94
陕西	M	3.43	3.19	3.29
	SD	0.60	0.60	0.56
四川	M	3.55	3.05	2.85
	SD	0.51	0.95	0.75
广东	M	2.88	2.88	2.71
	SD	0.78	0.86	0.77
河北	M	3.44	3.13	3.50
	SD	0.51	0.62	0.63
湖北	M	3.50	2.88	2.88
	SD	0.52	0.62	0.62
上海	M	3.13	2.93	3.20
	SD	1.06	1.03	0.94

续表

省份		统筹规划区域内学科专业布局	组织开展研究生课程建设	统筹推进研究生教育国际化
重庆	M	3.67	3.60	3.33
	SD	0.82	0.51	0.49
山东	M	3.57	3.00	3.36
	SD	0.51	0.68	0.63
福建	M	3.57	2.79	3.07
	SD	0.65	0.70	0.62
浙江	M	3.23	3.31	2.85
	SD	0.93	0.63	0.69
吉林	M	3.82	2.91	3.27
	SD	0.41	0.94	0.65
内蒙古	M	3.60	3.20	3.40
	SD	0.70	0.42	0.52
云南	M	3.56	3.44	3.56
	SD	0.53	0.53	0.53
辽宁	M	3.44	3.33	3.22
	SD	0.53	0.71	0.83
天津	M	3.50	3.38	2.88
	SD	0.54	0.71	0.84
江西	M	3.75	3.13	3.50
	SD	0.46	0.64	0.76
湖南	M	3.63	3.63	3.63
	SD	0.74	0.52	0.74
河南	M	3.57	3.86	3.57
	SD	0.54	0.38	0.54
山西	M	3.20	3.00	3.00
	SD	0.45	0.71	0.71
西藏	M	4.00	3.60	3.60
	SD	0.00	0.55	0.55

续表

省份		统筹规划区域内学科专业布局	组织开展研究生课程建设	统筹推进研究生教育国际化
贵州	M	3.60	3.20	3.20
	SD	0.55	0.84	0.84
广西	M	3.50	2.25	3.25
	SD	0.58	0.96	0.96
黑龙江	M	3.75	3.50	3.50
	SD	0.50	0.58	0.58
宁夏	M	3.00	2.67	3.67
	SD	0.00	0.58	0.58
新疆	M	3.33	2.67	3.33
	SD	0.58	0.58	0.58
甘肃	M	3.33	3.33	3.67
	SD	1.16	0.58	0.58

注：因安徽省样本仅1个，无法进行 ANOVA 分析，所以表附 -7、附 -8、附 -9 的分析未纳入安徽省样本。

表 附 -8　不同省份学位授予单位研究生教育管理者对省级治理方式执行满意度的差异性分析

省份			研究生教育相关政策制定和制度建设	总体
		F 值	1.50*	2.13***
北京	2.94	M	2.94	2.89
	0.48	SD	0.48	0.43
江苏	2.61	M	2.61	3.09
	0.50	SD	0.50	0.52
陕西	2.78	M	2.78	2.79
	0.65	SD	0.65	0.39
四川	3.00	M	3.00	2.84
	0.49	SD	0.49	0.39

续表

省份			研究生教育相关政策制定和制度建设	总体
广东	2.87	M	2.87	2.64
	0.52	SD	0.52	0.30
河北	3.20	M	3.20	2.73
	0.41	SD	0.41	0.45
湖北	2.92	M	2.92	2.82
	0.67	SD	0.67	0.41
上海	2.86	M	2.86	3.14
	0.77	SD	0.77	0.31
重庆	3.29	M	3.29	2.84
	0.47	SD	0.47	0.59
山东	3.25	M	3.25	2.70
	0.45	SD	0.45	0.48
福建	2.77	M	2.77	2.52
	0.60	SD	0.60	0.50
浙江	2.92	M	2.92	2.49
	0.52	SD	0.52	0.91
吉林	2.40	M	2.40	2.81
	0.70	SD	0.70	0.39
内蒙古	2.90	M	2.90	2.93
	0.74	SD	0.74	0.32
云南	3.22	M	3.22	2.97
	0.44	SD	0.44	0.62
辽宁	3.00	M	3.00	2.96
	0.54	SD	0.54	0.42
天津	3.00	M	3.00	2.84
	0.54	SD	0.54	0.56
江西	3.14	M	3.14	3.24
	0.69	SD	0.69	0.48

续表

省份			研究生教育相关政策制定和制度建设	总体
湖南	3.17	M	3.17	3.01
	0.41	SD	0.41	0.57
河南	3.00	M	3.00	3.01
	0.82	SD	0.82	0.05
山西	2.80	M	2.80	2.76
	0.45	SD	0.45	0.31
西藏	3.00	M	3.00	2.84
	1.00	SD	1.00	0.18
贵州	3.00	M	3.00	2.84
	0.00	SD	0.00	0.36
广西	3.25	M	3.25	2.29
	0.50	SD	0.50	1.55
黑龙江	3.00	M	3.00	2.46
	0.00	SD	0.00	0.38
宁夏	2.50	M	2.50	2.76
	0.71	SD	0.71	0.20
新疆	3.00	M	3.00	2.69
	0.00	SD	0.00	0.62

表 附 - 9　不同省份学位授予单位研究生教育管理者对省级学位组织满意度的差异性分析

省份		能正确领会和及时传达研究生教育相关政策	善于向上级争取各种优惠政策或资金支持	有效管理和指导本省研究生教育工作
F 值		1.86^{***}	1.51^{*}	1.82^{***}
北京	M	3.18	2.83	3.03
	SD	0.39	0.55	0.48
江苏	M	3.18	2.77	2.91
	SD	0.66	0.75	0.53
陕西	M	3.05	2.57	2.81
	SD	0.50	0.60	0.75

续表

省份		能正确领会和及时传达研究生教育相关政策	善于向上级争取各种优惠政策或资金支持	有效管理和指导本省研究生教育工作
四川	M	3.15	2.85	2.95
	SD	0.49	0.75	0.51
广东	M	3.12	2.82	2.76
	SD	0.49	0.53	0.66
河北	M	3.63	3.13	3.13
	SD	0.50	0.72	0.50
湖北	M	3.31	2.81	3.00
	SD	0.48	0.55	0.37
上海	M	3.13	2.87	2.87
	SD	0.64	0.74	0.64
重庆	M	3.60	3.40	3.60
	SD	0.51	0.63	0.51
山东	M	3.21	2.86	3.21
	SD	0.58	0.54	0.58
福建	M	3.00	2.71	2.86
	SD	0.39	0.61	0.54
浙江	M	2.92	2.62	3.00
	SD	0.64	0.77	0.41
吉林	M	3.00	2.55	2.64
	SD	0.00	0.69	0.51
内蒙古	M	3.50	2.80	3.00
	SD	0.53	0.63	0.82
云南	M	3.22	3.11	3.11
	SD	0.44	0.60	0.33
辽宁	M	3.22	2.67	3.00
	SD	0.44	0.50	0.50
天津	M	3.13	2.50	2.88
	SD	0.35	0.54	0.35

续表

省份		能正确领会和及时传达 研究生教育相关政策	善于向上级争取各种 优惠政策或资金支持	有效管理和指导本省 研究生教育工作
江西	M	3.13	3.13	3.13
	SD	1.64	0.64	0.64
湖南	M	3.38	3.00	3.38
	SD	0.52	0.76	0.52
河南	M	3.14	2.57	2.86
	SD	0.38	0.79	0.69
山西	M	3.00	3.00	2.80
	SD	0.00	0.00	0.45
西藏	M	3.00	3.00	2.80
	SD	0.00	0.00	0.45
贵州	M	3.00	2.80	3.00
	SD	0.71	0.84	0.00
广西	M	3.50	3.50	3.50
	SD	0.58	0.58	0.58
黑龙江	M	3.25	3.00	3.00
	SD	0.50	0.00	0.00
宁夏	M	2.67	2.67	2.67
	SD	0.58	0.58	0.58
新疆	M	3.67	2.33	3.33
	SD	0.58	0.58	0.58

附录6 部分省级学位与研究生教育 发展"十三五"规划文本

附录6.1 河北省学位与研究生教育发展"十三五"规划

"十三五"是全面深化研究生教育综合改革、提高研究生教育质量、推动研究生教育现代化的关键期,是全面实现教育规划纲要各项目标的决胜阶段。为了进一步明确我省"十三五"及今后一个时期学位与研究生教育发展的总体思路和战略任务,推进研究生教育又快又好发展,按照国家关于做好制定"十三五"发展规划的总体要求和部署,结合我省实际,制定本规划。

序　言

研究生教育作为国民教育体系的顶端,是培养高层次人才主要途径,是国家人才竞争和科技竞争的重要支柱,是实施创新驱动发展战略和建设创新型国家的核心要素。没有强大的研究生教育,就没有强大的国家创新体系。

我省自开展研究生教育以来,始终结合国家战略和河北省经济社会发展需求,研究生教育事业取得了长足的发展,已基本建立起学科门类较为齐全,结构布局相对合理,办学效益逐步提高的研究生教育体系,为社会输送了一大批高层次专门人才,为河北经济社会发展作出了积极的贡献。

"十二五"期间,特别是党的十八大以来,我省紧抓国家深化研究生教育改革发展机遇,确立了服务需求、提高质量的发展主线,努力推动研究生培养模式改革,积极构建质量监督保障体系,全省学位与研究生教育工作健康发展,成效显著。学位授权结构优化调整取得明显进展,学位授权点数量不断增加,一批高水平学科迅速崛起;专业学位研究生教育综合改革试点项目取得显著成效,专业学位培养模式改革取得突破,专业学位研究生教育规模发展迅速;研究生培养规模不断扩大,培养质量稳步提高,质量意识和发展水平较大提升;投入保障明显改善,财政专项资金支持取得历史性突破。"十二五"期间的改革发展成效为"十三五"研究生教育创新发展奠定了良好基础。

"十三五"是我省实施国家京津冀协同发展战略、创新驱动发展战略、制造强国战略和人才优先发展战略，实现经济发展转方式、调结构，推动产业向高精尖、集约型、外向型迈进的重要窗口期，面临着构建现代产业新体系的艰巨任务，必须以高素质人才构建新的竞争优势，以创新激发新的发展动力。我省研究生教育面临着前所未有的发展机遇和挑战，必须加快转变发展战略，大力提升高层次创新人才培养水平。

与全省人民群众的期盼相比，与河北省经济社会发展的需要相比，与国内高水平研究生教育相比，我省研究生教育还存在着明显的差距。学位授权结构类型难以满足我省经济社会发展需求，学位授权学科的整体水平和影响力与我省的经济社会发展地位不相匹配；主动服务需求不到位，培养模式不能满足高水平创新能力和实践能力人才培养的要求；教育质量主体责任意识不强，质量监督与保障体系不够完备；合作开放的水平不能满足现代高水平研究生教育发展的需要。

"十三五"是研究生教育全面提升质量的深度转型期，应继续坚持以服务需求、提高质量为主线，深化体制机制改革，实现发展方式、类型结构、培养模式和评价机制的根本转变，逐步完善服务国家战略和河北省经济社会需求的研究生教育体系，为建设人才强省和人力资源强省提供坚强保证。

一、指导思想和总体思路

(一) 指导思想

全面贯彻落实党的十八大，十八届三中、四中、五中全会精神和习近平总书记系列重要讲话精神，按照"四个全面"的战略布局，落实国家和我省"十三五"规划和教育规划纲要任务，坚持研究生教育立德树人的根本任务，全面深化研究生教育综合改革，以服务国家和河北省经济社会发展需求为导向，更加突出发展的质量和效益，更加突出培养模式转变，更加突出体制机制创新，更加突出结构调整与优化，更加突出调动各方资源参与研究生教育的积极性，更加突出扩大对外开放发展，统筹推进我省高水平大学和一流学科建设，为推进全省各项重大战略的实施和加快社会经济发展提供坚强保证。

(二) 总体思路

把"深化改革、优化结构、提升内涵、扩大开放、服务需求、提高质量"作为我省学位与研究生教育"十三五"发展的总体思路，立足河北高等教育实际，深入落实国家关于研究生教育改革的总体部署，坚持走内涵式发展道路，以服务需求、提高质量为主线，把寓教于研、激励创新作为根本要求，把分类改革、机制创新作为主要驱动，不断提高我省学位与研究生教育水平。

二、发展目标

到 2020 年，实现我省研究生教育向服务需求、提高质量的发展战略转型，基本建成规模结构更加合理、培养质量显著提高、创新能力和主动适应社会需求能力明显增强、拔尖创新人才持续涌现的研究生教育体系。

（一）学位授权学科建设水平显著提高

到"十三五"末，建设 30 个左右具有鲜明特色的优势学科（群），进入国内先进行列，若干学科进入世界一流学科行列。

（二）学位授权类型结构进一步优化

立项建设 2— 4 个博士学位授权单位；立项建设 10 个左右硕士学位授权单位；立项建设 1—2 个民办院校硕士学位授权单位；按一级学科统筹管理学位授权学科专业，博士学位授权一级学科由现在的 57 个适度增加到 70 个左右，硕士学术学位授权一级学科由现在的 249 个适度增加到 300 个左右；硕士专业学位授权类别由现在的 36 个增加到 38 个，硕士专业学位授权点由现在的 237 个增加到 300 个左右；力争增加 2 个博士专业学位授权点。

（三）导师队伍建设取得明显成效

到"十三五"末，博士生导师由现在的 900 多人增加到 1200 人以上；硕士生导师由现在的 1 万人增加到 1.2 万人以上；具有博士学位的导师达到 75% 以上。形成一支规模结构和能力水平适应研究生教育发展的专兼结合导师队伍。

（四）研究生规模适度稳定增加

到 2020 年研究生招生规模力争达到 16000 人，全日制在校研究生达到 4.5 万人，其中，专业学位研究生占比达到 60% 以上。非全日制研究生培养规模达在学人数 3 万人以上。

（五）合作与交流取得明显进展

建设 2—3 个产学合作深化专业学位研究生培养模式改革示范项目、5—7 个京津冀高校联合培养学术学位研究生试点项目、30 个专业学位研究生培养实践示范基地。与境外高校合作开展研究生培养项目的覆盖面和影响力进一步扩大，研究生境外访学和参与国际学术交流的活跃度大幅提高，留学研究生的数量占在学研究生的比例有较大幅度增加。

三、发展改革任务

（一）优化人才培养类型结构

以服务国家和河北省经济社会发展需求为导向，着力优化学科结构和培养结构，建立健全结构调整优化机制。

1. 优化研究生教育学科结构。加强省级统筹和学位授权前瞻布局，制定全省十三五期间新增学位授予单位立项建设规划，分批次确定立项建设单位。统筹学位授权审核与学位点动态调整，完善学位授权点定期评估制度，建立学位授权点强制退出机制，推动学位点存量调整。支持和引导学位授予单位不断优化学科结构，促进人文社科与理工科、基础学科与应用学科协调发展。创新财政支持方式，根据办学质量、学科水平和特色等因素配置资源，通过计划调控、绩效拨款等方式调整引导学科建设。

2. 优化研究生培养结构。适度增加博士学位研究生培养规模，努力推进博士专业学位研究生教育；保持硕士学术学位研究生合理发展速度，积极发展硕士专业学位研究生教育，增加培养单位确定硕士专业学位研究生规模的自主权；重视发展非全日制研究生教育。

（二）改革招生选拔制度

1. 完善招生计划分配办法。根据国家、京津冀协同发展需要和高层次人才培养规律，加强宏观管理，通过增量安排和存量调控，建立研究生教育规模、结构、布局动态调整机制，改革完善招生计划分配办法，支持优势学科、基础学科、科技前沿学科、服务国家和河北省重大需求的学科发展。

2. 健全招生选拔机制。在国家优化硕士研究生招生初试的基础上，推进分类考试，强化复试考核，加强能力考查，注重综合评价，建立健全更加科学有效、公平公正的考核选拔体系。建立完善博士研究生"申请—考核"选拔机制，发挥和规范导师和专家组的考核作用，强化对科研创新能力和专业学术潜质的考查。

（三）改革创新人才培养模式

突出人才培养核心地位，分类推进培养模式改革，着力提高学术学位研究生的创新能力和专业学位研究生的职业能力，着力培养具有历史使命感和社会责任心，富有创新精神和实践能力的高素质人才。

1. 完善学术学位研究生培养模式。将博士研究生的基本学制调整为四年，实行弹性化培养管理，着力提高博士研究生的原始创新能力。全力推进京津冀研究生教育协同发展，鼓励和支持培养单位与京津高水平大学联合培养学术学位研究生。鼓励研究生独立申请研究课题、独立开展科学研究。支持研究生参加形式多样的高水平学术交流，加强研究生学科竞赛的支持力度。

2. 创新专业学位研究生培养模式。依据任职资格要求，分类改革选拔机制、课程体系、教学方式、实践教学，强化与职业相关的实践能力培养。加强产学合作，支持高校探索建立互利共赢的专业学位研究生培养新模式，鼓励高校与行业企业联合招收培养一线科技研发人员。深化医教协同临床医学专业学位研究生改革，推进专业学位研究生教育与职业资格的有效衔接。指导和支持培养单位加强实习、实践基地建设，继续推进省级专业学位研究生培养实践基地建设，评选"省级示范性实践基地"。

3. 加强研究生课程和案例库建设。面向需求科学设计课程体系，加强不同培养阶段课程的整合、衔接，加强研究生课程的系统性和前沿性，将创新创业能力培养融入课程体系。探索在线开放等形式的教学方式，建设一批优质研究生网络公开课程。改革授课方式和考核办法，构建研究生课程学习支持体系，满足个性化发展需求。建立规范的课程审查机制，加强教学质量评价。加强案例教学，探索不同形式的实践教学。统筹使用各类经费，加大对研究生课程建设、案例库建设、教学改革的常态化投入，完善课程建设成果奖励政策，开展省级研究生精品课程、优秀案例和优秀教材的评选工作。

4. 健全研究生考核和淘汰机制。加强研究生课程学习、中期考核、资格考试、论文开题、答辩等环节的过程管理和学业考核。建立研究生课程学习预警机制，健全学术道德和学风的监管与惩戒机制，畅通分流渠道，加大淘汰力度。

（四）健全导师责权机制

以提高研究生培养质量为核心，强化导师岗位意识，健全以导师为第一责任人的责权机制，建设一支师德高尚、业务精湛、富有创新精神和创新能力的高水平导师队伍。

1. 完善导师岗位动态管理机制。建立学术学位和专业学位研究生导师分类评聘、分类考核评价制度和岗位动态调整机制，健全以师德师风、学术水平和培养质量为导向的导师评价制度，建立导师招生资格审核和准入、退出机制。充分发挥导师对研究生思想品德、科学伦理的示范和教育作用，强化导师在研究生招生选拔以及奖助学金评定等工作中的作用。

2. 加强导师队伍能力建设。强化导师培训，支持导师学术交流、访学和参与行业企业实践，逐步实行导师休假制度。加强高校、科研院所和企业间人才交流与共享，建设专兼结合的导师队伍，完善校所、校企"双导师"制度，重视发挥导师团队作用。开展"省级优秀研究生导师"评选工作，促进导师队伍整体水平的提升。

（五）完善质量评价与监督保障体系

以服务需求为质量评价的核心标准，建立健全主体多元、公开透明的质量评价与监督保障体系。

1. 健全内部质量保证体系。强化培养单位质量保障的主体地位和主体责任，建立与本单位办学目标和定位相一致的质量标准，建立研究生教育质量自我评估制度，定期对学位授权点和研究生培养质量进行诊断式评估，鼓励有条件的高校和学位点开展国际评估或质量认证。加强学位论文学术不端检测。完善学位论文外审制度和办法。定期发布研究生教育发展和质量报告，提高培养单位研究生培养的透明度。

2. 强化外部质量监控。建设以教育行政部门监管为主导，行业部门、学术组织和社会机构共同参与的质量评价监督体系。强化省级主管部门的评估监督职能，完善绩效导向的资源配置机制，加强事中事后监管，综合运用法律政策、规划拨款、信息公开等手段，督促和引导培养单位内涵发展。加强学位授予的过程管理，完善省级学位论文抽检制度，建立学术学位与专业学位论文分类评价机制，改进优秀硕士、博士论文评选办法。充分发挥第三方机构在研究生教育质量调查研究、标准制定、绩效评估及学风建设等方面的重要作用，充分发挥行业部门在需求分析、标准制定和专业学位质量认证等方面的积极作用。

（六）扩大国内外合作交流

树立开放合作共享共赢理念，坚持引进来和走出去相结合，加强省内研究生教育资源的开放和共享，建立科教融合、产学结合协同培养研究生新机制，积极参与国际交流与合作，培育研究生教育国际竞争力。

1. 建立省内优质资源共享机制。积极发挥省内高校的协同优势，统筹构建省级研究生联合培养机制，实现研究生培养资源的优势互补，推动我省研究生课程、案例库、重点实验室、实践基地等优质资源的开放共享。

2. 建立协同培养研究生机制。进一步加强高等学校与科研院所和行业企业的资源共享、战略合作，支持校所、校企联合建设拔尖创新人才培养平台，开展联合招生、联合培养试点，拓展合作育人的途径与方式。积极推进京津冀研究生教育协同发展，打造战略联盟，建立长效协同机制，创新合作培养研究生新模式。

3. 扩大国际合作与交流。对接国家对外开放战略，鼓励有条件的培养单位到海外开展研究生教育。完善中外合作办学的政策制度体系，支持培养单位与境外高水平大学合作开展"双学位""联合学位"项目，推动校际间开展研究生课程合作建设、联合授课、学分和学位互认。加大对研究生访学研究、短期交流、参加国际学术会议的资助力度。加强国际化师资队伍建设，开展任务导向的国际化师资培训，吸引国外优秀人才来华培养研究生。完善留学研究生政策，提高奖励资助标准，扩大招生规模，提高生源质量和多样性，改进国际学生教学内容和教学方式。

四、保障措施

（一）完善投入保障机制

健全以政府投入为主、受教育者合理分担培养成本、培养单位多渠道筹集经费的研究生教育投入机制。完善高校研究生教育财政拨款制度，建立健全包括生均综合定额拨款、研究生奖助经费在内的财政拨款体系。探索研究生教育绩效拨款，加强监督管理和绩效考核，建立经费投入与任务目标、建设成效相统一的拨款机制。省教育厅要协调相关部门加大财政投入，支持研究生教育改革。

培养单位要按国家有关规定，加大纵向科研经费和基本科研业务费支持研究生培养的力度，统筹财政投入、科研经费、学费收入、社会捐助等各种资源，建立健全多元奖助政策体系，确保对研究生教学、科研和资助的投入。

（二）健全规章制度

修订和完善研究生学籍管理、学位授予等研究生教育管理规章制度，建立河北省学位授权审核制度，制定新增学位授予单位和学位授权点立项建设管理办法，健全学位授权点合格评估与动态调整机制，完善研究生教育管理体制和运行机制，制定并出台具体改革政策和措施，为研究生教育改革与发展提供制度保障。

（三）构建信息化支撑服务体系

整合建设覆盖省内所有培养单位的研究生教育管理信息体系，建设纵向贯通、横向关联的教育管理信息化系统。建立河北省高校学位与研究生教育信息共享平台，利用信息化手段，推进大型科学仪器设备、自然科技资源、科学数据、科学文献共享。

建设学位与研究生教育质量信息平台，及时发布质量信息，公布质量标准，发布质量报告和评估结果，进行监督公示，接受社会监督。建立研究生教育质量信息分析和预警机制。

（四）完善激励机制

鼓励、引导、支持研究生导师和研究生教育管理人员积极开展研究生教育教学改革研究。增加"研究生教学改革研究项目"立项，增设或单列"河北省研究生教学成果奖"评选，开展省级精品课、经典案例、优秀教材评选工作，支持深化专业学位研究生培养模式改革示范项目和京津冀研究生教育协同建设试点项目，继续推进培养模式综合试点改革项目、省级实践基地建设项目、研究生创新资助项目建设，评选省级专业学位培养实践基地示范项目。

加强对研究生教育管理人员的培养和培训，组织管理人员参加工作经验交流，定期参加专题培训，组织评选"研究生教育管理先进工作者"等，不断提高服务能力和管理水平。积极支持省研究生教育学会开展学位与研究生教育理论和实际问题的研究，充分发挥学会在我省研究生教育教学改革中的地位和作用。

（五）建立实施机制

落实高校办学自主权，使高校在招生考试、学科建设、教学培养、科学研究、国际交流等学位与研究生教育活动中有更大的权力和空间，充分调动高校的办学积极性，为高校的长远发展创造更加宽松的环境和条件。各研究生培养单位应以全面质量观为指导，创新体制机制，加快形成以大学章程为统领的研究生培养制度体系，完善有关研究生培养的学术组织和管理体系。

全省各研究生培养单位，要从全局的高度，把发展研究生教育摆在更加重要的位置，把思想和行动统一到主动服务需求、提高质量的改革主线上来。应围绕我省研究生教育发展"十三五"规划确定的战略目标、主要任务、重大措施和项目等，结合本单位实际，制定本单位实施研究生教育发展"十三五"规划的具体方案和措施，分阶段、分步骤组织实施，全面推进研究生教育改革和发展。

附录6.2 江苏省学位与研究生教育发展"十三五"规划

为深入实施科教与人才强省战略，加快推进江苏高水平大学建设，全面提升学位与研究生教育质量，依据教育部、国务院学位委员会印发的《学位与研究生教育发展"十三五"规划》和江苏省人民政府办公厅印发的《江苏省"十三五"教育发展规划》等文件，制定本规划。

序 言

学科是人才培养的核心载体，是创新驱动的重要平台。学科水平是反映科技创新水平和社会发展能力的重要指标。研究生教育作为国民教育体系的顶端，是科技第一生产力、人才第一资源、创新第一动力的重要结合点，是国家创新体系的重要组成部分和高层次人才培养的主要途径。加强学科建设、学位和研究生教育，为经济社会发展提供高水平的科技支撑和智力支持，是江苏顺应时代发展趋势、抢占未来制高点的必然要求，是江苏实施科教与人才强省战略、建设创新型省份的紧迫任务。

"十二五"期间，江苏不断强化学科建设，深化学位与研究生教育综合改革，努力提高人才培养质量，取得了显著成效。一是学科建设水平大幅提升。全省有一级学科国家重点学科29个、二级学科国家重点学科64个，分别占全国总数的10.14%和9.45%；大力推进江苏高校优势学科建设工程和江苏省重点学科项目，21所高校的79个学科进入基本科学指标数据库（ESI）排名前1‰，高校数和学科数分别位居全国第一、第二，其中4个学科进入前1‰；13个学科在第三轮全国学科评估中排名第一，占全国总量的11.3‰，位居全国第二。二是学位授权体系更为完备。新增博士、硕士学位授予单位各2个，新增服务国家特殊需求博士、硕士人才培养项目试点高校各3所，全省（不含科研院所和部队院校）一级学科博士、硕士和专业学位授权点分别达到264个、392个和257个，覆盖了除军事学以外的12个学科门类。三是研究生教育规模稳步扩大。在学全日制研究生达到15.6万人，其中博士研究生2.7万人（含专业学位博士研究生146人），硕士研究生12.9万人（含专业学位硕士研究生5.2万人），总数较"十一五"末增长24.8%。四是研究生培养模式改革深入推进。江苏被教育部确定为深化专业学位研究生教育综合改革试点省份。推进博士研究生培养模式改革取得阶段性成效。持续实施研究生培养创新工程，研究生创新精神和实践能力显著提升。五是研究生培养质量保障体系更为完善。以硕士学位授权一级学科点合格评估、硕士学位论文抽检评议、博士硕士学位论文评优为主要内容，构建了"三位一体"、内外结合的研究生培养质量保障体系。

江苏学科建设、学位与研究生教育快速发展的同时，也面临一些挑战和问题，主要表现在与江苏经济社会发展的融合度有待进一步增强，主动服务江苏创新驱动发展和产业转型升级的匹配度、贡献率有待进一步提升；规模、结构、质量、特色、效益之间还不够协调，不同区域、学科和校际之间发展还不够均衡；拔尖创新人才培养模式有待深入探索，协同、开放、共享的研究生培养机制有待进一步完善，质量保障体系建设还需进一步加强，一流大学和一流学科建设任重道远，国际影响力和竞争力有待进一步提升。

"十三五"时期是江苏学科建设、学位与研究生教育深度转型、创新突破的关键期。当前，世界经济在深度调整中曲折复苏，新一轮科技革命和产业变革蓄势待发，我国正处于全面建成小康社会的决胜阶段，江苏经济社会发展也正处在转型升级、提质增效的攻坚期，教育和人才在推动科技创新和经济社会发展中的战略作用愈发彰显；国家统筹推进世界一流大学和一流学科建设的号角已经吹响，各省市纷纷发力，加快建设与发展，力求形成新的优势，竞争愈加激烈。面对新的机遇和挑战，江苏学科建设、学位与研究生教育要继续坚持以"服务需求、提高质量"为主线，突出体制机制创新，调动政府、社会和研究生培养单位等各方积极性，着力推进江苏高水平大学和优势学科建设，着力完善学位与研究生教育体系，着力增强主动服务国家战略需求和江苏经济社会发展需求的能力，努力在建设研究生教育强国、实现江苏教育现代化进程中作出更加突出的贡献。

一、发展思路和目标

（一）指导思想

全面落实党的十八大和十八届三中、四中、五中、六中全会精神，深入贯彻习近平总书记系列重要讲话精神和治国理政新理念新思想新战略，按照"四个全面"战略布局，树立"创新、协调、绿色、开放、共享"新发展理念，落实国家和江苏省"十三五"教育发展规划，以服务需求为导向，以创新发展为动力，以提高人才培养质量为中心，更加注重结构布局优化与资源整合，更加注重质量与效益协调发展，更加注重学科建设与研究生培养模式改革，更加注重多方协同与对外开放，统筹推进高水平大学和优势学科、重点学科建设，全面深化研究生教育综合改革，打造学科建设与研究生教育的新高地，为江苏"聚力创新、聚焦富民，高水平全面建成小康社会"提供强有力的智力支撑。

（二）发展思路

坚持服务需求，推进协调发展。面向世界科技发展前沿和国家重大发展战略，立足江苏实际需求，以世界一流大学和一流学科建设为统领，加强分类指导和分层建设，优化教育资源配置，协调推动优势发展和特色发展，全面提升学科建设、学位与研究生教育的结构适应性和社会贡献率。

坚持提升质量，推进内涵发展。突出学科建设在高校发展中的龙头地位，注重结构调整优化，凝练学科方向，打造高水平创新团队和科研平台，大力提升学科建设水平。突出学位与研究生教育在高校发展中的战略地位，突出研究生主体地位和教师主导作用，统筹利用国内外教育资源，全面提升人才培养质量。

坚持深化改革，推进创新发展。建立新型学科建设绩效考核和激励约束机制，激发学科发展内生动力。深化研究生培养模式改革，着力增强研究生创新精神和实践能力。创新研究生培养体制机制，大力推进科教协同、产学结合，加强省级指导和统筹，推进高校自主办学、特色发展。

（三）发展目标

到 2020 年，以世界一流大学和一流学科建设为统领，建成结构优化、布局科学、协调发展、覆盖面广的高水平学科体系，形成规模合理、满足需求、具有特色、多方资源充分参与的高质量学位与研究生教育体系。江苏学科与研究生教育的综合竞争力与国际影响力显著提升，支撑创新驱动发展战略和人才优先发展战略的能力稳步增强。

结构规模更加合理。协调发展优势学科和重点学科、特色学科和新兴交叉学科，学科布局与江苏经济社会发展相适应，形成一批拔尖创新人才培养高地。研究生培养规模适度增长，培养体系更加完善。到 2020 年，江苏在学研究生规模达到 19 万人，其中博士研究生力争达到 3 万人（其中省属高校达到 0.9 万人），硕士研究生达到 16 万人（其中省属高校到 8 万人），学术学位与专业学位硕士研究生规模比例为 4:6。适度扩大学位授予单位和授权点规模，加快专业学位授权点建设，创新发展专业学位博士研究生教育。

质量水平显著提升。实施江苏高水平大学建设工程，确保江苏在争创世界一流大学和一流学科进程中走在全国前列。到 2020 年，力争 15 所以上高校进入全国百强，其中 10 所左右高校进入前 50 名。100 个左右学科进入 ESI 全球同类学科前 1%，其中 5 个以上学科进入前 1‰。研究生对高水平科研成果、经济社会发展的贡献稳步提升，用人单位对毕业生的满意度持续提升。

国际影响力明显增强。积极贯彻新时期教育对外开放政策，建成若干国际一流的海外研究生联合培养基地。研究生参与国际会议、海外访学、联合培养的比例与层次逐步提高，高水平大学中具有海外学习经历的研究生比例达 10%，具有一年左右海外研修经历的博士研究生达 30%。持续提升"留学江苏"的吸引力，来苏留学研究生规模达到 1 万人；不断完善留学研究生培养和管理体系，提高留学研究生培养能力和水平。到 2020 年，高水平大学研究生中留学生比例达 10% 以上。

二、主要任务

（一）加强学科建设

1. **优化学科结构。** 加强对学科布局的统筹规划和合理调整，继续保持理工学科的国内优势地位，全面加强马克思主义理论学科建设，推动人文学科快速发展。加快发展具有重要现实意义的新兴学科和交叉学科，重视发展具有重要文化价值和传承意义的冷门学科，重点瞄准"一带一路""中国制造2025""互联网＋"等国家重大发展战略以及江苏经济转型升级需求和世界科技发展前沿，在服务新一代信息技术、高端装备制造、网络空间安全、新能源、新材料、新医药等新兴产业的学科领域取得重大突破。

2. **组建学科联盟。** 推动校际间组建学科联盟，引导和支持学科间开展交流合作，努力构建课程互选、学分互认、学生互访、"三助一辅"岗位互聘、学位论文互评、基地共享、设备共用机制，探索联合开展考试招生、拔尖人才培养、教材开发、教改研究、社会服务、国际合作与交流，促进学科强强联合、优势互补、集聚发展，增强学科发展核心竞争力。

3. **建设一流学科。** 把学科建设摆在更加突出和优先发展位置，持续推进江苏高校优势学科建设工程和江苏省重点学科建设项目，围绕国家重大战略和江苏经济社会发展需求，立足高校自身优势和特色，打造高峰学科与高原学科，努力建成一批具有一流创新条件、培养一流创新人才、产出一流创新成果的国内领先、国际竞争力强的优势学科。

（二）统筹学位授权管理

1. 优化学位授权点布局。进一步完善学位授权体系，制定全省新增学位授予单位（授权点）立项建设规划。优化学位授权点区域布局，加强区域间学位与研究生教育资源共享，逐步缩小区域发展差距。积极发展江苏紧缺和特色显著的学位授权点，填补海洋科学、船舶与海洋工程、医学技术、系统科学、新闻传播学等一级学科博士学位授权空白点。继续争取扩大学位授权点规模，适度加快专业学位授权点建设。到 2020 年，博士和硕士学位授权点增加 20% 左右，其中专业学位授权点增加 30% 左右。

2. 推动学位点动态调整。支持研究生培养单位以一流学科、优势学科、重点学科建设为统领，努力形成具有自身特色的学位授权体系。加强学位授权点质量评估，开展毕业研究生就业情况、社会需求与培养质量调查，强化研究生培养单位自评工作，建立预警机制和动态调整机制，统筹增量和存量配置，提高学位点建设质量。

（三）完善研究生培养体系

1. 深化研究生考试招生改革。探索制定针对不同培养层次和培养类别的研究生考试招生办法。优化硕士研究生考核选拔机制，强化综合能力评价；建立完善博士研究生"申请—考核"选拔机制，强化对科研创新能力和专业学术潜质的考查。逐步扩大研究生培养单位招生录取自主权，落实招生选拔的主体责任，同时充分发挥导师在招生选拔中的作用。完善招生选拔信息公开制度。

2. 加强研究生思想政治教育。加强研究生党建工作。坚持以立德树人为根本任务，教育和引导研究生自觉践行社会主义核心价值观，着力培养研究生国家意识、法制意识、社会责任意识和科学精神。组织实施研究生思想政治理论课程新方案，将学术规范和职业伦理教育课程纳入培养方案，构建科研诚信和学术道德建设的长效机制。切实加强研究生心理健康教育和咨询服务工作。

3. 加强研究生课程建设。增强研究生课程建设的系统性和前沿性，突出创新思维和创新创业能力培养，改革教学方法和考核方式，提高课程教学质量和教学效果。建设 1000 门案例课程进入教育部学位与研究生教育发展中心案例库，加强与国外高水平大学联合建设研究生课程，建设开放性教育资源，建成 500 门网络公开课程；建立课程和授课教师的准入、退出机制和教学质量的监督、评价、信息反馈机制。加强全英文授课课程建设，建成 1500 门面向留学生的英文授课精品课程，每个优势学科中至少有 1 门全英文授课课程。

4. 完善研究生分类培养模式。加强以提高学术素养和创新能力为目标的学术学位研究生培养,强化问题导向的学术科研训练并贯串于培养全过程,支持研究生参与学术交流和国际合作,鼓励研究生独立申请研究课题开展科学研究,加强博士研究生跨学科、跨学院以及与海外高水平大学和研究机构联合培养。加强以提升职业发展能力为目标的专业学位研究生培养,强化实践能力培养和创新创业教育,在优化培养方案、强化专业实践、推进与国际接轨、健全评价体系、加强"双导师"队伍建设、职业资格证书衔接等方面深入推进专业学位研究生教育改革。

5. 提升研究生综合素养和能力。加强研究生人文素养和科学精神培养。鼓励和支持研究生积极参加江苏省研究生学术创新论坛、江苏省研究生科研创新实践大赛、江苏省研究生暑期学校,努力提升研究生的全面素质和综合能力。大力加强研究生职业发展教育和创新创业指导服务,广泛开展社会实践和志愿服务活动,支持研究生结合个人专业知识和研究成果,开展自主创业和社会服务。

6. 加强研究生导师队伍建设。加强师德师风建设,明确研究生导师职责权利,在研究生成长全过程中,充分发挥导师对研究生全方位指导、教育和帮助的第一责任人作用。提高导师指导能力,完善导师岗前培训制度和工作交流机制,选派骨干导师赴海外培训,支持导师参加国际学术交流、合作研究和访学。完善导师评聘评价制度,建立学术学位和专业学位研究生导师分类评聘、分类考核评价制度,将导师培养质量与招生资格挂钩。优化导师队伍结构,通过聘请外籍专家、校外兼职导师、产业教授等,多渠道拓展师资队伍来源。

(四)健全质量保障机制

1. 强化学科建设绩效管理。构建学科建设综合评价体系,创新学科组织模式,定期监测和评估学科发展水平,引导和促进学科水平的不断提升。支持和鼓励研究生培养单位将一流学科建设与资源分配、高端人才引进、科研评价、人事制度改革等紧密结合起来,综合推进,形成合力。

2. 完善研究生培养质量保障机制。充分发挥各级学术组织的作用,加强学风监管与学术不端惩戒。围绕研究生培养目标和要求,建立生源质量、课程教学质量、学位论文质量、学位授权点建设质量、研究生导师指导质量、毕业生职业发展质量为一体的研究生培养质量保障机制,并进行动态分析,有效保障研究生培养质量。

3. 健全外部质量监督评价体系。强化江苏省学位委员会、江苏省教育厅对研究生培养单位教育质量的评估统筹与监督职责,组建江苏省学位委员会学科评议专家组,发挥智库作用,为深化学术型研究生教育改革和创新、保障研究生培养质量提供智力支持；组建省级专业学位研究生教育指导委员会，指导、协调全省专业学位研究生教育工作，监测专业学位研究生教育质量。鼓励第三方机构积极参与研究生教育质量监测，开展研究生培养质量评估、反馈与跟踪调查。组织开展硕士学位授权一级学科点合格评估、博士硕士学位论文评优以及硕士学位论文抽检评议工作。建立江苏省学位与研究生教育质量信息平台，每年定期发布全省研究生教育质量报告。

（五）加强国际联合培养

1. 加强研究生教育国际合作。鼓励研究生培养单位引进国外优质教育资源，与国际知名高水平大学及一流学科等开展合作办学，与国际高水平研究机构、世界500强企业建立国际人才培养和科研合作长效机制。借助优势学科平台，建设一批国际合作研究中心、国际合作联合实验室等研发基地，开拓海外联合培养基地。聘请外籍专家参与研究生课程教学和培养指导，搭建高水平的研究生培养平台，助推高水平学科建设。

2. 推进研究生国际联合培养。实施江苏研究生海外研修计划，加大研究生赴海外学习、交流的资助力度，鼓励研究生培养单位通过联合培养、海外研修、海外实习、合作科研、参加国际学术会议和国际技能大赛等方式，着力培养具有国际视野与跨文化交流能力、能够参与国际事务与国际竞争的高素质人才。

3. 提高留学研究生培养能力。深入实施"留学江苏"行动计划，进一步扩大留学研究生生源地覆盖面，逐步提高生源质量。加强全英语专业建设和师资队伍建设，进一步完善培养方案和教材，改进教学内容和教学方式，加强文化交流与传播，构建符合国际标准、具有中国特色和江苏特点的留学研究生培养体系。

（六）深化体制机制改革

1. 健全研究生培养协同机制。推进科教协同、研学融合、产学结合，加强研究生培养单位与科研院所、行业企业的合作，促进科研院所和行业企业优势资源与研究生培养深度融合。创新人才培养模式，以科研合作项目为牵引搭建研究生培养合作平台，共同建设联合培养基地，选聘2000名产业教授，建立3000个研究生工作站，评选300个优秀研究生工作站、30个研究生工作站示范点。

2. 创新研究生培养管理机制。遵循"注重个性、保证质量"的原则，积极探索课程硕士、研究生双学位、在线学位教育模式等多种硕士培养类型。改革博士研究生培养机制，逐步将博士研究生的基本学制调整为四年，加强博士研究生培养过程管理和学业考核，建立博士研究生资格考核、中期考核和论文审核制度，完善分流退出机制，畅通博士研究生向硕士层次的分流渠道,并建立博士研究生分流退出与名额补偿相结合的管理激励机制。完善研究生学籍管理办法,鼓励研究生培养单位自主制定研究生调整专业实施办法,支持研究生发挥兴趣特长开展具有创新价值的研究活动,促进研究生成长成才。

3. 加强研究生培养绩效考核。建立新型绩效考核机制和激励约束机制,鼓励公平竞争,充分激发研究生培养单位内生动力和发展活力。通过绩效考评,优化研究生招生计划、学位授予单位增设和学位授权点增列、重大项目支持等教育资源配置。

三、保障措施

（一）加强组织落实

江苏省学位委员会、江苏省教育厅会同省有关部门负责规划落实的组织与统筹,组织实施重大建设项目,建章立制,规范管理,加大信息公开力度。研究生培养单位根据本规划的发展思路、目标和主要任务,结合本单位实际,制定学科建设、学位与研究生教育"十三五"专项规划,确保任务分解到位,责任明确到位,政策落实到位,措施保障到位,努力推进学科建设、学位与研究生教育更好更快发展。

（二）完善投入保障机制

健全以政府投入为主、受教育者合理分担培养成本、多渠道筹集经费的投入机制,保障学科建设与研究生教育持续、快速发展。研究生培养单位统筹财政拨款、科研事业收入、学费收入、社会捐赠等各种资源,不断加大对研究生教育的经费投入,完善研究生培养项目资助制,稳步提高研究生教育经费生均支出水平,建立健全多元奖助政策体系,保障和提高研究生生活待遇。

（三）组织实施重大项目

项目一:江苏高水平大学建设工程。在持续实施江苏高校优势学科建设工程、品牌专业建设工程、协同创新计划、特聘教授计划等"四大专项"的同时,集中力量对有关高校整体扶优扶强,引导高校找准参照系,争先进位,不断提升办学水平、综合实力和国际知名度。

项目二:江苏高校优势学科建设工程。以"打造高峰、顶天立地、扶优做强、交叉引领"为思路,推进优势学科建设工程,集中力量建设 170 个左右实力雄厚、特色鲜明、优势突出的高峰学科。

项目三:江苏省重点学科建设项目。立项建设 300 个左右一级学科省重点学科［含省重点（培育）学科、省重点建设学科］,引导和支持江苏高校优化学科结构,凝练学科方向,突出学科建设重点,创新学科组织模式,使重点学科成为优势学科的后备力量,构建江苏学科高原。

项目四：研究生培养创新工程。实施以研究生科研创新计划、研究生教育教学改革课题、研究生科研创新实践大赛、研究生学术创新论坛、研究生暑期学校、优秀研究生工作站评选、优秀学位论文评选、研究生教育成果奖评选等为主要内容的"研究生培养创新工程"，为研究生提供学术创新与学术交流的平台，推进教育教学改革，提升研究生培养质量。

项目五：研究生课程及案例库建设计划。鼓励研究生培养单位建设和优化符合教学规律、瞄准国际前沿、突出学习成效的核心课程体系。支持研究生培养单位开展案例教学，建设省级案例教学中心。鼓励案例资源、师资、学术成果和国际合作资源共享。每年根据研究生培养单位开展课程建设和案例库建设情况，按照绩效奖补的方式予以资助。

项目六：研究生导师能力提升计划。组织开展研究生导师岗前培训与工作交流，资助研究生导师、研究生课程主讲教师、研究生教育管理干部到海外高水平大学和科研机构短期研修和培训。鼓励研究生培养单位和企业互派导师、专家进行学习培训，合作开发课程，提高指导能力。深入宣传优秀导师典型事迹，树立良好舆论导向。

项目七：研究生教育中外合作办学计划。配合江苏高校中外合作办学高水平示范性建设工程的实施，开展硕士、博士研究生层次的中外合作办学。到2020年，建成10个高水平示范性研究生培养层次的中外合作办学机构和项目。

项目八：研究生海外研修计划。加强与"一带一路"沿线国家的教育交流合作，积极搭建国际联合培养平台。建立国家留学基金委公派项目、江苏省专项、学校自筹专项和导师资助为一体的资助体系，支持研究生到海外高水平大学和科研机构进行学术交流和联合培养。

附录6.3 山东省教育厅关于贯彻落实国家《学位与研究生教育发展"十三五"规划》的实施意见

有关高等学校：

为贯彻落实国家《学位与研究生教育发展"十三五"规划》（教研〔2017〕1号印发）和省委、省政府关于推进高等教育综合改革的部署要求，促进我省学位与研究生教育改革发展，提高研究生培养质量，更好地服务经济文化强省建设，提出如下实施意见。

一、总体思路与发展目标

（一）总体思路

全面贯彻国家《学位与研究生教育发展"十三五"规划》确定的"五个

更加"的发展思路,更加突出培养模式转变,更加突出体制机制创新,更加突出结构调整优化,更加突出调动各方资源参与研究生教育的积极性,更加突出对外开放,统筹推进一流大学和一流学科建设,为山东经济文化强省建设提供更加有力的智力支持和高端人才支撑。

坚持以服务需求为主线,主动对接区域经济社会发展需求,更好服务新旧动能转换、经济转型发展和产业优化升级;以机制创新为核心,根据不同层次、不同类型研究生培养要求,分类改革选拔方式和培养模式,鼓励开放合作与个性化培养,充分激发研究生从事科学研究和实践创新的积极性和创造性;以质量评价为抓手,不断完善研究生教育质量评价标准,健全主体多元、多维分类、公开透明的研究生教育质量监督保障体系。

(二)发展目标

到2020年,基本建成结构优化、布局合理、实力雄厚、适应需求、质量较高的学位与研究生教育体系,使我省研究生教育综合竞争力和国内外影响力明显提升,服务经济文化强省建设的能力明显增强。

规模结构更加合理。积极推进研究生教育规模稳步增长,博士硕士学位授予单位和学位授权点数量逐步增加,结构布局进一步优化。力争到2020年,山东省在学研究生规模达到12.5万人以上,博士研究生达到1.2万人以上。学术学位与专业学位硕士研究生规模比例达到4:6。实现专业学位博士研究生教育的突破性发展。

培养质量明显提高。质量评价和监督保障体系更加科学完善,寓教于研、产教结合的培养模式基本形成,更好满足经济社会发展对高层次人才的需求,研究生创新实践能力不断增强,建成一批具有特色、国内外领先的研究生培养基地。研究生对高水平科研成果、经济社会发展的贡献稳步提升。

国际化程度显著增强。扩大国际交流合作,加大研究生培养单位与国外知名高校及高层次办学机构合作项目的支持力度;研究生参与国际会议、海外访学、联合培养的比例与层次逐步提高,具有海外学习与工作经历的导师和博士研究生比例显著提高;力争经过五年的努力,实现来鲁留学研究生规模增长一倍。

二、主要任务

(一)调整优化结构布局,提升服务需求能力

1. 优化学位授权布局结构。进一步完善学位授权体系,制定全省新增学位授予单位立项建设规划,加强区域之间、高校之间学位与研究生教育资源共享。在新增学位授权和动态调整中,进一步突出服务需求、提高质量的导向,重点发展我省新旧动能转换、战略性新兴产业和现代服务业对人才需求

迫切的学科授权点。如装备制造、现代交通运输、海洋科学与工程类、农业科学类、环境科学与工程类、新能源类、信息与通信工程类、软件业类、医药类、新工科类、人口医疗和养老类、传统医药类、金融类等；继续壮大包括马克思主义理论、中国特色社会主义理论、哲学、政治学、齐鲁传统文化等在内的哲学社会学科授权点；积极培育支持我省空白、新兴交叉学科的新增学位授权点；限制或停止增列布点较多、规模较大且就业率较低的学位授权点。

2. 加大研究生招生计划调控力度。逐步建立研究生教育规模、结构、布局与经济社会发展相适应的动态调整机制。改进完善招生计划分配方式，通过增量安排和存量调控，调整优化区域间、培养单位间和学科专业间的招生结构；积极发展特色优势学科的同时，支持基础学科、科技前沿学科与服务国家和我省重大战略需求、解决重大战略问题和储备战略人才的学科发展；积极支持各研究生培养单位保证高层次专家的研究生招生数量；积极鼓励各研究生培养单位单列与科研院所联合培养研究生的招生计划。

3. 努力扩大博士研究生教育规模。积极推动科教融合，争取增加我省博士学位授予单位和授权点数量，扩大博士研究生培养规模；支持优秀应届本科毕业生直接攻读博士学位，以弹性学制打通硕士、博士研究生培养阶段；根据国家部署和我省实际，进一步加强优势学科、特色学科的博士研究生培养规模和质量。

4. 不断深化专业学位研究生教育改革。新增硕士学位点以专业学位为主；积极拓展博士专业学位研究生教育；建立以职业需求为导向的硕士专业学位研究生教育发展机制；按国家要求探索试点硕士专业学位研究生教育与应用型本科和高等职业教育相衔接的办法；通过专业学位研究生课程和实践考核与职业人才评价标准有机衔接等方式，完善专业学位教育与职业资格衔接办法；试点省属高校免费师范生与教育硕士衔接培养。

（二）完善分类培养模式，提升研究生创新和实践能力

1. 全面加强研究生思想政治工作。加强研究生党建工作，坚持把立德树人作为研究生教育的中心环节；加强以爱国主义为核心的民族精神和以改革创新为核心的时代精神教育，加强中国特色社会主义理论教育，增强研究生的国家意识、法治意识、社会责任意识和科学精神；深入推进研究生思想政治理论课教育教学改革，全面加强马克思主义理论学科建设；加强学术道德和学术规范建设，将学术规范和职业伦理教育课程纳入培养方案。

2. 加强学术学位研究生的创新能力培养。博士研究生培养要围绕国际学术前沿、国家重大需求和基础研究，着力提高原始创新能力；继续加大力度实施山东省研究生教育创新计划、山东省研究生教育质量提升计划。各研

生培养单位设立专项资金，资助研究生开展科学研究和学术交流活动。

3. 加强专业学位研究生实践能力培养。以职业需求为导向，以实践能力培养为重点，以产学结合为途径，依据特定学科背景和职业领域的任职资格要求，分类改革课程体系、教学方式、实践教学，强化与职业相关的实践能力培养；试点探索专业学位与专业技术岗位任职资格的衔接；加大行业企业及相关协会等社会力量参与专业学位研究生培养过程的力度，鼓励高校与行业优势企业联合招收和培养一线科技研发人员；建设500个高水平的研究生联合培养基地。

4. 加强研究生教材和课程建设。鼓励一流学科面向需求科学设计课程体系，编写立足学术及应用前沿的示范教材；扩大研究生课程改革试点；设立研究生示范培养方案建设项目；建设500门研究生优秀课程和500个教学案例库。

（三）健全质量评价，完善监督保障体系

1. 健全研究生培养单位内部质量保障体系。按照国家和我省要求，建立与本单位办学目标和定位一致的质量标准；鼓励各培养单位完善研究生教育质量自我评估制度，定期对学位授权点和培养质量进行自我诊断式评估；定期发布本单位研究生教育发展和质量报告；完善学风监管与学术不端惩戒机制。

2. 强化政府专门机构的质量监控。在省学位委员会监督指导下，组建省级学科评议组和专业学位教育指导委员会，全面加强对学位与研究生教育工作的统筹、监督；提高博士、硕士学位论文的抽检比例，加大对存在问题论文的授权点和导师的处置力度；定期发布山东省研究生教育质量年度报告，建立研究生培养质量约谈制度；组建研究生教育督导评估委员会，对学位授权点和研究生培养质量进行合格评估和专项评估，建立常态化监督机制。

3. 探索建立第三方质量监督机制。充分发挥第三方机构在研究生教育质量标准制定、绩效评估及专业学位质量认证等方面的作用；鼓励、督促研究生培养单位参加学科国际和国内第三方评估；鼓励有条件的培养单位积极参与国际教育质量认证。

（四）扩大国际合作，提升研究生教育国际竞争力

1. 加大研究生中外联合培养的力度。鼓励和支持研究生培养单位与海外知名高校和科研机构合作建立研究生联合培养平台，举办一批高水平的研究生教育层次中外合作办学机构和项目，深化研究生课程建设、联合授课、学分互换等领域的合作。

2. 鼓励支持导师和研究生国际流动。进一步提高海外交流、访学的导师和研究生比例；鼓励导师和研究生参与国际大科学计划和大科学工程；支持

高校对研究生海外学习、学术交流进行资助；鼓励研究生培养单位吸引国外优秀学者来华培养研究生。

3. 吸引海外留学生。继续深入实施"留学山东"计划，进一步扩大留学研究生生源地覆盖面，逐步提高生源质量；突出学科优势和地域特色，建构体现山东特色、兼容国际标准的留学生培养方案，吸引海外留学生；逐步加大对留学研究生的奖助力度。

（五）以学科专业建设为依托，构筑拔尖创新人才培养高地

1. 厚植学科专业基础。认真落实国家和我省"双一流"建设方案，把研究生教育与学科建设紧密结合起来，聚集和培育一批学术领军人物与创新团队；结合高水平应用专业建设，深化专业学位研究生培养模式改革，着力培养各类创新型、应用型、复合型优秀人才。

2. 加强培养平台建设。统筹各类优质资源，促进学科交叉、优势互补，打造一批开放的优质研究生培养基地。组建我省研究生培养联盟。深化科教融合，支持校所、校企、校校联合建设人才培养平台，建设研究生创新创业教育中心，促进教学与科研、教学与企业技术改造、教学与工程技术研究的融合，强化创新创业实训实践，增强研究生的实践能力和创新精神。

三、保障措施

（一）完善投入保障机制

1. 完善多元投入机制。健全以政府投入为主、受教育者合理分担培养成本、培养单位多渠道筹集经费的研究生教育投入机制；培养单位统筹财政投入、科研事业收入、学费收入、社会捐助等各种资源，确保对研究生教学、科研和资助的投入，完善研究生培养的项目资助制，加大纵向科研经费和基本科研业务费支持研究生培养的力度，稳步提高研究生教育经费生均支出；逐步加大研究生教育投入力度，保障我省高校新增博士硕士授权的经费需求。

2. 建立全方位奖助体系。培养单位统筹各类资金，保障和提高研究生待遇水平，建立健全多元奖助体系；充分利用"三助一辅"和国家奖学金、学业奖学金、助学金等制度政策，加大对农、林、水、地、矿、油、核等艰苦行业以及有关基础学科的研究生资助力度；采取减免学费、发放特殊困难补助和助学贷款等方式，加大对家庭经济困难研究生的资助力度；积极鼓励社会团体和个人设立研究生奖学金。

（二）加强导师队伍建设

1. 完善导师作为研究生培养质量第一责任人的体制机制。充分发挥导师对研究生思想品德、科学伦理、学术研究的示范教育作用，把对研究生进行思想政治教育作为导师的首要责任；保障导师在招生、培养、资助、学术评

价等环节中的主体地位；加大对导师承担研究生课程建设和教学改革项目的资助力度；鼓励教师流动，完善校内外"双导师"制，优化导师队伍结构；逐步实行导师学术休假制度。

2. 改革导师评聘评价机制。完善导师分类考核评价制度和岗位动态调整机制，将承担研究生课程建设和教学工作的成果、指导研究生工作量以及质量评价结果列入相关系列教师考评要求；对培养质量出现问题的导师，培养单位视情况采取诸如质量约谈、限招、停招等措施进行处理。

（三）构建信息化支撑服务体系

大力实施质量信息公开，加强学位与研究生教育质量信息平台建设，向社会开放，建立研究生教育质量信息分析和预警机制；开展研究生教育大数据分析，加强质量监测和调控；加大信息公开力度，发布质量报告和评估结果，积极接受社会监督。

（四）实施项目带动战略

项目一：山东省研究生教育创新计划。坚持"加强基础，拓宽专业，重视实践，培养能力，激励创新，发展个性，讲究综合，提高素质"的人才培养理念，着眼于服务山东经济社会发展和增强自主创新能力，以培养研究生"创新意识、创造能力、创业精神和能力"为核心，重点实施优秀学位论文奖、研究生教育优秀教学成果奖、研究生优秀科技创新成果奖以及专业学位研究生优秀实践成果奖等项目，引导学校深入探索研究生教育制度、教育管理运行机制的创新，不断深化研究生培养模式的改革。

项目二：山东省研究生教育质量提升计划。通过实施研究生教育质量提升计划，达到"三建设、三加强"的总体目标。建设一批研究生教育优质课程，构建符合人才培养需要的课程体系；建设一批专业学位研究生教学案例库，深化专业学位研究生培养模式改革；建设一批研究生教育联合培养基地，形成协同育人的培养平台；加强学位授权点建设，构建符合需要的学位授权体系；加强导师培养培训，实施研究生导师指导能力提升项目，建设造诣精湛、德学双馨的师资队伍；加强国际交流合作，扩大研究生教育开放度。努力建设规模结构适应需要、培养模式各具特色、整体质量不断提升、拔尖创新人才不断涌现的研究生教育体系，使之成为我省高端人才聚集器、科技创新倍增器和优秀文化传承创新推进器。

项目三：博士研究生海外研修计划。加强与"一带一路"沿线国家的教育交流合作，积极搭建国际联合培养平台，每年选派一批科研潜质突出、服务经济社会发展需求相关领域的博士生，到国外一流大学和科研机构学习、研究，培养一批服务我省蓝黄战略及经济文化强省建设需要的顶尖人才、领军人才。

项目四：山东省研究生导师能力提升计划。进一步加强研究生导师队伍建设，造就一支有理想信念、有道德情操、有扎实学识、有仁爱之心，能够适应知识经济时代科技进步、社会发展、国际竞争需要的研究生导师队伍。建立健全导师岗位培训制度，对新遴选导师实行"先培训，后上岗"。搭建导师能力提升平台，支持导师开展学术交流、国内外访学和参与行业企业实践。

项目五：研究生培养与学术交流平台建设。加强高校、科研院所和企业之间人才交流与共享，建立培养单位与行业企业相结合的专业化教师团队，建设一批优质的研究生培养基地。支持培养单位开展研究生学术交流，通过举办研究生学术论坛、开设研究生暑期学校、举办短期工作坊，搭建多层次、多学科研究生学术交流平台。

各研究生培养单位要从战略和全局的高度，充分认识研究生教育在建设创新型国家和经济文化强省中的重要地位和作用。学校党委、行政要落实主体责任，切实加强对学位与研究生教育工作的领导、管理和服务。要从本单位实际出发，根据本意见研究制订切实可行的实施方案，分阶段、分步骤组织实施。要加强质量标准体系、课程体系、导师队伍、教学案例、培养基地等保障条件建设，把各项任务落到实处，取得实效。

山东省教育厅

2017 年 7 月 19 日

附录6.4 贵州省普通本科高校学科建设与研究生教育发展"十三五"规划

为深入贯彻党的十八大和十八届三中、四中、五中全会精神，认真落实《国家中长期教育改革和发展规划纲要（2010—2020 年）》《国务院关于印发统筹推进世界一流大学和一流学科建设总体方案的通知》《教育部国家发展改革委财政部关于深化研究生教育改革的意见》《贵州省国民经济和社会发展第十三个五年规划纲要》《贵州省"十三五"教育发展规划》《贵州省教育综合改革方案》，充分发挥高校学科综合、人才聚集、资源集中、科研教育相结合的独特优势，充分体现高校科技第一生产力和人才第一资源结合点作用，进一步优化高等学校学科专业布局结构，着力提升学科建设、学位管理与研究生教育发展整体水平，更好地服务于贵州经济社会发展，结合全省高校实际，特制定贵州省普通本科高校学科建设与研究生教育发展"十三五"规划。

一、成绩与形势

（一）主要成绩

"十二五"期间，在省委、省政府的领导和教育部的支持下，按照"分类规划、分类指导、分层建设、重点突破、整体推进"原则，全省高校人才培养、学科建设与研究生教育实现了跨越发展：培养和造就了一批国内省内知名的学术学科带头人和学术创新团队；获得了一批高水平创新平台和研究成果；形成了层次清晰、结构合理、特色鲜明的学科建设体系，在经济社会发展的空白领域和关键环节实现了国家重点学科、博士点和硕士点的重大突破，有力地支撑了人才凝聚、产业聚集、技术集成和成果转化，进一步提升了高校办学实力和办学水平，为贵州经济社会又好又快发展提供了强有力的人才支撑、知识贡献和智力支持。

政策部署扎实有力。强力抢抓国家和有关部委支持贵州发展重大政策机遇，组织召开了全省学科建设与研究生教育工作会议，研究制定了《贵州省高等学校学科建设发展"十二五"规划》《省教育厅关于全面深化研究生教育改革的意见》等系列文件，全面部署了"十二五"期间学科建设、学位管理及研究生教育工作的总体目标任务。大力实施"省级重点学科建设计划"和"研究生教育创新计划"，多渠道增加研究生教育资源，建立健全了包括生均综合定额拨款、奖助经费在内的研究生教育财政拨款体系。进一步强化研究生培养单位质量第一主体意识，加快构建以教育行政部门监管为主导，行业部门、学术组织和社会机构共同参与的质量监督体系。启动实施了学科学位点合格评估和动态调整工作，建立不合格学科学位授权点强制退出机制。加大硕士学位论文抽检力度，改进省级优秀博士、硕士学位论文评选办法，着力提升研究生培养质量。同时，加大了信息化支撑学科建设、学位管理和研究生教育的力度。先后开发升级了"贵州省学位与研究生教育项目管理系统""贵州省研究生教育质量信息平台""贵州省学位授予信息报送（备案）管理系统"等信息管理平台，为导师和学生提供了个性化服务，加大了重点学科和研究生教育全过程管理，提高了管理的公正性与透明度，实现了由管理向服务转变，由传统的管理模式向数字化、智能化的方向转变，有效地实现了数据资源开放共享，提高了管理效率和经费使用效益。

重点学科建设成效显著。一是构建了国家、省、校三级学科建设体系。新增国家重点培育学科2个，此前，全省仅有1个农药学二级学科国家重点学科。坚持按一级学科建设思路，截至2015年年底，共批准认定了省级特色重点学科61个、省级重点学科44个、省级重点支持学科38个。二是学科布局结构趋于完善。省级重点学科覆盖了除军事学以外的12个学科门类。其中哲学 1 个、经济学 3 个、法学 17 个、教育学 13 个、文学 10 个、历史学 2 个、理学 33 个、工学 31 个、农学 7 个、医学 15 个、管理学 10 个、艺术学 1 个。在地域分布上，全省 9 个市州高校实现了省级重点学科布局的全覆盖，进一步增强了市州本科高校的本科意识、学科意识、科研意识、质量意识和团队意识，推动学科出人才与出成果并重。三是科技创新能力明显提升。省级重点学科承担重大科技项目、开展原创性基础研究和战略性关键技术研究的能力显著增强，建成了一批国家、省部级重点实验室、工程中心、"2011 协同创新中心"等重大科技创新平台，新增国家工程技术研究中心 1 个、国家重点实验室培育基地 2 个、国家大学科技园 2 家、国家"新农村发展研究院" 1 家、教育部重点实验室 3 个、工程研究中心 1 个，取得了一批科技创新成果，成为我省自主创新和服务地方的重要基地。四是学科队伍明显优化，整体水平明显提升。涌现出一大批以优秀中青年学者为主具有较强创新能力的学术领军人才、学科带头人和学术骨干。新增中国工程院院士 1 人、"何梁何利基金科学与技术创新奖" 1 人、教育部长江学者奖励计划特聘教授 2 人、教育部"创新团队发展计划"研究团队 4 个、教育部"新世纪优秀人才支持计划" 16 人、优秀博士生导师 15 名、优秀硕士生导师 52 名、硕士论文抽检优秀指导教师 8 名。五是管理机制日趋完善。研究制定了《贵州省重点学科建设与管理暂行办法》和《贵州省重点学科建设评估指标体系》，使全省高校学科建设工作有章可循、规范发展。建立了动态调整机制，对省级重点学科实行年度报告、中期检查、验收评估和合格评估制度，打破终身制，并将评估结果与建设经费挂钩，及时整改或撤销缺乏特色、发展滞后或无发展前景的学科，着力提升学科建设的核心竞争力和可持续发展能力。

学位授权体系趋于完善。贵州师范大学新增为博士学位授予单位，新增马克思主义理论、中国语言文学、数学和地理学 4 个博士学位授权一级学科点。贵州民族大学和黔南民族师范学院分别被教育部批准为服务国家特殊需求博士、硕士学位人才培养项目单位。全省高校新增学士学位授予单位 11 家，增列学士学位授权专业 222 个。至此，全省共有学士学位授予单位 26 家，包括 17 家普通本科高校、8 家独立学院和中国航天科工集团公司 061 基地。截至目前，全省有博士学位授予单位 3 家，博士学位授权一级学科 14 个；硕士学位授予单位 7 家，硕士学位授权一级学科 89 个；硕士学位授权二级学科增至 497 个；硕士专业学位授权点 41 个，授权类别增至 26 种，其中新增了 17 个硕士专业学位授权点，汉语国际教育、体育、应用心理、新闻与传播、风景园林、护理、会计、旅游管理 8 类硕士专业授权点有力填补了我省高校空白。截至 2015 年年底，共授予学士学位 224076 人、硕士学位 23720 人、博士学位 233 人。

人才培养模式改革效果明显。进一步推进学术型研究生与专业型研究生的分类培养，形成不同类型人才的培养特色。加大高校与行业、企业和实务部门的交流与合作力度，着力推动科研项目课程化，着力提升研究生动手实践能力和创新创业能力。成功举办了第二届贵州省"硕博论坛"，共 4000 余名师生参加，共评选出 98 名"优秀主讲人"和 100 篇优秀学术论文。共立项建设了研究生教育创新基地 16 个，研究生工作站 38 个，研究生卓越人才计划 39 项，首届研究生精品课程 7 门，首届研究生专业学位案例库 21 项，研究生教育教学改革课题 98 项，共评选出首届研究生教学成果奖一等奖 9 项、二等奖 10 项，优秀博士生导师 15 名，优秀硕士生导师 52 名，硕士论文抽检优秀指导教师 8 名。

服务经济社会发展能力明显提升。扎实有效推进"十大产业产学研合作及成果转化对接""百名教授、博士进企业"等活动，围绕贵州电子信息和软件、煤炭、装备制造等十大产业，深入推进"产学研"合作，促进技术创新成果与产业需求之间的有效衔接，一批重大科技创新成果转化为现实生产力。"十二五"期间，共批准立项建设贵州省重大领域攻关行动计划（简称"125计划"）36 项，贵州省普通高等学校"产学研"合作示范基地 36 个，紧紧围绕我省重点产业领域开展关键共性技术攻关，与行业、企业等签订了上千项战略合作协议，共获授权知识产权 2044 件，技术转让经费 1092 万元，产生了明显的经济效益和社会效益。

（二）存在的主要困难与问题

1. 高等教育结构不尽合理，研究生教育规模弱小。截至 2015 年年底，我省高校在校研究生数 1.55 万人，其中博士在校生数 496 人，分别占全国在校研究生数（230 万）和全国在校博士研究生数（32.7 万）的 0.67% 和0.15%，不及"985"高校一个学科在校学生数。研究生教育规模按人口比例排全国最后一位，在校博士研究生按人口比例排全国倒数第二位，仅高于西藏。高层次人才培养严重不足，研究生教育支撑引领经济社会发展能力严重不足。

2. 研究生教育质量有待进一步提高。研究生教育发展的理念尚未转变到位，主动服务经济社会发展需求的机制还不健全，培养模式还不完善，研究生创新能力偏弱，高水平拔尖创新人才不够多，研究生教育质量评估与监控体系仍需进一步建立和完善。

3. 学科建设质量意识不足，核心竞争力亟待提升。具有国内影响的高层次领军人才和全国知名的学科带头人总量偏少，团队培育和建设力度不够，个别学科杰出人才、学科带头人断层问题比较突出，结构比例失调，存在学科空壳化现象；部分学科的发展定位存在偏差，发展目标定位太高，脱离实际，缺乏对学科基础条件、现有发展水平和在全国、全省相对水平和位次的客观分析，脱离了区域经济社会发展的现实条件和学校自身的办学定位；理学、工学、农学和医学类学科明显强于其他学科发展，人文社会科学学科发展相对滞后。

4. 学科服务经济社会发展的贡献度有待提升。学科投入低，底子薄，经费来源单一，获取行业企业等社会研发经费能力弱；缺乏在国内具有影响力和号召力的学科，部分学科科研能力和水平偏低，紧跟学科前沿不够，学科方向拼凑式、因人设方向较为严重，学科方向之间相互支撑的逻辑关系亟待建立，高层次的科研成果偏少；部分学科缺乏特色和优势，脱离了当地经济社会发展和人才培养的实际，在寻求地方政府、企业、行业和科研机构支持，发挥学科建设联动效应方面亟待加强。"产学研"结合的层次和水平还不能全面适应经济社会发展的需求，科技创新成果转化还存在一定的困难和阻碍，开展国家、区域重大战略性、原创性研究领域能力严重不足。

二、面临的机遇与挑战

（一）日趋激烈的区域教育竞争增强了加快学科建设和研究生教育发展的紧迫性

目前，全国各地教育事业呈竞相发展之势，如江苏、浙江等经济发达省份在全国率先提出 2020 年实现教育现代化，教育尤其是研究生教育已成为区域竞争力的核心要素。我省高等教育水平与同处于西部地区的陕西、四川、重庆、云南等省份相比仍处于相对劣势，教育区域竞争形势十分严峻。重点学科建设和研究生教育是区域高等教育竞争的重要载体，学科建设工作是高校各项事业发展的"龙头"，是构筑高校核心竞争力的必由之路；研究生教育作为国民教育序列的顶端，肩负着"高端人才供给"和"科学技术创新"的双重使命，是保持竞争优势和抢占制高点的战略抓手，两者互为依托，相互促进。通过加强重点学科内涵建设，促进研究生教育发展；同时高水平的研究生教育也为一流学科建设提供了重要支撑，促进学科在人才队伍、科学研究等方面的建设。因此，必须增强机遇意识、责任意识和忧患意识，进一步加大研究生教育和重点学科建设投入，创新管理方式，丰富发展内涵，提升建设效益。

（二）"五大发展"理念为学科建设与研究生教育提供了新机遇

"创新、协调、绿色、开放、共享"五大发展理念，是我国今后五年乃至更长一段时期各项事业的发展思路、方向和着力点，必须自觉贯彻落实"五个发展"新理念。创新发展要求学科建设与研究生教育必须加快体制机制改革，破除发展障碍，建立充满活力的人才培养体系，培养学生创新精神，提高科技创新能力，为各方面创新提供高素质人才、知识和技术支撑。协调发展要求学科建设与研究生教育必须主动适应经济社会发展新常态，动态调整优化学位授权和学科专业布局，加快发展新兴交叉学科，加强研究生教育结构与区域经济社会发展水平的紧密对接，加强人才培养与社会需求的紧密衔接。绿色发展要求学科建设与研究生教育必须坚持可持续发展理念，更加注重内涵式发展，既保持合理发展速度，更关注提高发展质量和效益；同时坚决遏制学术腐败，积极净化学术生态环境。开放发展要求学科建设与研究生教育必须具备国际视野、全球眼光，加强与世界各国在人才培养、科学研究等方面的深度交流合作；充分调动各方积极性，吸引行业企业、社会组织等积极参与到学位与研究生教育中来。共享发展要求学科建设与研究生教育必须更加注重供给侧改革，提供优质教育供给，运用"互联网＋"等信息技术手段，加快推进课程、师资等优质教育资源共享，推动教育整体水平不断提高。

（三）国家和省级相关措施为学科建设和研究生教育提供了难得的政策支持

在国家政策方面，国务院印发的《统筹推进世界一流大学和一流学科建设总体方案》明确提出推动一批高水平大学和学科进入世界一流行列或前列，培养一流人才，产出一流成果。国务院办公厅印发的《关于加快中西部教育发展的指导意见》明确提出在资源配置、高水平人才引进等方面加大倾斜力度，支持中西部高校建设一流大学和一流学科。目前，教育部、国家发改委、财政部正研究制定世界一流大学和一流学科建设实施办法和配套政策，拟于2016年启动新一轮建设。同时，教育部正积极制定博士、硕士学位授权审定办法。在省级政策方面，贵州省委、省政府对高等教育的重视前所未有，出台了《关于支持高校加快改革发展的意见》（黔党发〔2015〕8号）；全面建设花溪大学城，集中精力抓内涵建设；着力补齐教育短板，切实增强高校服务经济社会能力。国家和省对高等教育改革发展的政策支持、经费投入、条件保障的力度空前，研究生教育事业正处于综合改革和快速发展的重要战略机遇期。

（四）贵州省"十三五"时期经济社会发展对学科建设和研究生教育提出了更高要求

《贵州省国民经济和社会发展第十三个五年规划纲要》中明确提出了我省要守住发展和生态两条底线，坚持加速发展、加快转型、推动新跨越主基调，深入推进工业强省和城镇化带动主战略，突出抓好大数据、大扶贫两大战略行动，培植后发优势，奋力后发赶超，走出一条有别于东部、不同于西部其他省份的发展新路，确保与全国同步全面建成小康社会。高等学校作为人才培养的基地和科技创新的高地，必须进一步加强学科建设，搭建重大创新平台和创新团队，开展前沿和战略性科学研究，培养创新型高层次人才，以高水平的学科来支撑高质量的研究生教育，以高质量的研究生教育来助推经济社会又好又快发展。

三、指导思想

高举中国特色社会主义伟大旗帜，以马克思列宁主义、毛泽东思想、邓小平理论、"三个代表"重要思想、科学发展观为指导，全面贯彻党的十八大、十八届三中、四中、五中全会精神，坚持"四个全面"的战略布局，坚持"创新、协调、绿色、开放、共享"五大发展理念，认真落实习近平总书记系列重要讲话精神特别是视察贵州重要指示精神，紧紧围绕我省大数据业、大扶贫产业、大健康业、大农业、大服务业、大文化业、大旅游业、大生态业、大民族业，煤电磷、煤电铝、煤电钢、煤电化"四个一体化"，六大战略性新兴产业等领域开展工作，以对接国家和贵州重大发展战略需求为导向，以培养高层次创新人才为根本，以提升特色优势为重点，以体制机制改革为动力，分类推进人才培养模式改革，加快我省高校学科优化和内涵发展，构建结构合理、优势和特色鲜明的学科体系，"以服务求支持，以贡献求发展"，为贵州如期与全国同步全面建成小康社会提供强有力的人才支撑和智力支持。

四、建设思路

（一）坚持质量导向，推进研究生教育综合改革

努力扩大我省学位与研究生教育发展规模，调整优化研究生教育结构，创新人才培养模式，深化研究生教育教学改革，努力建设高素质的研究生导师队伍，建立健全学位与研究生教育质量保障体系，着力提高研究生教育质量，推动我省学位与研究生教育健康、快速和协调发展。

（二）坚持科学发展，实现资源合理配置

遵循学科发展规律，瞄准我省经济社会发展重大需求，加强顶层设计，科学规划学科建设发展目标与方向，引导高等学校合理定位，错位发展，集中资源，重点突破，优化学科门类和布局结构，全面加强内涵建设，切实提高学科建设水平。

（三）坚持"固优强特扶需"，实现学科分类分层建设

坚持分类指导，分层建设。继续加大已有区域内优势学科的建设力度，重点建设一批省内优势与特色学科，大力扶持一批建设目标明确、对接社会需求的应用学科及新兴交叉学科。对不同层次的学科提出不同的建设和发展目标，同时配置相应的学科建设资源，给予不同的资金和政策支持。

（四）坚持绩效管理，实现动态激励

优化学科建设评价体系，调整学科投入机制，建立和完善基于绩效考核

的学科动态激励模式。对取得重大突破和进展的学科优先予以立项支持，对建设绩效明显的学科持续投入建设经费和加大项目激励。

（五）坚持开放合作，提高服务需求能力

鼓励高校开放合作，加强协同创新，重点建设一批高水平有特色的学科创新基地和平台，形成校校、校企、校地、校所以及国际合作的长效机制。紧紧围绕区域经济社会发展需求，尤其是大健康医药、大数据产业以及六大战略性新兴产业等领域，加强学科链与产业链的紧密对接，研究解决制约我省经济社会发展的重大瓶颈问题，集中力量开展科技攻关，加快推进科技成果转化，增强学科服务区域经济社会发展需求、对接行业产业发展急需的能力。

五、发展目标

（一）总体目标

通过科学规划、重点建设、动态调整，逐步构建与经济发展、社会进步和科技创新相适应的布局合理、特色优势明显的重点学科体系，建成若干国内一流学科、一批区域内一流学科、省级重点学科和学科群，培养一批以高水平学科学术带头人为核心的学术队伍，大力提高科技创新能力和人才培养质量，取得一批具有重大社会影响的学术和科技创新成果，整体提升重点学科的人才培养、科学研究、社会服务、文化传承创新能力，使重点学科成为我省高层次人才培养基地、重大科技创新高地、经济社会发展的助推器和思想智库，实现学科建设的可持续发展。基本建成规模结构适应需要、培养模式各具特色、整体质量不断提升、拔尖创新人才不断涌现的研究生教育体系。

（二）具体目标

一流学科建设目标

启动区域内一流学科一期建设工程，择优遴选14个左右优势学科进行重点建设并给予财政专项支持，引导高校加快推进一流学科建设。

1. 重点学科建设目标：紧紧围绕《贵州省国民经济和社会发展第十三个五年规划纲要》中重大发展战略和重点发展产业，新增一批省级重点学科，省级重点学科达到200个。其中，省级特色重点学科达到70个；省级重点学科达到70个；省级重点支持学科（针对市州高校建设）达到60个。优化调整现有143个省级重点学科，建立和完善重点学科动态调整和滚动支持机制，切实推动学科自我评价，引导高校优化学科布局，增强学科的造血功能，以重点带动一般，拉动相关学科发展，进一步提升我省学科整体水平。

2. 学位授予单位建设目标：到2020年，力争新增博士学位授予单位1—3

家，硕士学位授予单位 2—5 家。同时，努力争取更多博士、硕士招生指标，积极与省内外企业、科研院所和国内外高水平大学联合开展研究生尤其是博士生培养，努力扩大研究生教育规模。

3. 学位授权点建设目标：积极抢抓贵州同步小康上升为国家战略的机遇，以教育部深化改革博士硕士学位授权审定办法为契机，大力推动我省博士硕士学位授权点建设，力争在"十三五"期间新增一批博士学位授权点，博士学位授权一级学科总数达到 20 个；新增一批硕士学位授权点（含专业学位点），硕士学位授权一级学科和硕士专业学位授权点总数达到 150 个。

六、主要任务

（一）分层次建设，全方位推进重点学科建设体系

根据分类指导、分层建设的指导思想，按照省一流学科、省级特色重点学科、省级重点学科、省级重点支持学科四个层次重点建设一批高水平或优势特色学科，通过重点突破，以点带面，整体提升我省高等学校的学科建设水平。

1. 省一流学科：以进入"国内一流学科"行列为目标，着力提升综合实力和服务经济社会发展重大需求。省一流学科分为 A 类与 B 类进行建设。对接近国内一流水平，处于省内领先地位，经过五年建设可进入国内一流行列的学科，遴选纳入 A 类一流学科。对具有较强实力和影响力，位于省内前列，经过五年建设可进入区域内一流行列，并接近国内一流水平的学科，遴选纳入 B 类一流学科。

2. 省级特色重点学科：开展对我省经济社会发展具有重要引领作用、学科方向或总体实力已处于省内先进水平、部分已具有冲击区域内一流水平的学科建设。该类学科的建设以区域内同类学科先进水平为参照，突破阻碍学科发展的关键问题，使其成长为区域内一流学科，力争使一批学科或学科方向具有冲击国内一流水平的能力。

3. 省级重点学科：对与贵州社会、经济和文化发展紧密结合，部分方向具有省内先进水平，能够为贵州的支柱产业、特色优势产业、高新技术产业提供知识、人才和技术支撑，具有发展潜力的学科予以重点建设。

4. 省级重点支持学科：对一些现有基础尚较薄弱或空白，但具有鲜明行业特点和较广阔发展前景，或社会发展急需，对贵州的传统产业改造提升、新兴产业加速发展具有重要意义的学科予以扶持。主要针对市州高校和新建本科高校进行建设。

（二）大力推进一流学科建设，优化省级重点学科布局

1. 加快推进区域内一流学科建设。启动区域内一流学科一期建设工程，遴选一批优势学科进行重点建设并给予财政专项支持，引导高校科学配置学科建设资源，建立"集聚人才"的体制机制，会聚一流的师资，开展一流的教学与科研，积淀一流的科技成果，培育一大批一流人才，加快推进一流学科建设步伐。优先支持国家重点学科（含培育学科）以及有博士点或国家重大科研平台支撑的学科建设国内一流学科；重点支持有硕士点支撑的省级特色重点学科建设区域内一流学科。到2020年，力争1—2个学科进入国内一流学科的行列，形成学科高地，为高层次人才培养提供支撑平台。2—3个学科进入区域内一流学科行列，并具有冲击国内一流学科的核心竞争力和影响力。

2. 按需建设一批省级重点学科。紧紧围绕《贵州省国民经济和社会发展第十三个五年规划纲要》中重大发展战略和重点发展产业，以解决贵州经济建设中面临的共性、关键性技术问题和社会发展中面临的重大问题为导向，有针对性地建设一批省级重点学科。特别是优先支持服务我省重点发展的十大扶贫产业（包括草地畜牧业、蔬菜、中药材等），以大数据为引领的电子信息产业，以无公害绿色有机为标准的现代山地特色高效农业，以新兴产业为引领的现代特色产业（包括资源精深加工产业、高端化智能化装备制造业、"五张名片"为重点的特色轻工产业、绿色能源产业、新型建筑建材产业以及生物、新材料和节能环保等战略性新兴产业），以民族和山地为特色的文化旅游业，现代服务业（包括大健康医药养生产业、现代物流业、现代金融业、会展等生产性服务业、生活性服务业）等急需学科的建设。重点扶持我省空白领域学科建设、新兴交叉学科和新建本科高校学科建设。到2020年，省级重点学科总数达到200个。其中，省级特色重点学科达到70个；省级重点学科达到70个；省级重点支持学科达到60个。

3. 大力优化学科和学位点布局。建立和完善学科、硕士、博士学位点（含专业型学位点）动态调整机制，进一步增强人才培养与区域经济社会的契合度，培养经济社会发展急需的创新型、应用型、复合型人才。强化绩效管理，加强学科建设规划执行情况的监督与检查，增强高校是学科质量第一主体的意识，切实推动学科自我评价。建立健全学科建设奖惩机制，对建设成效明显的学科持续投入建设经费，加强重大成果的推介，加大项目激励。对在人才队伍建设和学术影响力方面存在严重滑坡、学科梯队出现"断层"、学科主攻研究方向不明确的省级重点学科，省教育厅、省学位办将撤销其省级重点学科称号。

4. 有效整合学科建设、学位点建设、专业建设的发展资源。推动高等学校整合建设资源，加强系统集成，实现学科建设、学位点建设和专业建设的有机结合，有效解决项目单列、资源分割的问题，科学配置学校建设资源。

通过重点学科建设促进学位授权体系和专业结构的优化，推动学位点和专业建设的改革创新，提升学位授权质量和人才培养质量，使重点学科在人才培养、科学研究和社会服务中具有更强的适应性和针对性。

（三）加强学科内涵建设，提升学科核心竞争力

1. 凝练学科方向。学科方向要明确突出高校的学科水平和若干特色领域，要避免因人、因科研项目设方向。一是积极参加全国学科水平评估排名，剖析学科所处地位，明确学科在国内同类学科中的优势与劣势，立足自身特色，准确把握学科未来的发展目标与方向。二是以服务重大战略需求为目标，聚焦学科发展前沿，突出行业与区域特色，整合学科优势资源与技术力量，凝练若干相互支撑、相对稳定、特色显著、优势突出的学科方向并加强建设，实现学科的协同发展。

2. 加强学科队伍建设。加大人才建设投入，以项目为牵引，以平台为基础，着力改善教师的工作和生活条件，吸引优秀人才加盟，建立以质量和贡献为导向的学科绩效评价机制和人才团队奖励制度，着力打造由学科领军人才、杰出学术带头人和创新学术骨干组成的高水平学科团队。一是会聚领军人才。建立灵活、高效、规范的人才引进与培养机制，重视海外高水平学术带头人的引进，吸收引进海外各种紧缺人才、特需人才，提升学术队伍的整体水平。从省级重点学科中遴选、培育、锻炼一批中青年学术带头人，培养学科发展的领军人物，支持高校申报两院院士、"长江学者奖励计划"、"国家杰出青年科学基金"等各类国家高层次人才项目，培养和造就若干名优秀学科带头人。到 2020 年，遴选省级优秀学科带头人 50 名左右。二是培养青年学术骨干。加大对年轻教师与学术骨干的培养力度，继续实施"贵州省教育厅科技拔尖人才支持项目"和"青年科技人才成长项目"，促进优秀人才脱颖而出。鼓励高校实施各类人才支持计划，支持一批优秀中青年人才入选省部级各类优秀人才支持计划。三是培育学科创新团队。继续实施"贵州省教育厅创新群体重大研究项目"，支持高校组织跨学科、跨领域的学术骨干和研究人员组成创新研究群体，开展协同攻关，促进学科交叉融合和学科创新团队建设。积极支持重点学科研究团队争取入选国家级创新研究群体、教育部创新团队等建设计划，形成人才聚集、结构合理、优势突出的学科创新团队。

3. 夯实学科基础条件。着力培育建设高水平教学、科研和实验平台，为开展高水平的科学研究和人才培养奠定基础。实施重点创新平台突破工程，适度建设一批贵州省普通高等学校特色重点实验室、工程研究中心和"产学研"合作示范基地。重点加强现有 30 个"2011 协同创新中心"及其他科技创新平台内涵建设和绩效评估，充分发挥平台的思想库、智囊团作用，切实深化与国内外高等院校、科研院所、企事业单位的合作，在科学技术前沿领

域或针对经济社会发展的重大理论和现实问题开展高水平科学研究，培育一批具有自主知识产权及重大学术价值和社会影响的标志性成果，在此基础上努力实现国家重点实验室、国家工程（技术）中心、国家"2011 协同创新中心"、国家实验教学示范中心、国际合作联合实验室等国家级平台的新突破。

4. 提高人才培养质量。强化人才培养的核心地位，充分发挥重点学科在人才培养方面的示范引领作用，以高水平科研为支撑，在科教结合、产学结合上形成稳定有效、持续发展的培养模式，重点抓好培养方案制定和高水平课程体系建设，探索建立规模结构适应需求、培养模式具有特色、培养条件显著改善、拔尖创新人才不断涌现、整体就业质量显著提升的人才培养体系。

5. 提升学科服务社会能力和学术声誉。大力推进学科建设与经济社会发展重要领域对接，建立健全科技成果转化的管理制度和评价激励机制，加强"产学研"合作、科技攻关和科研成果转化，力争取得一批具有重大社会影响的学术成果，取得一批具有原创性、前瞻性的重大创新成果和高质量、可转化的发明专利，充分发挥学科的智库作用，为制定政策法规、发展规划、行业标准提供咨询建议，以贡献求支持、以服务促发展，努力提升学科服务经济社会发展能力。加强学科学术交流与对外合作，通过与国内外著名高校和研究机构进行广泛合作与交流、邀请国内外著名学者讲学、举办高水平全国或国际性学术会议、选派一定数量的研究人员到国内外高水平科研院所进行学术交流等方式，提高学科的国际国内影响力和学术声誉。

（四）努力扩大学位与研究生教育规模

积极抢抓贵州同步小康上升为国家战略之机，向教育部、省内外高校借力，加快发展。积极推动落实《教育部贵州省人民政府深化贵州教育综合改革战略合作协议》，力争在博士、硕士学位授予单位，博士、硕士学位授权点（含专业学位授权点）得到突破。在"十三五"期间新增博士学位授予单位1—3 家，硕士学位授予单位 2—5 家。重点支持贵州民族大学、贵州财经大学、贵阳中医学院、遵义医学院 4 所列入"十二五"学科建设规划的博士学位授予立项建设高校增列为博士学位授予单位；大力支持黔南民族师范学院、遵义师范学院、贵阳学院、贵州工程应用技术学院 4 所列入"十二五"学科建设规划的硕士学位授予立项建设单位增列为硕士学位授予单位；着力扶持基础条件较好、科研能力较强的市州高校和新建高校增列为贵州省"十三五"硕士学位授予立项建设单位，满足地方经济建设对培养高层次创新人才的需要。

（五）调整优化研究生教育结构，加快推进研究生培养机制改革

1. 大力发展符合我省产业结构特点、重大民生需求的专业学位研究生教育。结合全省现有学位授权点结构布局，进一步优化招生结构，扩大专业学

位研究生招生比重，调整学术型学位研究生比例，到 2020 年，专业学位研究生与学术学位研究生招生比例控制在 1:1，实现专业学位和学术型学位研究生教育协调发展。

2. 探索创新型人才选拔与分类培养新模式。深化研究生招生考试制度改革，突出科学素养、创新潜能、综合素质的考核，发挥和规范导师在人才选拔录取中的作用。以增强研究生创新能力为核心，以适应经济社会发展为导向，进一步推进学术型研究生与专业型研究生的分类培养。加强学术型研究生培养与科学研究和创新实践的紧密结合，鼓励科教联合和多学科交叉，支持高校与科研院所联合培养博士、硕士研究生，搭建跨学科、跨领域、跨系统的深度合作战略平台，引导和支持研究生参与前沿性、高水平的科研工作，以高水平科学研究支撑高质量研究生培养，促进研究生科技创新能力的提升。加强专业型研究生培养的需求导向和"产学研"结合，大力推动专业学位与职业资格、行业组织认证的有机衔接，加大案例教学和实践教学，鼓励研究生早实践，多实践，在实践中提升职业胜任力，促进研究生深入实际解决问题能力的提升。各研究生培养单位要按照不同的培养定位调整和完善培养方案，形成不同类型人才的培养特色。

3. 推进研究生课程体系建设。支持各研究生培养单位根据自身优势和特色加强研究生课程建设。充分利用信息化手段，促进与研究生教学深度结合。采取"引进来"和"走出去"办法，学习借鉴世界一流大学的课程设置理念，积极引进世界一流大学的课程，建设专用的研究生网络教学平台，启动建设一批研究生网络课程，共享高水平优质课程资源。到 2020 年建设一批具有一流师资队伍、一流教学内容、一流教学方法、一流教材、一流教学管理、讲授内容反映最新科学技术成果和前沿的省级精品课程 50 门，专业学位课程案例库 100 项。

4. 加强研究生思想政治教育。坚持德育为先，积极拓展研究生思想政治教育的有效途径，提高德育工作针对性和实效性。加强中国特色社会主义理论体系教育，把社会主义核心价值体系融入到研究生教育全过程。重视人文素养和科学精神培养，建立研究生科学道德和学风建设长效机制，培育正直诚信、追求真理、勇于探索、团结合作的道德品质。进一步发挥研究生担任助研、助教、助管和学生辅导员工作的作用，广泛开展社会实践和志愿服务活动，着力增强研究生服务国家、服务人民社会责任感。加强研究生党建工作，构建多渠道党团工作教育体系。强化导师在研究生思想政治教育工作中的作用，加强研究生心理健康教育和引导工作，关注研究生面临的学习与生活双重压力，及时做好心理疏导和帮扶工作，培养他们积极向上的健康心态和健全人格。

（六）加强导师队伍建设，提高导师指导能力

1. 进一步扩大导师队伍规模，加大导师培训力度。引进和培养一批学术影响大、学术竞争力和创造力强的中青年学术学科带头人，充实研究生导师队伍。加大对新遴选导师的培训力度，建立导师培训档案制度，支持导师与国内外学术机构开展学术交流和科研合作、参与行业企业实践，参加学术团体活动。

2. 探索建立导师分类指导制度。修订和完善导师遴选办法和条件，按学术型学位和专业型学位分类制定导师评定条件，分类评聘。硕士专业学位研究生实行双导师制或多导师制，建立校外导师的选聘和考核机制，建立校外导师资源库。实行校企导师组制度，发挥行业企业专业人才对研究生实践、创新能力的指导作用。

3. 强化导师岗位责任意识，加强导师队伍绩效评价。完善导师上岗制度，把招生名额与导师能提供的培养条件（科研经费、助研岗位、成果转化、行业服务等）挂钩，原则上导师每年招收博士生不得超过2名，硕士生不得超过4名。完善导师绩效评价机制，进一步明确导师对研究生负有学科前沿引导、科研方法指导、学术规范教导以及思想政治教育的责任，按照"总量控制，动态平衡"的原则，实行能上能下的滚动管理模式，取消导师终身制，建立健全导师奖惩制度。进一步加强学术道德教育与学术规范建设，端正学术风气。建立优秀导师工作室，通过双导师或多导师制，形成导师资源共享，充分发挥导师之间的示范导向、专业引领、辐射作用。到2020年，建立研究生导师工作室30家，遴选优秀博士生导师、优秀硕士生导师100人。

（七）深入实施研究生教育创新计划

支持开展研究生教育的理论与实践研究，研究生培养机制创新，提高研究生培养质量与研究生创新能力等方面的课题研究，推动研究生教育内容、形式和方法创新。深化研究生培养机制改革，推进科学研究与研究生培养一体化，支持和引导研究生早进实验室、早进基地、早进团队、早进课题。坚持出人才和出成果并重的原则，让更多的研究生在承担科研项目中得到锻炼成长。引导高校加大"走出去"办学和合作办学力度，扩大招收国外研究生以及与海外大学联合培养博士生规模。加强国际化师资队伍建设，吸引国际优秀人才、"外专千人计划"人才、"高端外国专家项目"、"候鸟型"人才、著名客座教授前来我省指导研究生。支持与境外高水平大学合作开发课程和教材，加大开展双学位、联合学位、学位互授联授的力度。完善来华留学研究生政策，加大对研究生访学研究、短期交流、参加国际学术会议的资助力度，提高具有国际学术交流经历的研究生比例。发挥"中国—东盟教育交流

周""贵阳生态国际论坛""贵州省硕博论坛"等重要高端平台作用，进一步扩大和深化国际合作与交流。各研究生培养单位要进一步加强与各实习基地、相关行业企业的交流与合作，完善专业学位的行业、企业联合培养机制。支持高校与科研院所、行业企业共建研究生教育创新基地，共建研究生工作站等，共享优质资源，建立"产学研"双导师制，开展跨学科、跨单位团队式的联合培养，推动"产学研用"深度融合。省教育厅每两年举办一次全省"硕博论坛"。到 2020 年，立项支持研究生教育教学改革重点课题 100 项左右，研究生科研基金立项课题 60 项左右。遴选省级优秀博士学位论文 10 篇、优秀硕士学位论文 100 篇；建立研究生工作站 100 家。

（八）改革评价监督机制，扎实做好学位点动态调整工作

1. 加强省级质量监督力度。省教育厅和省学位办将进一步完善省级研究生教育质量信息平台，建立研究生教育监督模块，包括研究生在校的考试、科研、论文、实习等情况。积极引入"中国知网"学术不端文献检测系统，对我省研究生培养过程中存在的学术不端行为进行专项检查。同时，推进硕士学位论文抽检工作制度化和常态化，每年对上一学年度授予的硕士学位论文进行抽检，抽检比例为 5% 左右。

2. 建立健全高校质量保障体系。根据国务院学位委员会、教育部《学位授予和人才培养一级学科简介》《一级学科博士、硕士学位基本要求》以及全国教育指导委员会对专业学位的要求，各培养单位应分类分学科制定博士生、硕士生培养质量自我评估指标体系，学术学位注重学术创新能力评价，专业学位注重职业胜任能力评价。各研究生培养单位要按照一级学科和专业学位类别，分别设立研究生教育指导委员会。专业学位研究生培养指导委员会应有一定比例的行业和企业专家参加，委员会指导培养标准和方案制定，指导课程体系建设，开展培养质量评价和鉴定等，定期开展自我评估，加强国内外同行评估。各培养单位要建立毕业生跟踪调查与用人单位评价的反馈机制，主动公开毕业生质量信息，定期向社会公布本单位《学位与研究生教育质量年度报告》。制定研究生学术道德规范，加强对研究生学术道德教育，加强学风监管，强化惩戒机制，严惩学术不端行为，对学位论文作假者取消学位申请资格或撤销学位。各培养单位要扎实做好学位点动态调整工作，进一步健全学位授权点动态调整管理制度，坚持以服务需求、提高质量为主线，以优化人才培养的学科和类型结构为重点，以人才培养质量为基本依据，综合考虑学校实际与社会需求，严格规范工作程序，加强学位点的常态化过程管理，跟踪学科建设情况，建立预警提示机制，积极做好学位授权点动态调整工作，优化学科布局，提高学科水平和人才培养质量。

七、保障措施

（一）大力推进管理机制改革创新

1. 加强学科管理组织机构建设，激发学科发展活力。省教育厅继续加大对高校学科建设和研究生教育工作的组织、指导、统筹和协调力度，定期召开工作会议，及时研究部署重大问题，通过资金扶持、信息服务、评估检查、科技奖励等多种方式推进工作。加大高校学科建设、学位管理和研究生教育工作在高校加快发展年度目标绩效考核中的分值。调整新一轮贵州省人民政府学位委员会成员，对第三届学科评议组进行换届并同时选聘第四届学科评议组成员，切实发挥"贵州省专业学位研究生教育指导委员会"和"贵州省人民政府学位委员会第四届学科评议组"专家学者的决策、咨询和参谋助手作用，对前瞻性、战略性重大问题，对重大决策提供咨询评估。各高校要建立健全学科建设管理机构，统筹管理学校学科建设工作，鼓励和支持高校改革重点学科组织模式，建立跨院系、多学科、开放共享的集成性科技创新平台，推动学科基层组织创新。进一步推动重点学科资源开放共享，最大限度发挥有限资源的使用效益。

2. 切实推进分类指导和分类评价，加强督查评估。实施重点学科的分层建设和分类指导，根据不同层次、不同门类重点学科的性质、特点与发展规律，确定不同的建设思路、目标和任务，采取不同的管理方式。对省级一流学科和部分学术基础厚实、研究优势突出的省级特色重点学科实施目标导向，提升学科核心竞争力，促进部分学科达到国内或区域内一流水平。对大部分省级重点学科实施需求导向，引导其主动对接经济社会发展需求，积极参与区域创新体系建设，努力构建适应经济社会发展需求的学科创新体系。进一步完善评价机制，按照学科建设层次、门类的不同，有针对性地设置评价指标，分类实施评价。深入开展定期督查评估，加强学科建设规划执行情况的监督与检查，加强学科建设投入产出预期分析和学科绩效评估，提高学科建设效益。

（二）加大建设经费投入，拓宽学科筹资渠道

进一步完善以政府投入为引导、学校投入为主体、学科自筹为补充的多渠道筹措学科建设经费的保障机制，千方百计加大和保障学科建设投入。通过争取国家各类专项经费支持、设立省级学科建设专项经费、规定高等学校配套经费比例和引导学科积极自筹经费等措施，为学科建设和发展提供有力的经费保障。调整学科投入机制，经费投入与学科建设绩效挂钩，与全国学科水平评估结果挂钩，对排名前列以及进步明显的学科给予重点投入，在激发学科活力的同时实现资源优化配置。各高校要进一步完善资金使用和管理

的有关制度，严格加强资金管理，确保资金专款专用，提高资金使用效益。

（三）建立学科建设信息化平台

针对全省博士、硕士学位授权学科，依托第三方机构加快建设贵州省学科自检平台，推动高校建立常态化的学科管理和自我评估制度，对学科建设过程进行常态追踪，对潜在风险及时预警，为国家"学位点合格评估"与教育部学位中心的"学科评估排名"等提供重要数据支撑，同时也为学科学位点动态调整提供重要参考依据。建立和健全全省省级重点学科基本信息数据库，定期采集全省重点学科建设日常数据，形成可全面把握学科发展状态的基础数据库，为优化学科布局、加强学科评估和动态调整等提供数据支撑。立足三大产业，建立供给侧结构改革下研究生教育数据库，为学位点动态调整提供重要参考依据。每年省教育厅设立软科学课题2—5项，开展高校学科建设、学位和研究生教育工作分析预测研究，找准着力点和突破口，整合资源，引导研究方向，解决高校科技与经济，科技与教育，教育与经济的有效协同。

（四）抓好学科建设分级规划

学科建设须做好"三级规划"，即省教育主管部门负责省高等学校学科建设规划、学校负责本校的学科建设规划、各院（系、所）相关负责人负责本学科的建设规划。各高校要根据自身的办学类型和办学定位，遵循"定位准确、重点突出、特色鲜明、措施得力"的原则，科学制定本校学科建设发展"十三五"规划，并报省级教育管理部门备案。

附录7 我国研究生教育相关数据①

表 附-10 全国研究生招生规模（截至 2016 年）

单位：人

序号	省份	博士研究生	硕士研究生	合计
1	北京	22627	82997	105624
2	天津	2193	16503	18696
3	河北	654	13772	14426
4	山西	531	9547	10078
5	内蒙古	301	6126	6427
6	辽宁	2762	30942	33704
7	吉林	2254	17426	19680
8	黑龙江	2638	19251	21889
9	上海	6809	42270	49079
10	江苏	5997	47057	53054
11	浙江	2580	19666	22246
12	安徽	1943	16580	18523
13	福建	1345	12743	14088
14	江西	350	10425	10775
15	山东	2109	26434	28543
16	河南	567	13639	14206
17	湖北	5029	35253	40282
18	湖南	2209	20034	22243

---

① 附录 7 中的表格统计不含港澳台数据。

续表

序号	省份	博士研究生	硕士研究生	合计
19	广东	3742	28651	32393
20	广西	326	9699	10025
21	海南	76	1581	1657
22	重庆	1332	16230	17562
23	四川	3074	26428	29502
24	贵州	171	5565	5736
25	云南	556	10629	11185
26	西藏	27	557	584
27	陕西	3725	30380	34105
28	甘肃	873	9826	10699
29	青海	47	1272	1319
30	宁夏	72	1743	1815
31	新疆	304	6430	6734
	合计	77223	589656	666879

表 附－11　全国研究生在校人数（截至 2016 年）

单位：人

序号	省份	博士研究生	硕士研究生	合计
1	北京	95328	222215	317543
2	天津	9052	45430	54482
3	河北	2893	38648	41541
4	山西	2636	26663	29299
5	内蒙古	1394	17126	18520
6	辽宁	14545	84538	99083
7	吉林	10172	49806	59978
8	黑龙江	12526	51094	63620
9	上海	29857	115130	144987
10	江苏	28139	133391	161530

续表

序号	省份	博士研究生	硕士研究生	合计
11	浙江	11507	55725	67232
12	安徽	6445	45293	51738
13	福建	5700	37031	42731
14	江西	1290	29054	30344
15	山东	9322	72733	82055
16	河南	2005	37520	39525
17	湖北	23130	97374	120504
18	湖南	11733	59026	70759
19	广东	14990	77885	92875
20	广西	1198	26515	27713
21	海南	271	4650	4921
22	重庆	5997	46159	52156
23	四川	14701	77693	92394
24	贵州	611	15837	16448
25	云南	2473	30568	33041
26	西藏	64	1489	1553
27	陕西	18667	86578	105245
28	甘肃	3720	27479	31199
29	青海	125	3383	3508
30	宁夏	175	4475	4650
31	新疆	1193	18021	19214
	合计	341859	1638529	1980388

表 附-12 全国研究生授予学位数（截至 2016 年）

单位：人

序号	省份	博士研究生	硕士研究生	合计
1	北京	17880	97094	114974
2	天津	1822	20694	22516
3	河北	456	16697	17153
4	山西	364	10882	11246

续表

序号	省份	博士研究生	硕士研究生	合计
5	内蒙古	191	6955	7146
6	辽宁	1853	31437	33290
7	吉林	1612	19959	21571
8	黑龙江	1871	20962	22833
9	上海	5272	42779	48051
10	江苏	4524	48924	53448
11	浙江	1880	19894	21774
12	安徽	1212	15648	16860
13	福建	1048	14559	15607
14	江西	221	11069	11290
15	山东	2064	29718	31782
16	河南	495	14942	15437
17	湖北	4324	41789	46113
18	湖南	1887	22391	24278
19	广东	3214	28884	32098
20	广西	168	9902	10070
21	海南	18	1457	1475
22	重庆	1221	18669	19890
23	四川	2137	28910	31047
24	贵州	45	5268	5313
25	云南	345	12517	12862
26	西藏	0	468	468
27	陕西	2747	32057	34804
28	甘肃	583	9369	9952
29	青海	8	1285	1293
30	宁夏	13	1801	1814
31	新疆	174	6125	6299
	合计	59649	643105	702754

表 附 - 13 全国研究生学位授权点个数（截至 2016 年）

单位：人

省份	学术学位				专业学位	
	博士一级学科授权点个数	硕士一级学科授权点个数	博士二级学科授权点个数	硕士二级学科授权点个数	专业学位博士点个数	专业学位硕士点个数（不含 EMBA）
北京	534	546	66	247	17	413
江苏	283	407	53	166	9	271
山东	118	320	22	134	6	203
辽宁	116	323	24	129	3	190
湖北	181	277	30	111	7	238
陕西	181	279	31	146	6	175
上海	216	215	30	81	11	210
广东	141	215	24	88	8	181
四川	118	219	15	83	5	166
河南	60	234	14	86	1	132
河北	58	195	20	75	2	136
黑龙江	97	200	18	91	4	112
湖南	124	188	26	57	4	146
浙江	79	177	9	69	5	125
吉林	91	156	13	69	5	127
安徽	75	167	14	67	2	118
天津	85	158	9	62	3	130
江西	25	174	5	66	1	106
重庆	71	139	11	41	5	103
云南	34	133	8	54	0	92
福建	80	124	18	36	1	94
山西	46	106	19	70	0	72
广西	22	114	5	72	1	69

续表

省份	学术学位				专业学位	
	博士一级学科授权点个数	硕士一级学科授权点个数	博士二级学科授权点个数	硕士二级学科授权点个数	专业学位博士点个数	专业学位硕士点个数（不含EMBA）
甘肃	45	111	11	45	3	73
内蒙古	25	100	6	56	0	53
新疆	24	86	5	32	2	64
贵州	14	74	1	29	0	42
青海	4	25	2	22	0	15
宁夏	8	32	0	14	0	16
海南	9	26	0	17	0	18
西藏	3	12	0	4	0	10
总计	2967	5532	509	2319	111	3900

表 附-14 全国研究生导师人数（截至 2016 年）

单位：人

省份	博士生导师	硕士生导师	博士—硕士生导师	总计
北京	6802	40649	18949	66400
天津	65	6822	2510	9397
河北	241	8758	700	9699
山西	59	6025	713	6797
内蒙古	44	3884	371	4299
辽宁	171	12978	2813	15962
吉林	1563	7679	191	9433
黑龙江	341	9402	3036	12779
上海	1935	15020	5612	22567
江苏	1672	21474	5689	28835
浙江	67	9536	2829	12432
安徽	53	8509	1396	9958

续表

省份	博士生导师	硕士生导师	博士—硕士生导师	总计
福建	274	6760	1604	8638
江西	169	4197	328	4694
山东	260	16789	2533	19582
河南	542	10520	576	11638
湖北	1011	15955	4273	21239
湖南	542	9805	1876	12223
广东	659	14443	4377	19479
广西	76	5844	830	6750
海南	0	772	151	923
重庆	88	8023	1358	9469
四川	684	11826	2562	15072
贵州	3	3759	186	3948
云南	43	7228	770	8041
西藏	14	439	36	489
陕西	1095	11395	3314	15804
甘肃	39	4796	939	5774
青海	31	807	45	883
宁夏	13	1312	78	1403
新疆	121	3721	498	4340
合计	18677	289127	71143	378947

表 附-15 博士一级、二级学科授权点的培养机构数（截至 2018 年）

序号	省份	博士一级学科授权点			博士二级学科授权点			总计
		高校	科研机构	合计	高校	科研机构	合计	
1	北京	458	77	535	4	27	31	566
2	天津	94	0	94	1	0	1	95
3	河北	76	0	76	1	0	1	77
4	山西	63	0	63	4	0	4	67

续表

序号	省份	博士一级学科授权点			博士二级学科授权点			总计
		高校	科研机构	合计	高校	科研机构	合计	
5	内蒙古	38	0	38	3	0	3	41
6	辽宁	139	0	139	8	0	8	147
7	吉林	105	0	105	4	0	4	109
8	黑龙江	117	1	118	4	0	4	122
9	上海	236	3	239	10	1	11	250
10	江苏	305	1	306	9	1	10	316
11	浙江	114	0	114	1	0	1	115
12	安徽	89	0	89	2	0	2	91
13	福建	95	0	95	7	0	7	102
14	江西	47	0	47	2	0	2	49
15	山东	143	0	143	3	0	3	146
16	河南	87	0	87	2	0	2	89
17	湖北	196	0	196	1	1	2	198
18	湖南	135	0	135	2	0	2	137
19	广东	186	0	186	8	2	10	196
20	广西	40	0	40	0	0	0	40
21	海南	15	0	15	0	0	0	15
22	重庆	77	0	77	1	0	1	78
23	四川	125	8	133	3	0	3	136
24	贵州	27	0	27	1	0	1	28
25	云南	60	0	60	0	0	0	60
26	西藏	4	0	4	0	0	0	4
27	陕西	176	0	176	4	1	5	181
28	甘肃	58	0	58	3	1	4	62
29	青海	5	0	5	2	0	2	7
30	宁夏	10	0	10	0	0	0	10

续表

序号	省份	博士一级学科授权点			博士二级学科授权点			总计
		高校	科研机构	合计	高校	科研机构	合计	
31	新疆	42	0	42	0	0	0	42
	总计	3362	90	3452	90	34	124	3576

注：1. 本表数据获取截止时间为 2018 年 5 月。

2. 本表数据不含军事院校硕士一级、二级学科授予点的相关数据。

后　记

　　改革开放以来，我国研究生教育在发展规模、治理模式、高水平大学建设、支撑国家创新发展、国际影响力等方面取得了重大成就，已经成为具有世界影响和中国特色的研究生教育大国，为研究生教育强国建设和国家现代化建设事业奠定了坚实基础。伴随着新时代社会主要矛盾的转化，当前中国研究生教育事业的主要矛盾，已经转化为国家对高层次人才日益增长的高质量需求与研究生教育发展不平衡不充分之间的矛盾。化解区域间、院校间、类型间研究生教育发展的不平衡不充分问题，离不开研究生教育治理体系和治理能力现代化建设，离不开学位与研究生教育统筹机制的发展与完善。

　　在国家社科基金"十二五"规划 2015 年度教育学青年项目的资助下，本研究聚焦于治理视角下的研究生教育省级统筹权。笔者于 2015—2018 年多次与研究生教育领域的专家学者和管理人员进行深入访谈与座谈，针对省级学位管理部门负责人和院校研究生教育管理者进行问卷调查，并对近 30 年来研究生教育省级统筹的发展历程、基本状况、影响因素和典型案例进行系统梳理与分析，形成了这本《治理视角下研究生教育省级统筹权研究》。

　　在本书即将付梓之际，笔者特别想感谢国务院学位委员会办公室有关领导、教育部学位与研究生教育发展中心的领导和同事、参与调查的省级学位委员会办公室和研究生培养单位负责同志对本研究项目的关心与支持。教育部原副部长、国务院学位委员会办公室原主任赵沁平院士欣然为本书作序，恩师袁本涛教授、上海学位委员会办公室束金龙主任、天津学位委员会办公室苏丹主任等前辈先后审读书稿并提出宝贵意见，清华大学教育研究院博士生杨佳乐、中国石油大学（北京）博士生黄葱对书稿进行认真修改和校对，中国科学技术出版社王晓义先生、责任编辑王琳女士对本书出版倾注心血。没有他们的关心、帮助与指导，本书难以付梓。在此，我们表示深深的感谢与敬意！

由于时间精力和能力水平所限，书中错漏之处在所难免，恳请读者朋友不吝赐教。

王顶明　杨力苈

2019 年 12 月 5 日